내일을 여는 새 오름 이야기
자신을 업그레이드하라

김상규 지음

책머리에

  청소년은 한가정의 보배요 이 나라의 희망입니다. 청소년이 바르고 지혜롭게 자라는 것이 우리의 바램입니다. 인생에 있어 청소년 시절은 가장 값진 황금기입니다. 보람 있는 삶과 헛된 삶이 이 시기에 달려있습니다. 청소년기는 장래를 설계하는 준비기로서 준비는 내일을 위한 오늘의 활동이요 보람 있는 행동입니다. 청소년기에 인생의 터전을 잘 갈고 닦아야 인생이 풍요로워질 수 있습니다. 산다는 것은 이상을 추구해 가는 과정으로 자기를 바르게 세우는 일이 중요합니다.

  피타고라스는 "이 세상에서 가장 중요한 것이 무엇인가, 그것은 인생을 어떻게 살아야 되느냐를 가르쳐 주는 일이다"라고 하였습니다. 오늘날 급격한 사회변화의 다원적 가치체제에서 정체성의 혼란을 겪고 있는 청소년들이 인생을 사는 지혜와 방법을 배우는 일은 무엇보다 중요하고 필요합니다.

  이 책은 청소년들의 전인적 발달과 바람직한 인격형성으로 성공인생의 길잡이가 되는 인생독본이 될 것입니다. 성장과 성취의 새로운 목표를 향해 웅지의 나래를 펴는 청소년들에게 주옥같은 삶의 메시지가 되도록 주제마다 특색이 있고 마음의 양식으로 오래 남을 감동적인 예화들을 중심으로 내용을 엮었습니다.

  좋은 책을 가까이 한다는 것은 더 없이 즐겁고 보람 있는 일입니다. 좋은 책은 깊은 감동을 불러일으켜 희망, 용기, 삶의 바른 좌표를 제시해 줍니다. 삶의 길잡이가 되는 좋은 책은 성공하는 인생의 안내자입니다. 어떤 책을 읽을 것인가를 망설이는 청소년들에게 어느 주제이든 읽기에 매우 재미있고 유익하며 주제 내용별로 읽을 수록 감명을 주어 삶에 큰 교훈이 될 것입니다.

이 책은 서둘러서 소설 책 읽듯 독파하기보다는 한 주제 내용을 천천히 음미하며 읽는 것이 좋습니다. 각 주제에서 주는 뜻 있는 의미가 청소년들이 바르고 지혜롭게 사는 데 큰 도움이 됨을 발견할 것입니다. 읽은 내용 중에서 감명을 받은 것은 친구에게나 주위 사람들에게 들려주면 재학습의 효과가 나타날 것입니다. 좋은 내용을 사람들에게 말해 주는 것은 더 깊은 것을 얻게되며 자신의 인격형성에 좋은 영향을 주게 됩니다.

이 책이 학교에서는 인성교육의 교재로, 가정에서는 자녀에게 들려주는 교훈적인 이야기로, 청소년들에게는 새 천년 삶의 길잡이로써 항상 반복하여 일깨움을 받는 애독서가 되었으면 합니다.

끝으로 이 책의 출판을 흔쾌히 출판해 주신 교육타임스 임직원께 감사를 드립니다.

2002년 3월
김 상 규

차 례

책머리에 5

1부 성공을 위하여

마음 밭에 희망을 13
목표에 대하여 16
노력은 성공의 길 19
일하는 기쁨 22
역할에서 배우는 교훈 26
승자와 패자의 사고방식 28
세 종류의 사람 32
'지금'의 소중함 36
인내의 열매 39
지도자가 되려면 42
재능 계발 45
희망의 문 48
성공의 비결 51
공짜는 없다 53
소득이 이야기 56
고난극복의 교훈 59
나는 할 수 있다 63
보리 싹의 생명력 66
정신일도 하사불성 69
불가능은 없다 71
진인사 대천명 75
의지의 생명력 77

2부 인생을 위하여

어떻게 살 것인가　81
인간 됨의 기본은　84
청소년은 우리의 희망　88
해야될 일과 버릴 것은　92
습관이 인격을 바꾼다　96
아낌없이 주는 나무　100
효는 백행지본　104
참다운 우정　107
사제간에 가장 중요한 것은　111
꼴불견이 된 공작새　114
건강한 심신을 위하여　118
생존의 의미　121
어떤 인물 상　123
심신수양　125
어느 스승과 대감 이야기　129
효도하는 방법　132
자신을 사랑하라　135
인과응보　138
말은 인격의 반영　140
행복과 불행은　144
지혜의 일화　149
보물 항아리　151

3부 배움을 위하여

정수지학　155
스스로의 학습　158
10분의 중요성　161
위대한 조약돌　163
책 속에 길이 있다　165
신문은 좋은 학습자료　169
글 쓰기　172
동물학교의 교육　176
창의력 신장　179
토막공부　183
방학을 보람 있게　186
주인정신　190
스승의 은혜　193
배움의 길　196
눈 높이로 이해하기　198
합리적 사고와 지혜　202
질 높은 삶의 창조　204
의문은 발명의 어머니　207
시간관리　211
적성과 능력에 맞는 진로선택　215
일기는 삶의 역사　218
끝마무리의 중요성　221

4부 함께 사는 삶을 위하여

유능제강   225
약속을 지키는 사회   228
삶의 순환 원리   231
친절은 청량제   234
칭찬합시다   238
잘 사는 나라는   241
근검과 절약   245
이기주의 타파   247
돈의 가치는   251
질서는 편하고 아름다운 것   254
도와주며 살기   259
정직한 사회   262
꽃과 나무를 가꾸는 마음   266
자랑스런 문화유산   270
환경과 인간은 공동운명체   274
봉사활동   278
작은 새의 의무   282
예의바른 사람   284
하나되는 마음   287
감사하는 마음   291
용서하는 마음   293
현명한 사람은 지혜롭다   296

1부
성공을 위하여

마음 밭에 희망을 / 목표에 대하여 / 노력은 성공의 길 / 일하는 기쁨
역할에서 배우는 교훈 / 승자와 패자의 사고방식 / 세 종류의 사람
'지금'의 소중함 / 인내의 열매 / 지도자가 되려면 / 재능 계발
희망의 문 / 성공의 비결 / 공짜는 없다 / 소득의 이야기 / 고난극복의 교훈
나는 할 수 있다 / 보리 싹의 생명력 / 정신일도 하사불성
불가능은 없다 / 진인사 대천명 / 의지의 생명력

마음 밭에 희망을

21세기 새 시대입니다. 1000년대의 낡은 패러다임이나 고정관념은 역사 속으로 함께 보내고 창의와 도전으로 희망찬 새 출발을 해야 할 때입니다. 특히 청소년들은 새 역사 창조의 주역입니다. 더욱 생산적이고 진취적인 생각과 행동으로 자신을 새롭게 변화시키고 큰 희망을 열어야합니다.

희망은 누가 무엇을 나에게 가져다 주는 요행이 아니라 희망의 에너지를 내 마음 밭에서 창출하고 분출해야 하는 것입니다. 희망은 인간만이 가지고 있는 독특한 가치입니다. 우리 인간은 희망이 있기 때문에 존재하는 것입니다. 눈으로 볼 수 있는 한 희망을 많이 보고, 귀로 들을 수 있는 한 희망의 이야기를 많이 듣고, 입으로 말 할 수 있는 한 희망의 비전을 많이 말해야 합니다. 희망이 있는 사람에게만 밝은 앞날이 보이는 것입니다. 희망이 있는 사람은 길이 있습니다. 자기가 어디로 가고 있는 지를 아는 사람은 이 세상 어디로 가더라도 길을 발견합니다. 즉 가지 않는 자에게는 길이 없지만 가는 자에게는 없는 길도 만들어 갑니다. 희망은 전진할 수 있는 힘입니다. 희망이 있는 사람은 성장을 계속할 수 있습니다.

마거릿 미첼의 '바람과 함께 사라지다' 라는 소설을 보면 여주인공 스칼렛이 나옵니다. 그녀는 숱한 역경 속에서도 희망을 잃지 않고 꿋꿋한 삶의 자세를 지켜 매력을 발산하고 있습니다. 그녀는 어려움을 처할 때마다 "그래도 내일에는 내일의 해가 뜬다"는 말을 떠올리며 '희망은 인간만이 가질 수 있고 인간이 그 희망을 잃었을 때 삶의 의미는 잃게 된다' 는 값진 교훈을 일깨워 주고 있습니다.

어느 상점에 불이 나서 가게와 물건이 탔습니다. 그러나 가게주인은 절망하지 않고 타고남은 그 상점 창문에 '상점은 불에 탔지만 희망은 타지 안 했습니다. 며칠 후 다시 상점 문을 열겠습니다' 라는 글귀를 써 부치고 그 후 더욱 친절히 고객을 맞이하고 열심히 장사를 하여 성공한 사례가 있습니다.

지난 IMF한파는 우리에게 고통스럽고 어려움을 주었지만 절망하지 않고 모든 국민이 합심하여 금 모으기 운동, 근검절약을 하여 경제를 살리고 희망을 살렸습니다. 어떤 고통도 더 나은 앞날을 위한 디딤돌로 삼는다면 결코 지난날이 헛된 일로 기억되지는 않을 것입니다. IMF 극복을 통해 바른 생각과 실천을 일깨우는 계기가 되어 성숙한 선진국민이 되는 현명함을 우리는 배웠습니다. 우리는 무에서 유를 창조해 내는 능력을 지닌 희망적인 국민임을 다시 입증했습니다.

추운 겨울에 수목을 보면 잎도 다 떨어지고 앙상한 헐벗은 모습이 죽은 나무처럼 보이지만 봄이 되면 수목에 다시 잎과 꽃이 피어 희망찬 생동의 환희를 안겨 주고 있습니다.

새로운 시대에 청소년은 무엇에 희망을 걸어야 할지 스스로 자신을 생각하고 성공인생으로 가야 합니다. 성공하는 사람들이 공통적으로 갖추고 있는 두 가지 요소가 있습니다. 그 하나는 희망이요. 다른 하나는 희망을 성취할 때까지 정진하는 굳센 의지입니다. 그 희망이 바로 인간의 꿈이요 목표인 것입니다. 그 희망은 하루아침에 이루어질 수는 없습니다. 한 걸음 한 걸음 앞으로 나가는 사람만이 성취의 기쁨을 맛볼 수 있습니다. 인생의 위대한 성취는 결국 사는 법을 알 때까지 계속적으로 자신을 개조하며 희망을 꾸준히 실천하는 것입니다.

희망이 있는 사람은 어떠한 역경에도 좌절하지 않습니다. 희망은 어려움을 이겨내면서 더 찬란한 빛을 발하는 것입니다. 빛은 광명이며 희망입니다. 빛이 없으면 살 수 없습니다. 청소년은 미래의 빛입니다. 빛의 역할을 다해 미래를 가꿔야 합니다. 미래는 꿈꾸는 자의 것입니다. 꿈을 키우기 위해서는 크게 생각을 해야합니다. 크고 위대한 일은 꿈이 크고 위대한 생각을 하는 사람에게서 이루어집니다. 꿈이 적은 사람은 결코 큰일을 할 수 없습니다. 꿈은 이루기를 원하는 사람에게는 이정표와 같이 가는 길을 알려줍니다. 적극적으로 마음 밭에 희망을 가꿔 새 봄에 기(氣)를 받아 파란 새 싹이 돋아나듯 알찬 결실의 성취감을 맛보아야 합니다.

희망이 있는 사람은 삶의 기쁨을 예감할 수 있습니다. 청소년은 어떤 어려움도 극복하고 청춘의 희망 에너지를 모아 목표를 달성하는 정복자로 성장해야 합니다. 희망이 있으면 내일이 보입니다.

목표에 대하여

　사람이 살아가는데 있어 뚜렷한 목표를 설정한 사람과 목표가 없이 생활하는 사람과는 그 삶의 가치가 다릅니다. 목표가 있으면 가는 방향이 결정되어 바로 가지만 목표가 없으면 의미 없는 생활로 허송세월만 하게 됩니다. 확고한 목표설정이 얼마나 중요한가 예화를 하나 소개하겠습니다.

　옛날에 아버지가 아들에게 밭갈이를 가르쳤습니다. 그런데 갈다 보니 아버지가 간 밭이랑은 곧은데 아들이 간 곳은 꾸불꾸불하였습니다. 농부는 아들에게 목표물 하나를 정한 후 그것을 보고 밭을 갈아 나가라고 하였습니다. 아들은 아버지 말씀대로 다시 밭을 갈기 시작했습니다. 그러나 갈아놓고 보니 꾸불꾸불한 것이 더 심했습니다. 농부는 아들에게 "도대체 무엇을 보고 갈았기에 이 모양이냐?"라고 물었습니다. "저 앞에서 뛰어 노는 망아지를 보고 갈았습니다."라고 대답하니 아버지는 어이없는 표정으로 다시 일러주었습니다. "움직이지 않는 표적을 정하여 그것을 보고 갈아라." 그제야 아들은 멀리 보이는 커다란 나무를 향하여 밭을 갈아 나갔습니다. 그제야 아들이 간 밭이랑도 곧아 졌습니다.

이처럼 목표를 어떻게 세웠느냐에 따라 가는 방향이 결정됩니다. 목표 없는 삶은 표류하기 쉽고 유혹에 빠져 잘못되기 쉽습니다. 목표의식이 뚜렷한 사람은 하루 하루의 삶에 활기가 있으며 어떤 유혹도 멀리하게 됩니다.

길거리를 걸어다니는 사람들은 자기가 가고자 하는 방향으로 걸어가는 것입니다. 어디로 갈지 목표가 없는 사람은 방향도 없이 거리를 헤매면서 시간만 소비하다가 나쁜 길로 빠지게 됩니다. 때문에 각자 해야할 뚜렷한 목표를 설정하고 생활하는 것이 무엇보다 중요합니다.

목표를 정하고 자기가 하는 일의 의미를 알고 노력하는 사람은 자기가 해야 할 일을 압니다. 하늘은 스스로 하고자 하는 사람에게 기회를 줍니다. 지금 어떤 어려움이 있다해도 이 다음에 그때를 생각해 보면 참으로 보람 있는 시간이었다고 말할 수 있어야 합니다.

MBC 방송국에서 일요일 밤에 방영하고 있는 '성공시대' 란 프로를 보면 집안이 가난하여 제대로 공부도 못 했지만 목표를 세우고 굳건히 노력하여 성공한 사례를 소개하고 있습니다. 어릴 적부터 갖은 고생을 하였지만 목표를 향해 좌절하지 않고 불굴의 의지로 목표를 성취한 분들의 이야기는 우리들에게 큰 감동을 주고 있습니다. 즉 자기 인생은 자기 노력여하에 달려있음을 실감케 하고 있습니다.

목표는 하루아침에 이뤄지는 것이 아닙니다. 중도에 포기하지 않고 한 걸음씩 착실히 걷다보면 언젠가 성취의 기쁨을 맛보게 됩니다. 목표를 분명히 세우고 실행한 사람과 그렇지 않은 사람과 몇 년 후에는 삶의 가치에 큰 차이가 있음을 실감할 것입니다.

미래는 선택의 대상이라고 합니다. 뚜렷한 목표를 가지고 능동적으로 적극 노력하면 밝은 미래가 보장됩니다. 젊음은 자기의 미래를 위해 선택을 잘하고 노력해야 할 때입니다.

비스마르크는 청소년들에게 "일하라, 더욱 일하라, 억척스럽게 일하라"고 하였습니다. 젊음의 가치는 허송세월 하는데 있지 않고 목표를 향해 일에 열중하는데 있습니다. 게으름 피우지 말고 목표를 세워 의지적으로 일하는 젊음은 수확이 큽니다. 인생의 꽃인 청소년기의 젊음을 어떻게 목표를 향해 값있게 펼쳐 나가느냐에 따라 자기 인생이 좌우됩니다.

사다리는 한 단계씩 높아집니다. 인생에서 한 단계 더 높은 곳을 향해 새로운 마음으로 달려가는 한 걸음 한 걸음은 그대로 자신의 향상된 삶으로 엮어 가는 과정입니다. 목표를 향해 열심히 노력하는 사람은 바르고 참된 삶의 가치와 값진 인생의 의미를 알고 최후의 승자가 됩니다. 뜻이 있는 곳에 길이 있습니다.

노력은 성공의 길

강원도 통천의 가난한 농가에서 8남매의 장남으로 태여 나 초등학교만 졸업하고 농사를 짓다가 도시로 나와 막노동, 엿 공장, 쌀가게 종업원을 하면서 근면 성실히 최선을 다하여 성공한 분이 계십니다. 자동차회사, 건설회사, 조선소 등 우리나라 제일 가는 큰 회사 그룹을 경영하셨던 현대 그룹의 정주영 회장이 바로 그분입니다.

그분의 자서전인 '나의 살아온 이야기'를 보면 그분은 무슨 일이든 자기가 하고 있는 일에 최고의 결과를 얻기 위해서 최선의 노력을 하며 살아 왔다고 합니다. 그런데 무슨 일에나 최선의 노력을 다하면 성공 못할 일이 없다는 교훈을 빈대한테서 배웠다고 합니다.

그분이 인천에서 막노동을 할 때 잠을 잤던 노동자 합숙소는 밤이면 들끓는 빈대로 잠을 잘 수가 없을 지경이었답니다. 빈대를 피하는 방법을 연구해서 식탁위로 올라가 잤는데 빈대는 식탁 다리를 타고 올라와 사람을 물더라는 것입니다. 그래서 다시 머리를 짜내어 밥상 네다리에 물을 담은 양재기를 하나씩 고여 놓고 잤답니다. 하룬가 이틀은 편히 잔 것 같은데 다시 빈대가 괴롭히더랍니다. 상다리를 타고 기어오르다가 몽땅 양재기 물에 빠져 죽었어야하는 빈대가 도대체 무슨 방법으로 살아서 다시 자기를 뜯어먹나 불을 켜고 살펴보다가 놀랐다고 합니다. 식탁 다리를 타고 올라오는 것이 불가능해진 빈대들이 벽을 타고 까맣게 천장으로 올라가 사람을 향해 뚝 떨어지더랍니다.

그분은 그때 느꼈던 소름끼치는 놀라움을 평생 잊을 수가 없었고 스스로 생각을 했답니다. '하물며 빈대도 목적을 위해서는 저토록 머리를 쓰고 죽을힘을 다해 노력해서 성공하지 않는가. 빈대한테서도 배울 건 배우자. 나는 빈대가 아닌 사람으로 무슨 일이든 절대 중도 포기하지 않고 죽을힘을 다해 노력한다면 이루지 못할 일이 없다.' 고 마음을 다졌답니다.

이분은 이 빈대의 교훈을 명심하고 평생 더 할래야 더 할 것이 없는 마지막까지의 최선을 다하여 '현대의 신화' 를 이루고 국가발전에 큰 족적을 남기셨습니다. 부자가 그냥 된 것이 아닙니다. 최선의 노력을 한 결과입니다. 이분은 80세가 넘어서도 '일꾼으로서 지금의 나는 아직 늙었다고 생각지 않는다. 일에는 늙음이 없다. 최상의 노동자에겐 새로운 일감과 순수한 정열이 있을 뿐이다' 라고 하며, 반백년이나 막혔던 금강산 길도 열어 놓았고 1000마리의 소 떼를 몰고 판문점을 통해 북한을 방문하는 감동을 주기까지 하였습니다. 86세로 생을 마감하셨지만 무에서 유를 창조하며 평생 최선을 다해 일하는 보람으로 생활하신 그분의 근면 성실함과 창조적 도전의식, 불굴의 개척정신, 강인한 추진력을 배워야 합니다.

그 분은 우리에게 후회하지 않는 삶을 위해서는 목표를 향해 정진하고 최선을 다해야 함을 일깨워 주셨습니다. 자기가 아무리 재능이 있다 하여도 정신을 집중해 노력하지 않으면 좋은 결과를 얻을 수 없습니다. 자신의 힘을 다하여 최선을 다할 때 그 대가가 나타나는 것입니다. 세상에 훌륭한 업적은 저절로 되는 것이 없습니다. 거기에는 반드시 그만한 노력이 뒤따르게 마련입니다. 편안하게 살면서 성공을 바라는 것은 어리석은 것입니다. 성공한 사람의 현상만 보고 부러워하는 사람이 많습니다. 그 뒤 안에 피눈물나는 노력을 봐야합니다. 이 세상에 무엇이든 그냥 되는 것은 절대로 없습니다.

자신의 일에 최선을 다하는 모습은 참으로 아름답습니다. 목적 달성을 위해 땀 흘리는 노력은 우리 인생의 소중한 과정입니다. 최선을 다하는 삶이야말로 과정 그 자체만으로도 아름답고 보람이 있는 것입니다. 참다운 인생의 승리를 위해 최선을 다하고 자기의 꿈을 실현하기 위하여 남다른 노력이 필요합니다. 노력하는데서 기쁨과 보람이 있고 행복도 있는 것입니다. 오늘의 수고로운 최선의 노력이 자신의 인생을 성공으로 이끌고 삶을 보람 있고 의미 있게 만들어 줍니다. 최선의 노력이 성공의 지름길이며 준비하는 자에게는 좋은 기회가 오게되어 있습니다. 하늘은 스스로 돕는 자를 도웁니다.

일하는 기쁨

　근로는 인간의 신성한 의무요 권리입니다. 땀흘려 일해본 사람은 진정한 보람과 기쁨을 맛보며 일에서 얻은 결과를 소중하게 여깁니다. 스스로 땀흘려 일해서 얻은 것은 모두가 소중하고 기쁨이 됩니다. 일이란 하찮은 것이라도 열심히 하는 가운데 보람과 즐거움이 있습니다. 일하는 데는 끈기와 정성이 있어야 큰 성과를 가져옵니다.

　어느 길가에 구둣방이 하나 있었습니다. 가게는 조그맣고 초라하였지만 주인은 손님을 친절히 맞이하고 즐겁게 구두를 손질하면서 정성을 쏟았습니다. 그리고 매일 번 돈에서 조금씩 저축을 하였습니다. 어떤 손님이 주인에게 물었습니다. "하루종일 좁은 공간에서 구두를 손질하는 것이 지겹지 않습니까?" 주인은 웃으면서 "예, 다들 그렇게 생각하지만, 구두 손질이 아니라 마음을 갈고 닦는 손질로 생각하면서 열심히 일하다 보니 피로한 줄도 모르고 저축한 돈도 조금씩 불어나고 있어 기분이 좋습니다"라고 말했습니다.

　주어진 환경에서 가치 있는 일을 열심히 할 때 보람 있는 것입니다. 일하는 시간을 의미 있고 즐겁게 보내는 사람이 행복한 인생입니다. 세상 사람들이 모두 원하는 일만하고 좋은 대우만 받기를 바란다면 이 사회는 제대로 유지 될 수가 없습니다. 직업에는 귀천이 있을 수 없습니다. 어떤 직업에 종사하던 열심히 일하는 사람이 귀한 사람입니다.

링컨 대통령이 하루는 집무실에서 자신의 구두를 닦고 있었습니다. 이를 본 비서가 놀라며 "각하, 대통령께서 그런 일을 왜 하십니까?" 그러나 대통령은 빙그레 웃으면서 "이 사람아, 구두를 닦는 것이 부끄러운 일인가? 대통령이나 구두닦이나 다 같이 세상일을 하는 사람이야. 세상에 천한 직업이란 없네, 다만 천한 사람이 있을 뿐이지"라고 말씀하셨습니다. 링컨이 말한 천한 사람이란 천한 일을 하는 사람이 아니라 땀흘려 일하지 않는 사람을 두고 하는 말일 것입니다.

하루라도 일하지 않는 사람은 먹지 말라는 말이 있습니다.
러시아의 문호 톨스토이는 그의 작품 '바보 이반'에서 이렇게 말하고 있습니다. '일을 많이 하여 손에 굳은살이 박힌 사람은 식탁의 제일 좋은 자리에서 따뜻한 밥을 먼저 먹을 수 있지만 빈들빈들 놀아 손에 굳은살이 박히지 않은 게으름뱅이는 남이 먹다 남은 찌꺼기의 찬밥을 제일 나중에 먹어야 한다. 이것이 이반이 사는 마을의 법률이요 도덕'이라고 말입니다. 인간의 행복은 자기 일에 몰두할 때 있고 보람은 근로를 통해서 찾을 수 있는 것입니다. 땀 흘려 일하는 보람을 모르는 사람은 불행한 것입니다.

자기 일을 찾아 부지런히 노력하여 성공한 분을 소개합니다. 미국의 철강 왕 앤드류 카네기는 영국의 스코틀랜드에서 태어났습니다.

그는 어려서 너무 가난하여 고물상에서 산 헌옷을 입고 학교에 다녀 아이들로부터 '걸레'라고 놀림을 받았습니다. 그러나 그는 슬픔과 분노를 꾹 참고 장래를 생각했습니다. 6학년 여름방학 때 가난한 집안 살림을 도울 겸 영국의 수도 런던에 나와 구두닦이를 하였지만 불량배에게 매를 맞고 텃세 때문에 다시 고향에 돌아왔습니다. 그 후 19살이 되던 가을에 그의 가족은 미국으로 이민을 갔습니다. 그는 직공, 배달부, 전기기사, 비서 등을 고루 거치면서 동료로부터 왜 이런 일을 하느냐고 질문을 받으면 "어떤 일이든 힘껏 하면 그곳에서 인생의 광명이 발견된다"고 시인 바이레스의 시구를 인용하였습니다. 이렇게 열심히 일한 대가로 21세에 철도회사의 관리총장의 비서가 되고 2년 후에는 관리국장이 되고 29세에는 레일회사를 세웠고 그 후 51세에 제강회사를 새로 시작, 책임과 신의로 운영하여 날로 사업이 번창해서 세계의 철강 왕이 되었습니다. 명성을 얻고 거부가 된 그는 재산을 사회를 위해서 쓰고 기부할 때마다 '자립하라. 그리고 일하라'라는 말을 꼭하고 그런 태도를 가진 사람에게만 아낌없이 도와주었습니다.

심은 만큼 거두고 땀흘린 만큼 열매를 따게 마련입니다. 땀은 노력의 상징입니다. 노력은 성공의 어머니입니다. 일을 사랑하고 땀을 흘리는 사람이 돼야합니다. 땀 흘려 일하는 자세는 적극적인 희망이 충만한 자세입니다. 땀을 사랑한 사람은 성공을 합니다. 열심히 일하는 데서 보람과 기쁨이 있습니다.

공자께서는 "일년의 계획은 봄에 있고 하루의 계획은 아침에 있다. 봄에 갈지 않으면 가을에 거둘 것이 없고 아침에 일찍 일어나서

서두르지 않으면 그 날 할 일을 못한다. 젊은 시절은 봄이요 아침이다. 그러나 봄엔 꽃이 만발하고 눈과 귀에 유혹이 많으므로 일에 게으를 수가 많다"고 젊은 시절에 부지런 할 것을 강조하셨습니다.

젊은 날에 부지런히 일하는 근면성이 있어야 합니다. 그리고 자기가 맡은 일을 책임 있게 수행해야 합니다. 현대 사회에서는 자기가 맡은 일은 천직으로 여기고 그 일에 최선을 다하는 직업윤리가 강조되고 있습니다. 근로는 사회에 대한 고귀한 역할입니다. 때문에 일을 하지 않는 사람은 쓸모가 없는 것입니다. 이 세상에서 가장 큰 불행은 하는 일이 없고 아무런 성과도 가져보지 못하는 생활입니다. 근로는 건강·행복·승리의 맛, 즐거움 그 모든 것의 모체입니다. 근로가 없이는 자신은 물론 사회의 발전이나 번영은 없습니다. 때문에 인간은 사회의 일원으로서 무엇인가를 담당해서 자기 역할을 수행해야하는 것입니다.

근로를 미덕으로 여기는 나라는 선진국이 되었습니다. 오늘날 선진국이 잘 살게 된 것은 땀흘려 일한 결과입니다. 자기가 맡은 일을 성실하고 책임 있게 수행하는 근로정신이 있기 때문입니다. 근로를 통해 건강한 몸과 마음을 얻고 근면한 삶을 사는 것이 행복으로 가는 것입니다. 기쁘게 일하고 해 놓은 일을 기뻐하는 사람은 행복합니다.

역할에서 배우는 교훈

　사람이 살아가는데 자기 위치에서 각자가 하는 역할은 나름대로 모두 중요합니다. 우리 몸의 각 기능이 각자 자기의 역할을 잘 할 때 건강한 것과 같습니다. 어느 기능이고 자기 역할을 소홀히 하면 전체가 균형이 깨지고 건강을 잃게 됩니다.

　다음 이야기가 주는 교훈적인 의미를 잘 생각해 보세요. '어느 날 몸의 각 부분들이 위(胃)에 대해 불평을 하게 되었습니다. 그 이유는 자기들이 힘들게 일을 하여 음식을 넣어주면 위는 가만히 앉아서 그들의 노동의 대가를 즐기기만 하고 있다고 생각한 것입니다. 그리하여 그들은 위에게 음식물을 공급해 주지 않기로 결정했습니다. 손은 음식을 들어 입으로 가져가지 안 했고 이는 씹는 일을 중지했으며 목구멍은 삼키는 일을 멈추었습니다. 그렇게 함으로써 위로 하여금 무엇인가를 하게 만들겠다는 계산이었습니다. 그런데 그렇게 하루 이틀 지내다 보니 전에 열심히 자기 역할을 할 때 넘치던 힘은 어디로 가고 시간이 지날수록 점점 쇠약해져 죽음의 상태까지 몰고 가게 되었습니다. 그래서 다시 음식을 입에 넣어 주고 위가 활동할 수 있게 하여 기운을 차릴 수 있었다고 합니다. 결국 이 행위에서 그들이 배운 교훈은 서로 도우면서 각자 자기 역할을 충실히 하는

것이 결국에는 자신을 돕는 일임을 깨닫게 된 것입니다.'

　모든 사람은 누구나 자기가 해야 할 일이 있고 역할이 있습니다. 자기가 맡은 역할을 열심히 하지 않으면 결국 자기가 손해를 보고 어려움에 처하게 되며 전체에 지장을 주게 됩니다. 우리는 어느 위치에 있던 자기가 해야 할 일을 열심히 할 때 보람을 느끼고 모든 것이 원활히 이뤄져 조화 속에서 발전하게 되는 것입니다.
　오케스트라에서 보면 현악기, 관악기, 타악기 등이 각자 자기소리를 내면서 서로 조화를 이뤄 아름다운 선율이 우리를 감동케 합니다. 만약 그중 어느 악기가 제 몫을 다하지 못 한다면 그 연주회는 별로 감동적이지 못 할 것입니다. 합창할 때도 어느 한사람만 잘한다고 합창이 잘되는 것이 아닙니다. 지휘자나 반주자가 아무리 잘해도 합창단원 중에 음정 박자가 틀리는 사람이 있으면 그 합창은 아름다운 노래가 될 수 없습니다. 합창단원 각자가 맡은 분야에서 음정 박자 가사를 잘 전달하고 화음이 잘 조화를 이뤄야 훌륭한 합창이 되고 그 노래가 아름다운 것입니다.
　우리가 사회 구성원으로서 생활을 하는 데도 똑 같은 이치입니다. 각자 자기의 몫에서 역할을 잘 해야 서로 도움을 받고 조화를 이루며 발전하게 됩니다. 성공인생은 각자의 역할을 잘하는데서 시작되며 열린 내일이 있습니다.

승자와 패자의 사고방식

옛날에 갑, 을 두 석수장이가 뜨거운 태양 볕에서 돌을 쪼고 있었습니다. 그런데 갑은 기분 좋게 일을 하고 을은 짜증스런 얼굴로 일을 하였습니다. 주인은 두 사람에게 그 이유를 물어 보았습니다.

먼저 갑에게 "당신은 이 뜨거운 폭염에서 돌을 쪼고 있는 데 무엇이 좋아 그렇게 즐거운 표정으로 일을 하느냐"고 말을 건넸습니다. 갑의 대답인즉 "주인님 저는 이 돌을 쪼고 있는 일이 즐겁습니다. 내 손과 징의 움직임에 따라 새로운 형태의 조각이 아름답게 탄생되는데 어찌 안 즐거울 수가 있겠습니까요. 정신을 집중하여 이 돌을 쪼고 있으면 시간가는 줄도 모릅니다. 저는 이 돌에 생명을 넣어 예술작품을 만들고 있는 것입니다. 이 작품을 보고 많은 사람들이 참 잘 만들었구나 칭찬하며 지나는 것을 보면 제 어깨가 으쓱 해 진답니다."라고 대답을 했습니다.

그 다음 주인은 을에게 물어 보았습니다. "자네는 언제 봐도 항상 찡그린 얼굴로 일을 하는데 무슨 이유가 있나?" 그랬더니 을의 대답은 "주인님도 생각해 보세요. 이렇게 더운 날 이 무거운 돌덩이와 씨름하면서 매일 수천 번을 쪼아야 하고 거기다가 월급도 넉넉히 안 주는데 무슨 신나는 일이 있다고 즐겁겠습니까요"라고 하더랍니다.

갑이나 을은 같은 여건에서 똑같이 일을 하는데도 한사람은 즐거운 마음으로 일을 하고 다른 한사람은 짜증나는 마음으로 일을 하는데 왜 그럴까요. 갑은 자기 일을 단순히 생계를 위한 수단으로 생각하는 것이 아니라 돌을 쪼는 그 자체를 자기 인생의 목적으로 생각한 것이고, 을은 단순한 생계를 위하여 하루가 지나면 하루 품값만 받으면 된다는 보수를 얻는 방편으로 여기고 일을 하기 때문입니다.

갑은 시간이 흐름에 따라 멋있는 예술작품을 생각하므로 시간의 귀중함 속에서 열심히 즐겁게 일을 하는 것이고 을은 보수만을 생각하며 일을 하므로 시간이 지루하고 하기 싫은 일을 하니까 힘만 들고 짜증이 나는 것입니다. 사람은 누구나 자기가 하는 일에 긍정적 사고로 즐겁고 보람을 느낀다면 그 인생은 낙원이고, 자기가 하고 있는 일을 다만 보수를 위한 의무로 할 수 없이 하는 것이라고 한다면 그 인생은 지옥일 수밖에 없습니다.

한가지 사례를 더 들겠습니다. 추운 겨울날 두 행상인이 길을 가다가 가파른 고갯길을 만났습니다. 한 상인이 불평을 했습니다. "이렇게 춥고 고약한 날씨에 고개를 넘어야 한다니 참 재수가 없군. 그냥 돌아갑시다." 그런데 한 상인은 밝은 표정으로 고갯마루를 쳐다보며 "날씨가 추우니 고갯길을 넘으면서 땀을 흘리지 않아도 되지 않겠나? 더구나 일단 고개를 넘으면 다른 상인들이 없을 테니 물건을 쉽게 팔 수도 있을 걸세"라고 말을 하며 계속 걸어갔습니다.

동일한 사태를 놓고서도 관점에 따라 이렇게 차이가 납니다. 위의 사례 중 누가 삶의 보람이 있을 것 같습니까?. 위의 두 석수장이나 두 상인의 인생을 상상해 보면 누가 인생의 승리자가 될지 알 수 있을 것입니다. 말할 것도 없이 갑처럼 목적이 분명하고, 긍정적이고 적극적인 사고방식을 가진 상인이 성공적인 삶을 살 것입니다. 을이나, 부정적인 사고를 가진 상인은 후회하는 인생을 살 것임에 틀림없습니다.

인생에 있어서 승리자와 패배자는 언제나 사고 방식에서부터 차이가 납니다. 승리자는 모든 역경을 더 큰 성공의 기회로 삼지만 패배자는 같은 역경을 장애물로만 여기는 것입니다. 우리가 무슨 일을 하든 긍정적인 생각으로 자기가 하는 일을 적극적으로 하면 보람을 느낄 것입니다.

사람은 밝고 좋은 생각을 하며 행동하면 할수록 일의 성취도 잘되고 행복해 지는 것입니다. 그러나 사물을 부정적으로만 보고 나쁘게만 생각하면 항상 어둡고 불행할 수밖에 없는 것입니다. 누구에게나 어려움은 다 있게 마련입니다. 갑이라는 석수장이인들 뜨거운 햇볕에서 그 무거운 돌을 다루는데 왜 어려움이 없고 힘이 안 들겠습니까? 그렇다고 짜증만 낸다고 될 일도 아니고 그럴 바엔 이 돌을 통해 예술작품을 만들어 보람을 갖자는 긍정적인 생각이 그 사람의 자세를 바꿔놓은 것입니다. 그 행상인도 마찬가지입니다. 이처럼 그 어려움을 어떻게 받아 들이냐에 따라 결과가 달라집니다.

긍정적으로 받아들인 사람에겐 좋은 결과가, 부정적으로 받아들인 사람에게는 나쁜 결과가 있게 됩니다. 이렇게 마음먹기에 따라 낙원과 지옥이 자기에게 찾아오는 것입니다.

사람의 일생이란 자기 일이나 사회에 대해 어떤 생각을 가지고 생활하느냐에 따라 삶의 보람이 크게 달라집니다. 모든 일은 마음먹기에 달렸습니다. 긍정적이고 적극적인 생각은 그 일을 잘 할 수 있게 하는 힘을 줍니다. 생각은 큰 힘을 가지고 있습니다. 어떻게 생각하느냐에 따라 자기의 처한 상황이 바뀔 수 있는 것입니다.

우리가 하는 일을 긍정적 시각에서 바라볼 줄 알고 안 되는 쪽의 논리보다 되는 쪽의 논리로 매듭을 풀어 가는 적극적 사고 방식을 가지고 살아가야 합니다. 안 된다고만 생각하는 어리석은 것을 삼가는 것이 지혜의 문입니다.

승자가 되기 위해서 긍정적이고 적극적인 사고방식으로 생활합시다. 하려는 마음에는 불가능이 없는 것입니다. 태산을 넘으면 평지가 보이게 되어 있습니다.

세 종류의 사람

　인간의 종류는 여러 측면의 특성으로 분류한다면 다양할 것입니다. 그러나 일반적으로 사회 기여도를 참고로 분류한다면 세 종류의 인물이 있다고 할 수 있겠습니다.
　첫째는 그 자리에 있으나 마나 한 사람입니다. 그 사람이 그 자리에 있기 때문에 그 일이 더 잘되는 것도 아니고, 더 못되는 것도 아닌 경우입니다. 그런 사람은 있어도 무방하고 없어도 무방한 존재입니다. 그냥 숫자만 채우는 식의 존재 가치밖에 없는 별다른 영향력이 없는 사람입니다. 그런 사람은 사람으로 태어나서 삶의 의미가 없다고 할 것입니다. 이런 사람이 많은 사회는 발전도 없고 진보도 없으며 제자리걸음만 하는 침체된 사회가 될 수밖에 없습니다. 사회뿐만 아니라 학교에도 이런 학생들이 많은 경우에는 발전은커녕 미래가 보이지 않고 언제나 답보상태만 될 것입니다. 우리는 그런 있으나 마나 한 사람이 되어서는 아니 되겠습니다.

　둘째는 그 자리에 있어서는 안될 사람입니다. 그는 사회에 해를 끼치는 사람이요, 민족과 역사를 좀먹는 사람입니다. 그 사람이 그 자리에 있기 때문에 될 일이 안되고 잘 되는 일도 모두 그릇되게 합니다. 그는 그 자리에 있어서는 안될 사람입니다. 그 사람이 있으므로 해서 사회가 점점 나빠지고 오히려 사회악으로 불안의 원인이 됩니다. 우리 사회를 어둡게 하는 것은 그 자리에 있어서는 안될 사람이 그 자리에 앉아 있기 때문인 경우가 많습니다.

즉 도덕성이 없이 사리사욕에만 눈이 어두워 일을 추진하거나, 전문성도 없이 소신이라는 미명 하에 고집을 부리거나, 지도력도 없으면서 책임은 부하에게 공은 자기에게 돌리거나, 불법 부당하게 자기중심적으로 불합리하게 편의대로 일을 처리하거나. 책임감도 없이 불성실하게 자리만 유지하고 있는 등 사회에 해를 끼치고 민족과 역사를 좀먹는 이런 사람들이 하루빨리 우리 주변에서 사라질 때 우리의 앞길에는 밝은 서광이 비칠 것입니다.

우리는 이런 인간 유형에 속해서는 안됩니다. 학생들 중에 남을 괴롭히고 학습분위기를 방해하고 학생답지 않게 문제만 일으키고 그 학생이 있으므로 해서 학생들에게 나쁜 영향을 주고 학교교육에 방해가 되는 학생이 이런 부류에 속한다고 할 것입니다. 무책임하게 내 멋대로 살면서 남을 괴롭히고 사회에 어둠을 주는 사람은 결국 세상에서 문제아로 따돌림받아 자신도 무너지게 됩니다.

셋째로 반드시 있어야 할 사람은 즉 그 자리에 없어서는 안될 사람입니다. 이런 사람은 사람들의 찬사와 존경을 받기에 충분한 대상자입니다. 그는 사회에 축복을 주는 인물이요, 민족에 희망과 보람을 주는 사람입니다. 그런 사람이 바로 이 사회 가정 학교의 기둥이고 대들보 주춧돌과 터전의 구실을 하는 존재라 할 수 있습니다. 그처럼 반드시 있어야 할 인물이 많은 사회와 민족은 쉴새없이 번영하고 꾸준히 발전할 수밖에 없는 것입니다.

이사회에서 꼭 필요한 사람, 없어서는 안 되는 사람은 어떤 특별한 사람에 국한되는 것이 아닙니다. 이런 사람은 항상 올바르게 살고 책임이 있고 지성으로 자기가 맡은 일을 하며 정의를 행하고 진리를 품고 사는 사람입니다. 그리고 주인의식으로 어떻게 하면 오늘보다는 내일이 더 나아질 수 있을까 고민하고, 말보다는 행동으로 솔선 수범하는 사람입니다. 이런 사람이 바로 사회나 국가 발전의 원동력이 되는 것입니다. 우리가 자기의 일에 최선을 다해 자기 자신이나 국가발전에 보탬이 된다면 그 사회에 있어야 할 존재가 되는 것입니다.

　자신은 세 가지 유형의 인간형 중 어디에 속한다고 생각하는지요. 대개 사람들은 자기 자신에게 관대한 경향이 있어 아전인수로 자신을 생각할 수도 있지만 그러나 자기 자신을 속일 수는 없을 것입니다. 솔직하게 자신의 자화상을 발견하고 자신을 혁신할 수 있는 길을 찾는 것이 현명한 일입니다. 소중한 삶을 버리고 자신을 속이며 사는 사람은 사회 발전의 저해뿐 아니라 자기 인생이 슬프고 불행하게 됩니다. 자기 자신을 살펴서 제대로 알 때 하나밖에 없는 자기 인생의 소중한 삶을 보람 있게 살 수 있는 것입니다.
　고귀한 삶을 제대로 결실을 못 맺는 것은 인간의 값진 삶을 거부하는 데서 오는 결과입니다. 순리대로 상식이 통하는 삶을 살면 존경받고 성취하는 삶을 살 수 있습니다.
　인생을 살아가는데 있어서 최상의 방법은 물과 같이 사는 것이라고 합니다. 물은 순리대로 부드럽게 쉬지 않고 꾸준히 흘러갑니다. 그 물은 바위도 뚫고 엄청난 에너지를 갖고 큰 힘을 발휘합니다.

우리는 평범한 일이라도 하찮게 여기지 말고 성실히 책임을 다하는데서 보다 높은 성취를 할 수 있습니다. 하루 하루를 근면 성실하게 살아가는 인간은 그 힘을 귀중한 목적을 위해 쓸 수 있게 됩니다. 그런 생활태도가 보람과 행복으로 가는 길이며 바로 그런 사람이 이 사회에 필요한 사람입니다. 한번 밖에 없는 자기 인생을 어떤 종류의 인간형으로 구현하게 할 것인지 그 결정은 자신에게 달려있습니다. 늘 자신의 일상을 생각하고 자신을 돌아보면서 보람 있게 산다면 존경받고 꼭 필요한 사람으로 자리 매김 할 것입니다.

　인생에 있어 즐거움은 '자네는 할 수 없다'고 말하는 것을 해 내는 일입니다. 하는 일을 즐거움으로 만들고 즐거움을 나의 할 일로 만드는 것이 성공적인 삶입니다. 그런 보람있는 일에 도전하는 젊은 이가 필요한 사람입니다.

'지금'의 소중함

톨스토이의 작품에 '세 가지 의문'이라는 단편이 있습니다. 그 의문의 내용은 모든 일에 가장 적절한 시기는 언제일까, 어떤 인물이 가장 중요한 존재일까, 세상에서 가장 중요한 일은 무엇일까 하는 것입니다.

이 세 가지 질문에 대한 정답은 무엇일까요? 각자의 생각에 따라 다른 의견이 있을 수 있습니다. 그러나 이 책에서는 세상에서 제일 중요한 때는 바로 지금이고, 제일 중요한 존재는 지금 자기가 대하고 있는 바로 그 사람이며, 제일 중요한 일은 지금 하고 있는 일에 정성을 다하는 것이라고 하였습니다.

그렇습니다. 지금 각자에게 제일 중요한 것은 바로 이 시간 자신이 하고 있는 일에 정성을 다하는 것이 무엇보다 중요한 일입니다.

만약 지금이 수업 중이라면 선생님은 이 시간에 학생들을 가장 소중히 생각하고 수업에 최선을 다하는 것이 제일 중요한 것이고 학생들은 바로 지금 선생님을 제일 중요한 존재로 대하면서 학습하는 일에 정성을 다하는 것이 가장 중요한 일일 것입니다. 이는 공부뿐만 아니라 만약 지금 친구와 함께 신나게 놀이를 한다면 그 친구를 소중히 생각하면서 그 놀이에 집중하는 것이 중요합니다. 이처럼 우리가 살아가는데 있어 바로 '지금'의 이 시간을 가장 소중히 여기고 지금 대하고 있는 사람과 하고 있는 일에 최선을 다한다면 그는 훌륭한 삶을 살고 있는 것이라 할 수 있습니다.

우리는 지금 이 시간의 연속에서 사는 것입니다. 때문에 지금의 현재를 충실히 산다는 것은 결국 자기의 일생을 보람 있게 살게 되는 것입니다. 어느 사람을 보면 내일부터 잘하겠다고 말하는 사람이 있습니다. 내일이란 영원히 미래입니다. 희망의 꿈을 이루기 위해서는 현재의 알찬 생활이 기틀이 되는 것입니다. 현재의 착실한 생활이 하나 하나 쌓여 미래의 꿈이 이뤄지는 것이지 미래의 꿈이 그냥 찾아오는 것이 아닙니다.

지금 이 시간은 다시 오지 않습니다. 보람 있는 삶을 가꾸기 위해서는 지금 이 시간이 가장 귀하다는 마음으로 살아야 합니다.

삶은 자신의 노력이 올바른 방향으로 향해 있기만 하면 결코 배신하는 일은 없을 것입니다. 어리석은 사람은 현재의 자기가 하고 있는 일을 소홀히 생각하고 시간을 낭비하는데 마음을 쓰지만 지혜로운 사람은 지금의 이 시간을 가장 요긴하게 선용하고 자기가 하는 일이나 상대를 중히 여기면서 성실히 노력합니다. 우리가 과거나 미래에 사는 것이 아니라 지금 현재 이 자리에서 살기 때문에 현재를 무성의하게 허송세월하고 내일부터 잘하겠다고 미루는 것은 자기 인생을 허무하게 마감할 수밖에 없습니다.

그리고 지금 대하고 있는 사람을 귀히 여기는 것은 대단히 중요합니다. 인간은 사람과의 관계 속에서 서로 도움을 주고받으며 사는 존재입니다. 때문에 친구나 주변의 모든 사람을 귀중히 생각하고 대해야 합니다. 우리가 살다 보면 언제 어느 때 누구의 도움을 받고 살지 모릅니다. 보답을 바라고 남에게 잘하라는 것이 아니라 성의껏 돕고 진심으로 대하면 그렇게 뿌려진 씨는 결코 헛되이 사라지지 않고 좋은 결실을 맺습니다. 심는 대로 거두는 것입니다.

 청소년은 무엇이 옳고 그른가를 판단 할 수 있는 나이입니다. 그러므로 이제는 인생을 어떻게 살아야 할 것인지를 진지하게 생각하고 생활해야 합니다. 만약 그렇지 않으면 무능한 악습에 젖어버리고 말 것입니다.

 지금 이 시간을 가장 소중하게 여기고 지금 상대하고 있는 사람과 하고 있는 일에 정성을 다하는 생활을 합시다. 그런 삶이 아름다운 삶이며 지혜로운 삶입니다.

인내의 열매

참는 사람에게 복이 온다는 말이 있습니다. 서산대사가 금강산 절에 계실 때 서산대사를 도와주던 김 서방이라는 사람이 있었습니다.
　어느 날 서산대사는 김 서방에게 "내일 우리 절에서 큰 법회가 있으니 손님들이 점심공양을 할 수 있도록 큰 가마솥을 걸라"고 하셨습니다. 김 서방은 정성스런 손길로 열심히 솥을 걸어 놓았습니다. 한참 후에 서산대사가 와서 보시고는 잘못 걸렸다면서 다시 걸라고 했습니다. 김 서방은 대사의 뜻을 따라 다시 정성을 다해 솥을 걸었지만 대사는 또 잘못됐다고 꾸중을 하셨습니다. 이렇게 하기를 아홉 번이나 되풀이하였습니다. 그러는 동안 그는 자신의 마음을 다스리는 법을 터득하게 되었고 대사의 참 뜻을 이해할 수 있었습니다.
　서산대사는 근엄한 목소리로 김 서방에게 "선사님, 구정선사(九鼎禪師)께서는 그 자리에 앉아 주십시오" 서산대사는 김 서방 앞에 다가와서 정중히 큰절 삼배를 하고 말씀하시기를 "그대께서는 오늘 아홉 구(九) 솥 정(鼎) 구정선사가 되셨습니다. 솥을 아홉 번이나 트집을 잡으면서 고쳐 놓도록 하였는데도 얼굴빛조차 변치 않고 미소지은 얼굴로 솥을 손보셨습니다. 그대의 인내심, 그 참을성이 당신으로 하여금 선사의 자리에 오르게 했습니다. 내일부터는 구정선사께서 이 절을 맡아주시고 소승은 묘향산으로 가겠습니다"라고 하시고는 그 절을 떠났다는 이야기가 있습니다.

　우리는 살면서 화나는 일도 많고 힘든 일도 많지만 이런 때 참고 견디고 기다리는 인내심이 필요합니다. 자기마음을 다스리는 법을 배워야합니다. 우리 몸은 마음의 지배를 받습니다. 마음의 훈련은 인내에서 출발하는 것입니다. 참음으로 자신을 이겨내며, 자신과의 싸움에서이긴 사람은 어떤 고통도 극복할 수 있습니다. 공자도 '참는 것이 모든 바른 행실의 근본이다' 라고 하셨습니다.

　오스트리아의 식물학자 멘델은 유전현상의 원리를 알기 위해 완두콩을 심어 인공교배하면서 오랜 세월을 '식물잡종연구'에 전념하였습니다. 피땀으로 이뤄진 연구 결과인 멘델의 법칙을 학회에 발표하였으나 인정을 받지 못하였습니다. 그러나 그는 좌절하지 않고 인내심으로 계속 연구를 하였습니다. "나의 유전법칙은 확실히 진리다. 반드시 인정되는 날이 있을 것이다. 언젠가 내 시대가 온다"라고 굳게 믿었습니다. 그가 세상을 떠난 후 멘델의 법칙은 과학적 진리로 인정을 받았습니다. 인내하고 기다리며 실력을 쌓으면 자기시대가 온다는 것을 보여 준 것입니다.

　자기의 운명은 인내하는 자신의 행동에서 결정됩니다. 인내의 노력을 통해서 자아를 성장시키는 중요한 가치를 배워야합니다.

　가난한 운명을 헤치고 독학으로 법률을 공부하여 변호사가 되고 대통령이 된 링컨의 이력에는 성공보다 실패가 더 많았습니다. 그러나 좌절하지 않고 인내로 도전하여 결국 성공을 하였습니다. 링컨을 비롯하여 성공한 분들은 대개 어려움을 인내로 딛고 일어난 분들입니다. 인내로 고난을 극복할 때 인간은 더 아름답고 가치 있게 태어나는 것입니다.

  개인 뿐 아니라 나라도 마찬가지입니다. 나라를 잃고 노예생활을 하던 이스라엘 민족이 가나안 복지로 새 운명을 개척한 일, 배고픔에 허덕이던 덴마크가 복지국가로 운명을 바꾼 일, 우리나라도 가난하게 살던 보릿고개를 벗어나 잘 사는 나라로 진입한 것은 고난을 참고 견디며 노력한 결과입니다.

  운명을 개척하는 의지의 인내는 분명 노력의 대가를 줍니다.

  우리는 거미가 거미줄을 치는 것을 관찰해 보면 그 끈기에 놀래게 됩니다. 거미가 이쪽에서 저쪽으로 거미줄을 걸면 걸렸다가 끊어지기를 수 십 번 반복 끝에 겨우 거미줄을 완성시킵니다. 목적을 위해서는 수십 번 실패에도 굴하지 않고 재 도전하는 인내의 의지가 결국 성공을 하게 합니다.

  사실 사람이 살다보면 쉬운 일 보다는 어려운 일들이 많이 있습니다. 그러기에 인생고해라고 합니다. 사는 과정에서 일이 뜻대로 되는 때와 안 되는 때가 있으나 조급하게 생각하지 말고 인내하며 더욱 노력하는 자세가 필요합니다. 인내는 쓰나 열매는 답니다.

지도자가 되려면

지도자는 아무나 되는 것이 아닙니다. 생각하는 것, 행동하는 것, 평소의 생활하는 것이 타에 모범이 되고 남다름이 있어야 합니다. 우리가 지도자를 잘 만나고 잘못 만남에 따라 상황은 아주 달라집니다. 지도자 감이 아닌 사람이 지도자가 되면 모두가 망하게 됩니다. 지도자의 위치가 얼마나 중요한지를 다음 우화를 통해서 알아보고 자기 자신은 지도자가 될 수 있는 그릇인지 아닌지 생각해 보는 기회가 되었으면 합니다.

'뱀이 기어가는 모습을 보면 꾸불꾸불 방향도 없이 아무 데나 가는 것 같습니다. 꼬리가 가만히 생각해 보니 뱀 머리는 고개만 살짝 들고 앞으로 가는데 자기는 언제나 뱀 머리가 가는 방향으로 힘들게 꼬리를 흔들며 따라가야만 하는 것이었습니다. 뱀 꼬리는 자기 의도와는 상관없이 따라다니는 것이 싫어서 이제는 자기가 앞장서서 가야겠다고 뱀 머리한테 자기의 뜻을 완강히 전 했습니다. 머리는 할 수 없이 그렇게 앞장서고 싶으면 앞장서 가 보라고 양보하였습니다. 꼬리가 앞장서서 가는데 꼬리에는 눈도 없고 어느 방향으로 갈지도 몰라 그냥 아무렇게나 갔습니다. 이리 저리 제멋대로 가다 보니 가시덤불 속으로 들어가 몸도 찍기고, 낭떠러지에 떨어져 상처도 많이 입고, 웅덩이에 **빠져** 헤어 나오지도 못하고, 그럴 때마다 머리가 다시 앞서서 겨우 **빠져** 나와 위기를 넘기곤 하였습니다. 그래도 꼬리는 계속 고집을 부리며 앞장서 가다가 산불이 나는 데로 기어 들어가 결국 불 속에서 나올 수 없어 타죽고 말았습니다.'

지도자는 아무나 되는 것이 아니라 앞을 보는 혜안과 생각할 수 있는 지혜와 앞으로 나가고 물러 설 수 있는 판단력과 추진력이 있어야 합니다. 뱀 머리가 아무렇게나 가는 것 같지만 뱀 머리는 위험하고 가서는 안될 데는 피해 가면서 자기가 가고자 하는 곳으로 가는 것입니다. 가다가 먹을 것이 있으면 기다렸다가 잡아도 먹고 자기가 위험을 느끼면 몸도 숨기고 자기를 보호하면서 살아가고 있는 것입니다.

그러나 **뱀** 꼬리는 눈도 지혜도 아무 것도 없이 무작정 될 대로 되라는 식의 행동을 한 것입니다. 뱀 꼬리 같은 사람이 지도자가 돼서는 안 됩니다. 최소한 뱀 머리 같은 눈과 지혜는 있어야 합니다. 지도자는 안목과 지혜와 판단력 추진력이 있어야 합니다. 지도자는 모든 생활 면에서 솔선수범하고 사람들이 지도자로 공감할 수 있어야 합니다.

서울대 이면우 교수의 글에서 보니 이런 사람은 지도자가 돼서는 안 된다고 합니다. 첫째 무식한 사람이 지도자가 되어서는 안 된다는 것입니다. 무슨 일을 어떻게 해야 할지도 모르면서 자리만 지키는 것은 사회발전을 저해하는 사회공적이기 때문입니다. 둘째 무식한 사람이 소신을 갖는 경우랍니다. 식견이 부족한 사람이 소신을 갖는 것처럼 위험한 일은 없다는 것입니다. 소신이란 말은 '누가 무어라 해도 나는 내 뜻대로 한다' 는 것이니 이런 사람은 정말 위험합니다. 무식한 소신파는 일을 추진하는 과정에서 잘못을 깨닫는 경우에도 고치지를 않을 것입니다. 셋째 무식한 사람이 부지런한 것도 문제라는 것입니다. 무식한 사람이 부지런하면 건드릴 것 안건드릴 것, 끌어들일 것 안 끌어들일 것 모두 찾아다니면서 사고를 저지르기 때문이랍니다.

그러므로 지도자가 되기 위해서는 그 분야에 전문지식이 있어 현안문제를 보는 시각과 판단력, 미래의 발전 비전을 바르게 제시할 수 있는 이성적이고 지혜로운 사람이어야 한다는 것입니다.

청소년은 학창시절에 실력을 쌓고 통찰력을 가진 혜안과 덕기가 있는 인격인으로 성장하여 지도력을 키워야 합니다. 청소년 때 지도력을 키우고 능력을 발휘해 보면 성장한 후에 큰 보탬과 발전의 기틀이 될 것입니다. 만약 지도자로서 부족함이 있어도 자기의 장점을 잘 계발하여 그 분야의 전문가가 되도록 노력하는 것이 젊은이가 할 일입니다. 그렇게 향상되어 가는 과정이 지도자가 되는 길입니다.

재능계발

　지금은 작아 보이는 조그만 열매도 노력에 따라 큰 열매를 거둘 수 있습니다. 청소년은 무한한 가능성이 있는 존재입니다. 자원은 유한하지만 창의는 무한한 것이며 자신은 무한한 창의력을 가진 청소년입니다. 창의력은 자신의 재능을 계발 신장시키는데서 이루어지는 것입니다. 자신에게 잠재되어 있는 재능을 찾아 그 일에 끝까지 최선을 다 한다면 다른 사람에게 열등감을 느낄 필요가 없습니다.
　자기의 것을 찾아보지도 않고 남의 것만 부러워한다면 할 수 없는 것 투성이 인 못난 자신이 될 뿐입니다. 누구나 다른 사람보다 잘하는 재능을 한가지 잘 갈고 닦는데 노력한다면 성공할 수 있습니다. 남들이 가지 않은 길이라도 걸어가는 용기를 내야 합니다. 첫 걸음을 내딛고 나면 얼마나 많은 가능성과 넓은 세계가 펼쳐져 있는가를 알게 될 것입니다.
　꼭 공부만 잘 하는 것이 성공할 수 있는 열쇠가 아니라 자신의 능력과 소질을 잘 계발 신장시키는 것이 자신을 성공하는 사람이 되게 하는 것입니다. 공부는 인간이 인간답게 살아가는데 필요한 기본 소양입니다. 그러므로 학생이 학교 다닐 때 열심히 공부하라고 하는 것은 평생교육에 기틀을 마련해 주기 위함입니다. 교수는 학자로서 학문 연구에 힘쓰고 의사, 판·검사 같은 분은 전문 시험에 합격해야 하므로 그 누구보다도 공부를 게을리 할 수 없습니다.

그러나 세상을 살아가는데 꼭 공부만 잘해야 성공하는 것은 아닙니다. 각 분야에서 성공한 유명한 분들이 모두 공부만 많이 하고 잘해서 성공한 것은 아닙니다. 자신의 재능을 잘 계발하여 끈기 있게 노력한 결과입니다.

꿈이 있는 이에게는 소망이 있습니다. 그 소망을 이루기 위해 부지런히 노력하면 누구도 성공할 수 있습니다. 인생의 가치는 끊임없이 노력하고 인내하는데서 획득할 수 있는 것입니다. 내가 할 수 있는 것이 무엇인가를 생각하고 지금부터 자신을 움직여 보십시오. 이 순간 작은 움직임의 시작이 하나 하나 쌓여 큰 일을 할 수 있는 기회와 능력을 가져다줍니다.

당신의 꿈만큼 당신은 성공할 수 있습니다. 라이트 형제는 비행기를 꿈꾸었고 그것을 실제로 만들었습니다. 왓트는 끓는 물주전자를 보다가 증기기관을 꿈꾸었고 그것을 만들었습니다. 자신의 재능을 살려 좋은 꿈을 마음껏 펼쳐 보여야 합니다. 꿈은 자신의 노력에 따라 놀랄만한 힘이 있습니다. 꿈을 실현하기 위해서는 재능을 계발 신장해야 하는 것입니다.

나는 별로 잘 하는 것이 없다고 생각하지 말고 생각해 보면 무언가 소질이나 재능이 있는 것이 있을 겁니다. 사람에게는 누구나 자기 개성에 알맞은 자기가 할 수 있는 쓸모 있는 일이 있습니다. 다른 사람이 하고 있는 것이 인기 있고 좋아 보인다고 무조건 따라가다 패배의식에 젖지 말고 자신이 할 수 있는 일에서 행복을 찾는 슬기로운 사람이 돼야 합니다. 자기 안에 감추어진 보물을 찾지 못하고 일생을 산다면 그것은 슬프고 애석한 일입니다. 자기 안에 감추어진 가능성을 계발해서 신장시켜 보려는 노력이 자신 안에서 일어난다면 삶은 더욱 값진 창조의 것이 될 것입니다.

무한한 가능성과 잠재력, 용기는 젊은이에게 주어진 크나큰 특권입니다. 성취하는 감동은 실천하는 용기에서 비롯됩니다. 자기의 능력을 최대한 발휘하여 자신의 꿈을 성취하는 젊은이라야 합니다. 저마다 타고난 소질과 재능을 얼마나 노력하여 가꾸어 나가느냐가 성공의 관건이 됩니다.

자기가 좋아하는 일을 찾고 소질과 재능을 꾸준히 계발 신장시켜 나간다면 누구나 자기의 꿈을 실현할 수 있습니다. 자신이 아무 능력이나 소질이 없다고 포기하지 말고 무언가 하고 싶은 일을 생각해서 인내를 갖고 노력하면 자기가 하고 싶은 일을 하기 때문에 행복을 느낄 겁니다. 능력이 없다고 움츠려 있기만 하면 점점 퇴보되어 의미 없는 삶으로 전락하게 될 것입니다.

나는 무능한 사람이야 스스로 이렇게 생각하면 이 작은 생각이 인생을 파멸로 몰고 갈 수 있습니다. 남과 비교해서 그만 못하다고 좌절하거나 포기하지 말고 자신을 소중히 여기며 보다 나은 미래를 준비해야 합니다. 이렇게 스스로 자신을 사랑하며 끊임없이 가꾸어 나가는 과정에서 보람이 얻어지고 꿈을 실현할 수 있게 되는 것입니다. 슬기로운 자는 미래를 현재인양 대비합니다.

희망의 문

　우리는 무슨 일을 할 때 뜻대로 되지 않으면 바로 좌절하는 경우가 있습니다. 그리고 무슨 일이 잘못되면 전후를 살펴보지도 않고 절망하는 경우도 있습니다. 우리가 어떤 고통에도 좌절하지 않고 꼭 해 낼 수 있다는 자신감과 희망을 갖는 것이 중요합니다. 희망과 용기를 갖고 다시 일어서야 합니다. 좌절은 스스로를 절망케 하고 죽음에 이르게 합니다. 여기 사례를 참고하기 바랍니다.

　바다를 항해하던 작은 배가 엔진 고장이 나서 며칠 간 표류하게 되었습니다. 배 안에는 마실 물이 바닥나서 승객들은 목이 말라 죽어가고 있었습니다. 그때 저 멀리서 배 한 척이 다가오는 것을 보았습니다. 승객들은 물을 달라고 아우성이었습니다. 그때 상대편 배에 있던 선원이 "무슨 소리냐 여기는 아마존 강입니다. 이물은 얼마든지 먹을 수 있습니다"라고 말해 주었습니다. 배가 바다에서 강으로 거슬러 올라간 줄도 모르고 물이 떨어졌다고 이제 죽었구나 자포자기해서 죽은 사람이 나타난 것입니다.
　급박한 상황에서 당황하고 좌절하다 보면 죽는 어리석음을 범하게 됩니다. 어려움이 닥칠 수록 정신을 차리고 어떻게 해야 할 가를 생각하는 여유가 필요합니다. 걱정과 근심에 **빠져있는** 사람은 걱정

근심거리만 생깁니다. 그러나 희망이 있는 사람에게는 희망의 기운을 자기에게로 끌어들입니다.

또 하나 사례를 들겠습니다. 어느 공장에서 일어난 일입니다. 공장에 근무하는 한 직원이 냉동시설이 되어 있는 창고에 들어간 후 실수로 문이 밖에서 잠겨 버렸습니다. 문은 굳게 닫힌 채 열리지 않았고 그 직원은 당황했습니다. 누가 와서 문을 열어주지 않는 한 결코 나갈 수 없게 되었습니다. 시간이 지날수록 그 사람은 절망감을 느끼며 죽음에 대한 공포로 자신이 죽어가고 있다고 생각하였습니다. 점점 추워지는 것을 느끼면서 그는 자포 상태에 이르러 쓰러져 갔습니다. 얼마간의 시간이 흐른 후 다른 직원이 그 냉동실을 열고 들러 가 보니 '몸이 차가워진다. 나는 점점 얼어가고 있다. 죽음이 가까이 온다.'란 글이 벽에 적힌 채 직원이 죽어 있었습니다.

그런데 그 냉동실은 며칠 전부터 고장이 난 것이었습니다. 서늘한 정도의 온도였지 사람이 죽을 만한 환경은 아니었습니다. 그 직원은 고장이 난 사실을 모르고 냉동실의 문이 잠겼으니 이제는 죽었구나 생각한 것입니다. 결국 그 사람을 죽게 만든 것은 자신의 마음가짐 때문이었습니다. 스스로 느낀 절망감과 좌절감이 그런 상황을 만든 것입니다.

이처럼 사람은 마음가짐 하나로 스스로를 죽이기도 하고 살리기도 하는 것입니다. 좌절감으로 자신을 죽여 가는 사람, 희망을 품고 자신을 살려 가는 사람 이 둘 중 어떤 사람으로 살아가야 할지의 답은 자명합니다.

우리들의 삶에는 두 개의 문이 있습니다. 그것은 절망의 문과 희망의 문입니다. 살아가면서 하나의 문이 닫히는 절망감을 느끼며 흔들릴 때가 있지만 그 절망 뒤엔 언제나 희망의 문이 있다는 것을 알아야 합니다. 계속되는 절망이란 없습니다. 우리에게 문제가 있다면 지나치게 절망감을 느껴 새로 열리고 있는 희망의 문을 보지 못한다는 것입니다.

누구에게나 있을 수 있는 고난과 시련을 희망이 없는 사람에겐 그 시련이 더 크게 다가올 뿐입니다. 희망이 없으면 쉽게 좌절하고 체념하면서 불행하다고 자포자기하나 시련 그 자체는 불행이나 불운이 아닙니다. 그 시련 극복을 통해서 인간은 위대하게 되기 때문입니다.

큰 희망은 사람을 시련에서 구해내고 성공하는 사람으로 만듭니다. 희망이 있을 때 힘이 끊임없이 생겨나는 것입니다. 어려움이 있어도 큰 희망을 갖고 생활하면 새로운 길이 보입니다.

성공의 비결

벤자민 프랭클린은 미국 건국 초기의 지도자입니다. 그는 학교를 제대로 다니지 못한 처지였지만 대통령직 이외에는 중요직책을 골고루 역임한 인물입니다. 그가 성공할 수 있었던 것은 남다른 노력이 뒷받침되었기 때문입니다.

무엇보다 그는 자신의 인격을 닦는 일에 피나는 노력을 기울였던 사람입니다. 그가 젊었을 때, 그는 자신의 사람 됨됨이를 갈고 닦기 위해서 12가지 실천사항을 세웠습니다.

'폭음 폭식을 하지 않는다(절제), 다른 사람에게 도움이 되지 않는 말을 하지 않는다(침묵), 물건을 제자리에 놓고 일은 알맞은 시간에 한다(질서), 해야 할 일은 반드시 하고 결심한 일은 실수 없이 한다(결단), 비싼 것은 사지 않고 낭비하지 않는다(절약), 시간을 헛되이 쓰지 않고 쓸모 있는 일에만 시간을 보낸다(근면), 남을 해치는 책략을 쓰지 않는다(성실), 남의 권리를 침해하지 않고 남에게 손해를 입히지 않는다(정의), 극단을 피한다(중용), 몸, 옷, 집안이 불결한 것도 용납하지 않는다(청결), 사소한 일에 화를 내지 않는다(평정), 성(性)을 남용하지 않고 건강과 생산을 위하여 사용한다(순결)'

프랭클린이 이들 12가지 실천사항을 종이에 적어 친구에게 보여

주었더니 그 친구가 중요한 것 한가지 '겸손'이 빠져있다고 충고했습니다. 프랭클린은 즉석에서 13번째 항목으로 겸손을 추가하고는 이들을 실천하는데 전심전력을 다하여 결국 성공적인 인생을 살았습니다.

별다른 노력 없이 성공을 하고자 하는 것은 잘못된 욕심입니다. 대부분의 사람들이 성공하지 못하는 이유는 그들이 성공한 사람들처럼 행동하지 않기 때문입니다.

로저 뱁슨이라는 분이 60년 동안 성공과 실패의 원인을 분석해 본 결과 성공에 대한 비결이 네 가지 있다는 사실을 발견하게 되었습니다. '첫째 심신의 건강을 유지하라, 둘째 계속적으로 능력을 계발하라, 셋째 인생의 목표를 세우고 열심히 일하라, 넷째 명상과 인격수양을 위한 시간을 가져라.'

인생 속에서 성공을 위해서는 자기 일에 애정을 가지고 남다른 성의로 꾸준하게 열심히 하는 것입니다. 계획은 영원히 살 것처럼 철저하게 세우고 일 추진이나 행동은 날마다 내일 죽을 것처럼 오늘 최선을 다하는 것입니다. 오늘이라는 매일을 일년 중에서 가장 경이로운 날로 만들어야 합니다.

작은 물방울이 모이고 작은 모래알이 모이면 대양이 되고 대지가 됩니다. 후회 없이 성공하는 인생을 살기 위해서는 작은 일에도 정성을 다해야 합니다. 한마디로 성공은 자기 노력에 달려있는 것입니다.

공짜는 없다

어느 현명한 왕이 현자(賢者)들을 한자리에 모아놓고 "후세에 남겨줄 수 있도록 '세기의 지혜'를 잘 정리하여 책에 담아 주기 바랍니다."라고 부탁을 하였습니다. 현자들은 오랜 동안 연구를 깊이 하여 12권의 책을 만들어 왕에게 바치면서 "이것이 바로 세기의 지혜가 실린 가치 있는 책입니다"라고 하였습니다.

그러나 왕은 그것이 분명히 세기의 지혜가 담긴 책이기에 후세에 물려주어야 하지만 너무나 분량이 많아 사람들이 읽지 않을 가봐 걱정이 됐습니다. 그래서 현자들에게 다시 이 책들을 보다 간략하게 줄여 보도록 말씀하셨습니다. 현자들은 다시 연구 끝에 한 권의 책으로 만들어 왕에게 그것을 보여 주었습니다. 왕은 그래도 그것이 두껍다고 좀더 줄여보라고 했습니다. 현자들은 한 권의 책을 한 페이지로 줄였다가 그것을 하나의 문장으로 바꿨습니다.

왕은 그들이 만든 문장을 보고 기뻐 하셨습니다. "여러분, 이것이 바로 내가 바라는 세기의 지혜입니다. 세상에 있는 사람들이 이것을 배우면 곧 그들이 가지고 있는 거의 모든 문제들이 해결될 것입니다." 현자들이 후세에 물려준 세기의 지혜는 이것이었습니다. '공짜는 없다'.

과정과 결과는 거의 분리되는 법이 없습니다. 나태한 과정과 좋은 결과는 결코 친구가 될 수 없으며 성실한 과정에서 좋은 결과는 우리를 그냥 외면하지 않습니다. 저절로 이루어지는 것은 없고 공짜로 이루어지는 것은 더더욱 없습니다. 좋은 결과는 다름 아닌 우리의 노력이라는 땀방울을 먹고 자라는 꽃과 같은 것입니다.

부지런히 땀을 흘린 사람에게는 영광과 만족을 약속해 줍니다. 땀은 노력의 상징입니다. 땀은 창조의 원동력이며 성공의 위대한 원천입니다. 땀에는 거짓이 없으며 땀은 곧 믿음입니다. 열심히 노력하여 땀을 많이 흘린 사람은 많은 수확을 하고 노력하지 않은 사람은 거두어 드릴 것이 없습니다. 수확의 양은 흘린 땀의 양과 정비례한다는 것이 땀의 미학입니다. 무슨 일이나 공을 드려야 좋은 결과가 있는 것입니다. 성공은 절대로 우연이나 요행으로 얻어지는 것이 아닙니다. 며칠 실천하다가 게을러지거나 중도에 포기하면 절대 목적지에 도착하지 못합니다. 땀흘리며 성실하게 실천한 사람만이 소기의 목적을 이루고 보람이 있는 것입니다. 목적달성을 위해 땀흘리는 노력은 우리 인생의 소중한 과정이며 하루의 성실한 노력이 미래의 영광을 줍니다. 그리고 그 과정에 숨어 있는 기쁨과 보람을 찾아 누리는 사람이 행복한 사람입니다.

그런데 많은 사람들은 성공한 사람들의 과정은 생각하지 않고 현재 이뤄진 결과만을 보고 부러워하고 보이는 것에만 현혹되고 있습니다. 각 분야에서 명성을 얻고 있는 사람들이 지금이 있기까지의 과정을 알아야 합니다. 밤 낮 없이 피눈물나는 고생을 하며 남다른 노력을 하였기 때문에 오늘날 그만한 이름을 날리고 있는 것입니다. 과정 없는 결과는 있을 수 없는 것입니다.

성공한 사람들의 모습이 아름답고 존경스러운 것은 그 일을 이루기 위해서 그것에 쏟은 시간과 정성 때문입니다. 그것들을 이루게 만들었던 피나는 노력의 과정 하나 하나에 관심이 있어야 합니다. 과정 없는 결과는 텅 빈 과일과 같이 공허한 것입니다.

자기가 무엇을 하기를 원한다면 지금부터 남다른 노력을 해야합니다. 지금 자신이 무엇을 못하거나 무엇이 안 되는 것은 생각만 있고 간절히 원한만큼 노력하고 있지 않기 때문입니다. 해도 그만 안해도 그만, 되어도 그만 안되어도 그만 이라고 생각하고 행동하는 마음가짐은 그 어떤 것도 이룰 수 없습니다. 하지만 그 힘이 모자랄 지라도 간절하게 원한만큼 노력할 때는 자연스러운 용기와 적극적 행동이 나오게 되어 커다란 힘이 생기게 되는 것입니다. 지금 무엇이 이루어지지 않고 있다면 그것은 자신이 원하고 있는 만큼 노력하지 않은 결과입니다.

'공짜가 없다' 는 말을 명심하고 자기가 하는 일에 열성적인 노력을 해야 성공의 삶이 열립니다. 세상에 공짜는 없습니다.

소득이 이야기

옛날 어느 서당에서 있었던 이야기입니다. 어느 날 한 거지 아이가 서당에서 글공부하고 있는 아이들을 물끄러미 바라보며 마당에 서 있었습니다. 공부하는 아이들을 부러운 듯 바라보고 있는 그 아이의 태도가 너무 진지하여 훈장 선생님이 부르셨습니다. 못 보던 아이인데 네 이름은 무엇이고 어디 사는 누구냐고 물으셨습니다. 그 아이는 자기의 이름은 물론 부모나 고향도 모른다고 하였습니다. 자기는 일찍 부모가 돌아가시고 돌봐주는 친척도 없어 어릴 적부터 구걸하며 여기 저기 떠돌아다니다가 여기까지 온 것이라고 하였습니다.

훈장님은 이 아이를 불쌍히 여겨 서당에서 일하면서 있으라고 했습니다. 우선 이 아이의 이름이 없어 어떤 이름을 갖기를 원하느냐고 물어보니, 저는 별다른 욕심은 없고 적게 얻어도 좋으니 제가 노력하여 먹고 살수만 있으면 좋겠습니다. 이름도 그런 뜻이면 좋겠습니다 라고 했습니다. 훈장님은 생각 끝에 이 아이가 원한대로 적을 소(小) 얻을 득(得)자를 써서 이름을 小得이라고 지어 주셨습니다.

평소 이 아이는 어찌나 부지런하고 성실한지 누가 시키지 안 해도 아침 일찍 일어나 집 안팎뿐 아니라 동네 어구까지 매일 깨끗이 청소하고, 땔감도 해오고, 동네의 어려운 일이 있으면 도맡아 구진 일을 하는 등 열심히 자기가 할 수 있는 몫을 다하여 훈장님은 물론 동네사람들이 칭찬을 많이 하였습니다. 소득이는 어린아이들 뿐 아니라 어른들에게까지 모범이 되었습니다.

　서당에 다니는 아이들도 서당에서 공부를 한 후부터는 예의도 바르고 자기 몫을 다하며 착실히 자라 부모님들이 대단히 기뻐하셨습니다. 아이들 부모님들은 서당선생님이 얼마나 훌륭하시기에 아이들이 서당에 다니면서 저렇게 달라질 수 있을까 하고 훈장님께 고마워했습니다.

　아이들 부모님들은 훈장님께 어쩌면 그렇게 덕이 높으시고 훌륭하시냐고 말씀드렸습니다. 훈장님은 나에게 큰 영향을 준 것이 두 가지가 있는데 하나는 책이고 또 감명을 주고 나를 일깨워 준 사람이 있다고 하였습니다. 학부모들은 저렇게 훌륭하신 훈장님을 가르친 스승은 얼마나 더 훌륭한 분일까 하고 생각했습니다. 그런데 의외에도 훈장님이 말씀한 사람은 바로 소득(小得)이 이었습니다. 소득이가 훈장님의 스승이라는 것입니다. 의아해서 동네 분들이 물어보니 소득이는 예절바르고 부지런하고 마음씨 착하고 궂은 일은 누가 시키기 전에 알아서 솔선해서 하고 있으며 모든 사람의 모범이 되고 있으니 이 보다 더 훌륭한 스승이 또 있겠느냐고 하였습니다. 그 아이 같이만 하면 그 무엇을 더 바랄 수 있겠습니까 라고 말입니다. 소득이는 그 후 그 동네에서 결혼을 하고 아들 딸 낳고 행복하게 잘 살았다고 합니다 .

　위의 이야기는 자기의 처지를 비관 만하고 있는 것이 아니라 그 처지를 디딤돌로 삼아 성실히 노력하면 좋은 기회가 주어진다는 것입니다. 만약 소득 이가 거지로서 여기 저기 다니며 구걸이나 하고 살았다면 평생 사람들로부터 무시나 당하고 사람다운 삶을 살 수 없었을 것입니다. 자기의 어려운 처지에 좌절하지 말고 최선을 다하는 생활에서 보람과 큰 결실을 추수할 수 있는 것입니다.

'법구경 쌍서품'에 이런 이야기가 있습니다.
어느 날 부처님이 기사 굴 산에서 정사로 돌아오시다가 길에 떨어져 있는 종이를 보시고 제자 아난다에게 줍게 하시고 그것은 어떤 종이냐고 물으셨습니다. 제자는 "향기로운 냄새가 나는 것을 보니 향을 쌌던 종이인가 봅니다."라고 여쭈었습니다. 또 한참 가는데 이번에는 길가에 새끼줄이 떨어져 있어 그것을 줍게 하시고 어떠냐고 물으셨습니다. 제자는 "지독한 냄새가 나는 것을 보니 썩은 생선을 묶었던 것 같습니다."라고 말씀드렸습니다. 부처님은 "사람도 이와 같은 것이다. 성실하고 선한 사람은 향기로운 냄새가 나고 나쁘고 악한 사람은 고약한 냄새가 나는 법이다"라고 말씀하셨습니다.
향내가 나고 비린내가 나는 것은 무엇을 쌌던 것이냐에 따른 것입니다. 소득이처럼 부지런하고 성실하면 향내나는 인간이 될 것이고 불성실하고 어리석은 짓만 하면 사람들에게 무시당하는 비린내나는 새끼줄 같은 사람이 될 것입니다. 어떤 인간으로 살 것인지 선택은 각자 자신에게 달려 있습니다.
그대 자신을 알고 스스로 선택하십시오.

고난극복의 교훈

　의지가 있는 사람만이 성공할 수 있고 삶의 보람이 있습니다. 온실 속에서 자란 화초는 조금만 추워도 시들지만 사철나무는 겨울철에도 꿋꿋하게 푸름을 자랑하며 잘 자랍니다.
　그런데 오늘날 청소년들 중에는 온실 속의 화초처럼 부모님의 과보호 속에서 편하게만 생활을 하여 극기력, 인내력이 부족하고 고난극복의 투지도 약하며 쉽게 포기하는 사람이 많아 안타깝습니다. 조금만 추어도 시드는 화초처럼 자라서는 안됩니다. 청소년은 어려운 일도 해 보고 또 고난을 극복도 하여 어떤 상황에도 적응할 수 있는 사철나무 같은 믿음직한 푸르른 사람으로 성장해야 합니다.
　쉽고 편안하게만 사는 것이 좋은 것이 아니라 어려움을 극복할 수 있는 능력을 기르는 것이 앞으로의 삶에 큰 힘이 됩니다. 굳건한 정신력과 극기력을 기르는 여러 가지 극기활동은 중요합니다. 고생한 만큼 성숙하고 진취적인 건전한 정신이 됩니다. 어려움을 참고 극기할 수 있는 사람만이 삶에 큰 보람을 수확할 수 있는 것입니다.

　'누에고치의 교훈'을 소개합니다.
　어떤 사람이 누에를 치고 있었습니다. 하루는 누에고치에서 나방이 나오는 것을 보고 누에고치 하나를 집어서 나방이 잘 나올 수 있도록 가위로 큰 구멍을 뚫어 주었습니다. 다른 나방들은 많은 고통을 겪으면서 스스로의 힘으로 구멍을 뚫고 밖에 나왔지만 큰 구멍을 내준 나방은 아무 고생도 하지 않고 쉽게 나올 수 있었습니다. 그런데 이상한 일이 벌어 졌습니다. 많은 노력 끝에 스스로의 힘으로 구멍을 뚫고 나온 나방들은 모두 날개를 치며 공중으로 힘차게 날아올랐지만 구멍을 뚫어 주었던 나방은 아름다운 날개를 지니고도 날지 못한 채 비실비실 땅으로 떨어지고 말았습니다. 이 나방은 껍질을 깨는 고통을 겪지 않았기 때문에 날개의 힘을 기르지 못하고 물기도 채 마르지 않아 날지 못한 것입니다.

우리는 어려운 일을 당할 때 부모님이나 다른 사람들의 도움을 받기를 원합니다. 그러나 시련을 겪지 못한 삶은 큰 구멍으로 쉽게 나온 나방처럼 그렇게 나약할 수밖에 없습니다. 고통과 인내가 따르더라도 내 일은 내가 하겠다는 자립 의지가 있어야 심신이 튼튼하고 믿음직한 사람이 되는 것입니다.

얼마 전 신체 장애자들이 설악산을 등산하여 정상에 오른 적이 있었습니다. 정상을 정복하는 인내심과 고난극복으로 성취감을 체험하여 삶에 자신감을 갖는 것입니다. 고난을 극복하고 성공하여 우리에게 귀감이 된 이들은 어떠한 어려운 상황도 인간이 노력하면 해낼 수 있다는 것을 보여주고 있습니다. 성공하는 분들은 여러 가지 고난과 역경을 잘 극복하여 자기의 목적을 달성한 사람입니다.

아프리카 에티오피아의 '아베베' 마라톤 선수는 맨발로 올림픽 마라톤 2연패의 위업을 달성한 사람입니다. 신문기자가 아베베 선수에게 우승비결을 묻자 그는 "별다른 비결은 없고 나는 남과 경쟁

하여 이긴다는 것보다는 자신에게 이겨야한다고 생각하며 뜁니다. 자신의 고통과 괴로움에 지지 않고 마지막까지 달리다 보면 승리로 연결됩니다."라고 대답하였습니다. 즉 고난을 극복하고 자기를 이기는 일이야말로 스스로를 강하게 만드는 비결입니다.

우리는 고난과 시련을 극복하고 이겨내야 비로소 삶의 보람을 만끽할 수 있습니다. 아름다운 영혼을 갖고 인생의 보람을 갖는 사람은 아무런 고난 없이 좋은 조건에서 살아온 사람이 아니라 역경과 아픔을 겪으면서도 이를 잘 극복한 사람입니다.

독수리는 험한 산 바위 턱에 둥우리를 짓고 새끼를 낳습니다. 독수리는 이 둥우리에 들쭉날쭉한 돌멩이도 놓고 가시덤불 같은 것도 놔둔 다음 그 위를 양털이나 동물의 가죽으로 포개 놓습니다. 새끼가 어느 정도 자랐을 때 어미 독수리는 둥우리를 마구 흔들어 버립니다. 그러면 둥지 밑에 있던 뾰족한 돌멩이며 가시덤불이 드러나 새끼독수리는 큰 아픔을 느껴 둥우리 밖으로 나가 비로소 비행연습을 하게 되는 것입니다. 더 높이 더 멀리 날기 위해서는 둥우리의 아픔이 있어야 합니다.

우리가 살고 있는 이 우주의 만물은 시련과 고통을 겪음으로써 더욱 강인해 지는 공통의 성장원리가 있는 것 같습니다.

그러기에 쇳덩어리도 오래 불에 달구고 누르고 두들기고 식히기를 여러 번 되풀이할수록 더 단단한 강철이 됩니다. 겨울철 들판에서 자라는 보리를 보아도 추위가 심할수록 뿌리를 더 단단히 내리며 봄에 알찬 열매를 잉태하게 됩니다. 사람 역시 역경을 통하여 이를 극기함에서 강인함을 얻는 것입니다.

우리는 살면서 뜻하지 않은 많은 고통스러운 일을 당합니다. 평소 스스로 어려움을 찾아서 해보는 것도 좋습니다. 그런 기회가 어려움을 참고 견디는 연습을 하는 좋은 계기가 되기 때문입니다. 고난을 극복하는 것은 몸과 마음의 건강과 사회 적응력, 자신감, 인내력을 기르는 중요한 일입니다. 나약하고, 편협한 이기적 사고, 무절제한 생활 태도 등을 시정하고, 극기 경험을 통해 의지력 있는 자신을 길러야 인격형성에 도움을 줍니다.

특히 극기란 자신의 욕망 충동 감정 따위를 자기 의지로 이겨내는 힘을 기르는 것이므로 자기관리를 잘하는데 큰 도움이 됩니다. 극기 수련은 어려운 과정을 거치는 체험학습으로 여러 가지 어려움에 대해 자신감을 가지고 지혜롭게 해결해 나갈 수 있는 힘을 길러줍니다. 평소 고난을 극복하는 과정을 통해 건전한 인간상을 정립하고 자신을 업그레이드합시다. 극기하는 자는 위대하고 그 인생은 진취적인 승자입니다.

나는 할 수 있다

　청소년기에는 인생을 살아가는 슬기를 집중적으로 기르는 중요한 시기입니다. 학창시절을 어떻게 보내느냐에 따라 자기 삶의 모습이 결정됩니다. 자기 운명은 스스로 개척하고 창조한다는 신념으로 노력해야 할 때입니다. 청소년 시절이 자기 인생의 갈림길이 된다고 생각하면서 자기에게 주어진 여건을 잘 활용하여 보람 있는 학창시절이 돼야 합니다.

　우선 '나는 할 수 있다' 는 자신감과 긍정적인 생각으로 사물을 보고 일을 하는 생활이 좋은 삶의 길잡이가 됩니다. 세상사를 긍정적 시각으로 보는 사람은 대체로 성공적인 생활을 합니다. 자신감과 긍정적인 사고를 갖는다는 것은 끝없이 자신을 돌보고 장점을 개발하며 좋은 방향으로 생각하는 자세에서 출발합니다.

　무슨 일을 할 때 불평만 하고 부정적으로 안 되는 방향으로만 생각하는 사람은 그 일이 잘 될 수가 없고 짜증만 나게 됩니다. 세상사는 좋게 보면 좋은 일들만 눈에 띄고 나쁘게만 생각하면 한없이 나빠 보이기만 합니다. 모든 것이 생각하기 나름이고 보기 나름입니다.

　긍정적인 자세로 임하면 일하는 즐거움을 느끼며 자신을 갖게 됩니다. 긍정적인 생각을 하면서 생활하면 한층 아름다운 인생을 엮어

갈 수 있습니다. 긍정적인 생각을 하는 사람은 새로운 일을 할 때 커다란 기회로 여기고 개척자가 되고자하는 사명을 가지는 자입니다. 그는 극복할 수 없는 어려움이라도 해결할 수 있는 방법이 있다고 확신하기 때문에 놀라운 결과를 가져옵니다. 긍정적인 사람은 어떤 일을 실패하더라도 그는 그 원인을 발견하고 시도하려는 일에 획기적인 해답을 세워 다시 창조적인 출발을 합니다.

어느 뇌성마비 환자의 이야기입니다. 그녀는 걸을 수도 없고 학교에도 다닐 수 없는 처지였습니다. 그러나 어느 날 우연히 "너희가 만일 희망의 신념이 한 겨자 씨 만큼 만 있으면 산도 옮길 수 있을 것이요 또 못할 것이 없으리라"는 말을 들었습니다. 용기를 갖고 의사와 상의했습니다. 그리고는 자기가 평소에 어떻게 하면 걸을 수 있는지 구상한 것을 의사에게 말했습니다. 머리 목 허리 발목 등에 기구를 이용하면 걸을 수 있을 것 같다는 제안을 들은 의사는 더 연구를 하여 전문적으로 시술을 하였습니다. 그 결과 그녀는 불편하지만 걸을 수 있었고 마침내 학교도 다닐 수 있게 되었습니다.

이뿐 아니라 우리 주변엔 긍정적이고 적극적인 노력으로 불가능해 보이는 일을 가능케 하고 있는 사람들이 있습니다. 손발이 마비되었음에도 누어서 입으로 그림을 그리는 화가, 양팔이 없는데도 발가락으로 수저를 잡고 밥을 먹는 사람...등 이들은 위대한 승리자처럼 연약한 사람들에게 교훈을 줍니다.

성공은 단념하지 않는 것이고 실패는 쉽게 단념해 버리는 데서 기인합니다. 자신을 성공적으로 이끄는 사람은 자기 일을 긍정적으로 생각하고 성공할 수 있다는 생산적인 생각을 합니다. 그리고 자신에게 불리한 점을 최선의 방법으로 이용을 하면서 항상 '나는 할 수 있다'는 긍정적인 신념으로 일을 합니다.

'나는 할 수 있다.' 이는 성공으로 가는 길에서 우리에게 주는 가장 위대한 말입니다. 이 말 속에는 자신감이 있습니다. 패배나 실패는 생각할 수도 없습니다. '나는 할 수 있다'는 말을 하면 신념의 마력이 작용합니다. 할 수 있다고 믿고 행하는 사람에겐 좋은 결과가 있습니다.

긍정적인 생각은 자신의 신념을 더욱 완성케 하고 새로운 추진력을 생기게 합니다. 긍정이라는 말은 성공에 이르는 또 다른 열쇠입니다. 할 수 있다는 긍정적인 생각을 하면 창조적인 두뇌세포는 보이지 않는 잠재적인 부정적 세포의 속박에서 벗어나 놀라운 힘을 발휘합니다. '나는 할 수 있다' 라는 말을 언제나 되새기고 적극적으로 생활하면 용기도 생기고 길이 보일 것입니다.

그리고 자기 안에 감추어진 보물 즉 가능성을 키우는 노력이 있다면 삶은 더욱 값진 창조의 것일 수 있습니다. 창조적인 생각, 긍정적인 자세, 바른 행동으로 삶의 계단을 하나씩 밟고 올라가면 어느 사이에 삶의 열매가 알차게 맺혀있는 것을 발견하게 될 것입니다. 인생의 가치는 끊임없이 노력하는 데서 획득됩니다. 자신감과 긍정적인 사고로 땀을 흘린 자만이 열매의 값짐을 압니다. 그대는 할 수 있습니다.

보리 싹의 생명력

　청소년들 중에는 이기적이고 나약하고 자제력이 부족한 사람들이 있습니다. 어떤 고충이나 어려움이 있으면 쉽게 좌절하는 경우도 있습니다. 이들은 자기들에게만 고난이 있고 불행하다고 생각할지 모르지만, 가정형편이 좋고 행복해 보이는 사람도 고민이나 애로 사항은 있으며, 이 세상에 살아가는 과정에서 아무 문제가 없는 사람은 없습니다. 우리가 부러워하는 사람들의 내면을 보면 나름대로 고민이나 걱정거리가 다 있습니다. 그러나 이들은 그 어려움을 슬기롭게 극복하면서 생활하고 있는 것입니다.

　학교생활 부적응 학생과 대화를 나눠보면 성적이 나빠서 고민이라는 학생이 많습니다. 성적이 좋지 안 해도 자기의 적성과 능력을 잘 살리면 대학 나온 사람이상으로 행복하게 살 수 있습니다. 공부도 자신이 열심히 해보지도 않고 불행한 환경이나 머리 탓만 하는 학생이 있습니다. 남의 탓으로 돌리지 말고 현실에 적응하는 마음가짐이 있어야 합니다.

　이런 학생은 가정 환경이나 공부에 대한 좌절감을 이유로 학업으로부터 소외되고 친구간의 인간관계도 올바로 형성하지 못한 채 공격적이고 폭력적인 성향과 부정적인 삶을 살아가는 경우가 있는데 이것은 대단히 잘못된 일입니다. 어려운 문제에 직면했을 때 그 문제를 해결하려는 노력은 하지 않고, 폭력이나 극단적인 방법으로 문제를 해결하려 한다면 이 사회는 정말 살벌하고 청소년에게 희망이 없습니다.

  청소년은 올바른 삶의 태도 형성, 자신의 소중함, 삶의 의미 그리고 자기 존재의 가치를 알고 어려움 속에서도 흔들리지 않고 굳은 의지로 고난을 극복하고 자기의 꿈을 키워 가야 합니다.

  '보리 싹의 생명력'을 생각해 보세요. 늦겨울에 시골에 가보면 농부들이 보리밭을 밟아주는 모습을 볼 수 있습니다. 연약해 보이는 보리 싹은 밟힌 지 얼마 후면 더욱 싱싱하게 파릇파릇 자랍니다. 다져진 흙 속에 뿌리를 깊이 내려서 튼튼하게 자라는 것입니다. 이러한 보리 싹은 우리에게 고난을 이기고 일어서는 굳센 의지의 상징이 될 수 있습니다.

  우리 주변에서 보면 말할 수 없이 비참한 환경 속에서 자랐으면서도 고상한 인격과 행동으로 존경받는 사람들이 많이 있습니다. 사람에게는 역경을 극복하는 특이한 극기력이 있는 것입니다. 우리 민족은 수 천년 동안 많은 침략을 받으면서도 찬란한 역사를 이어 왔습니다. 그 고난의 세월 속에서 보리 싹처럼 강인한 생명력을 키워 오늘날 세계 속의 한국으로 우뚝 선 것입니다. 오늘의 환경이 자신을 힘들게 하고 있다고 생각되거든 보리 싹을 생각하십시오. 어려운 환경을 오히려 성장의 밑거름으로 활용하는 사람이 성공하는 것입니다.

  하나 더 사례를 소개합니다. 집에 있는 관상목 나무가 잎이 노랗게 되고 떨어져서 화원에 있는 분께 물어 보았습니다. 뿌리가 제대로 착근이 안돼서 그런 경우가 있으니 뿌리가 흔들리지 않게 잘 고정시키고 물을 적당히 주고 햇빛도 볼 수 있게 하라고 하였습니다. 시키는 대로하였더니 지금은 잘 자라고 있습니다.

  청소년은 지금 한창 자라나는 묘목입니다. 어떤 유혹이나 호기심 때문에 자신이 착근을 못하고 자꾸 흔들린다면 바르게 자랄 수 없습니다. 청소년의 시기는 인생항로를 결정짓는 귀한 시절입니다. 주변의 유혹을 잘 피해 나가고 우발적인 행동으로 후회하는 일이 없어야 합니다. 뿌리깊고 잎이 무성한 건강한 거목으로 자라 인생의 아름다운 열매를 맺고 국가의 동량이 돼야 합니다. 보리 싹의 생명력처럼 강인한 생활력으로 어려움을 이기는 자가 승자가 되는 것입니다.

정신일도 하사불성

강원도 깊은 산골의 숯쟁이 아들로 태어나 학교도 못 다니고 소년 가장으로 어린 나이에 객지에서 가진 고생 끝에 성공한 분의 이야기입니다. 경남 창원에 있는 대우종합기계의 김규환 씨가 바로 그분입니다. 그는 일찍이 부모님을 여의고 배운 것도 없이 어디 의지할 데도 없는 몸으로 막막한 삶 속에서도 희망을 접지 않고 어렵게 대우종합기계 청소부로 취직하여 노력과 성실함이 돋보여 기계 닦는 보조 공으로 정식사원이 되고 그 후 기능공으로 승진합니다. 그는 주야불구 계속 노력하여 국가기능 1급 자격 취득, 창원기능대학졸업, 전국품질관리경진대회 금메달 수상, 국제품질관리 한국 대표, 대한민국 인증 품질 명장이 됩니다. 명장이란 그 분야에서 가장 뛰어난 실력을 갖고 있는 분에게 주어지는 최고의 명예로 이분은 초정밀산업분야의 1인자입니다. 이렇게 되기까지 그 분의 정신자세며 노력은 남다름이 있었습니다. 가훈이 '목숨을 걸고 노력하면 못 할 것이 없다' 랍니다. 죽을 각오로 정신을 집중하여 노력하면 이 세상에 안 되는 것이 없다고 그분은 강조하십니다.

옛날에 한 청년이 그 고을의 현명한 사또에게 성공 비결을 가르쳐 달라고 간청했습니다. 사또는 말없이 사발에다 물을 가득 따르고는 청년에게 건네 주면서 포졸을 하나 부르더니 "이 청년이 저 물 사발을 들고 마을을 도는 동안 만약 사발 물을 엎지를 때에는 그의 목을 내려쳐라!"하고 명령했습니다. 청년은 식은땀을 흘리며 그 물 사발을 들고 엎지르지 않고 마을을 한 바퀴 돌아왔습니다. 사또는 청년이 마을을 도는 동안 무엇을 보고 들었는지 물었습니다. 그러자 청년은 아무것도 보지 못하고 듣지도 못했다고 대답했습니다. 사또는 다시 물었습니다. "넌 거리에 있는 사람들도 못 보고, 새 소리도 못 들었단 말이냐?" 하자 청년은 "네, 저는 아무것도 보지도 듣지도 못했습니다." 사또는 "그렇다, 이것이 네 인생의 교훈이며 성공하는 비결이다." 라고 말해 주었습니다.

또 한 예는 어느 날 경허 스님이 만공 스님을 데리고 탁발(托鉢)을 나가 시주 받은 쌀을 모두 만공 스님에게 지고 가게 하여 만공 스님은 속으로 매우 화가 났습니다.

어느 마을을 지날 때 경허 스님이 물동이를 인 아낙네에게 장난을 거는 것을 마을 청년이 보고 쫓아 왔습니다. 두 스님은 필사적으로 도망쳐 다행히 절 근처까지 무사히 왔습니다.

이 때 경허 스님은 만공 스님에게 "아직도 쌀자루가 무거우냐?" 만공 스님은 쫓기는 동안 쌀자루가 무겁다는 생각을 전혀 하지 못했음을 깨달았습니다.

이와 같이 자기 일에 정신을 집중하고 살면 무슨 일이든지 이룰 수가 있으며 모든 유혹과 악한 소리에도 넘어가지 않고 성공을 거둘 수 있는 것입니다. 정신일도 하사불성(精神一到 何事不成)

불가능은 없다

　몇 년 전 신문에 보도된 내용을 하나 소개하겠습니다. 이화여대 미술학부에 입학한 '이진영' 양은 소리를 듣지 못하는 2급 청각 장애자입니다. 그녀는 어렸을 때 중이염이 신경으로 옮아가 양쪽 귀의 청(聽)신경이 모두 끊어진 감각신경성 난청자입니다. 이 때문에 어릴 때부터 진영이와 부모님은 남모르는 고통 속에서 살았습니다. 어려운 살림에 병원을 찾았지만 매번 재생불가라는 낙담의 진단만 받았습니다. 다섯 살 때 청각장애 특수학교에 입학하였습니다. 색종이를 밑에 두고 세게 불어 많이 흩어지면 '파', 조금 흩어지면 '하', 혀를 구부린 채 목청이 떨리면 '르'…이양은 목청 입술 혀 주변사물의 움직임까지 일일이 기억하며 발음을 하나씩 배워나갔습니다. 옹알거림 2년 만에 이양 입에서 '엄마'라는 소리가 나왔을 때는 가족들이 부둥켜안고 밤새 울었다고 합니다. 어느 날 이양은 어디선가 헬렌켈러의 책을 가져와 '이…사람도 훌륭한 사람이 됐잖아요. 나…도 그렇게 될래요'라며 말을 더듬으면서 의사표현을 하였습니다. 초등학교에 입학하여 수업시간에 선생님의 입 모양을 쫓아 한번도 딴 데 눈길을 두지 않고 악착같이 공부를 하였습니다. 잘 모르는 것은 친구의 노트를 빌려서 공부했습니다. 그 결과 초등학교 6학년 동안 전과목 '수'를 기록했고 특히 음악시간엔 악기의 박자와 손 모양 등을 기억, 반복 연습해 피리로 동요를 불고 피아노를 칠 수 있게 되어 선생님과 친구들의 눈물과 박수를 받기도 하였습니다. 중학교에 와서는 미술을 시작하였습니다. 소리가 없는 흰 종이 위에 자신의 모든 것을 펼쳐 보였습니다. 초. 중. 고 12년 동안 개근기록도 세우고 수능 점수 304점을 받아 당당히 이화여대에 합격을 하였습니다. 대학에 입학하여 교수님 입을 보며 눈으로 들으면서 열심히 공부하고 있으며 그녀의 꿈은 특수학교 미술교사가 되는 것입니다. 그녀는 청각 장애자이지만 희망에 부풀어 있고 자신과 맞설 수 있다는 자신감으로 미래를 창조하며 살아가고 있습니다.

이뿐 아니라 강동구 상일동에 있는 특수학교 주몽학교에 다닌 '이시아' 양(85년 생)은 한 손에 손가락이 두 개씩 밖에 없는 장애아입니다. 이양의 부모님은 딸에게 장애자도 할 수 있다는 의지와 자신감을 심어주기 위하여 어릴 때부터 피아노를 치도록 시켰습니다. 10개 손가락을 가진 정상인도 어려운 피아노를 이 아이는 4개 손가락만 가지고 인내와 노력으로 열심히 연습하여 각종 피아노 경연대회에서 최우수상도 받고 얼마 전에는 강동구청에서 자랑스런 강동인상도 수상을 하였습니다. 지금은 여러 곳에서 피아노 연주를 해달라고 요청도 오고 있답니다. 남보다 불리한 장애 여건 속에서도 좌절하지 않고 끊임없는 도전과 불굴의 의지로 꿈을 키우고 있는 것입니다. 이처럼 우리 주변에는 장애를 가진 사람들이 장애에 굴하지 않고 정상인들 보다 수십 배 수백 배의 피눈물나는 집념의 노력으로 성취하는 삶을 사는 사람들이 많이 있음을 알아야 합니다.

'베토벤'은 스물 일곱 살 때 청각을 잃고 자살까지 하려고 하였지만 그는 자신의 역경을 초인적인 인내로 이겨내고 주옥같은 아름다운 음악을 우리에게 남겼습니다. 청각을 잃은 사람으로 음악은 사실 불가능한 일입니다. 그러나 그는 이 불가능을 가능하게 하였기에 더욱 위대한 음악가로 우리에게 오래오래 남는 것입니다.

아일랜드의 작가 '크리스토퍼 놀란'은 태어날 때 뇌 장애 증상으로 말하지도 듣지도 못했습니다. 몸은 끊임없이 경련을 일으켰고 팔과 무릎은 제멋대로 움직였으며 말은 알아들을 수 없을 정도로 웅얼거릴 뿐이었습니다. 오랜 노력 끝에 그는 타이프라이터를 통하여 자신의 의사를 글로 표현할 수 있게 되었습니다. 하루종일 타이프를 쳐서 문장 한 단락 정도를 완성할 뿐이었습니다. 그러나 그는 끈기 있게 글을 써서 장애자의 의식세계를 그린 훌륭한 작품을 세상에 내놓았습니다. 불굴의 강인한 의지로 삶을 성취한 것입니다.

중학교 1학년 때 교통사고로 목 아래 온몸이 마비된 미국의 브르크 엘리슨 양은 휠체어에 의지한 채 어머니의 헌신적인 봉사로 하버드대를 우수한 성적으로 졸업했습니다. 그녀는 입안 천장에 장치된 특수 키보드를 혀로 조작하는 방식으로 자신의 휠체어와 컴퓨터 화면의 커서를 움직였습니다. 또 1분에 13번씩 기관지와 폐에 공기를 불어 넣어주는 장치에 의존해 생활했습니다. 정상적인 사람도 힘든데 최악의 장애를 극복하고 우수한 성적으로 학교를 다닌 이런 사례에서 많은 것을 일깨워야 합니다.

이상의 이야기들은 우리에게 강인한 의지와 자기 성취의 욕구가 있으면 어떤 장애나 난관이 있어도 극복할 수 있음을 알려 주는 귀한 교훈입니다.

장애가 있는 어려운 상황의 여건도 극복하고 성취의 삶을 사는 분들을 생각하면 건강한 신체를 가지고 불평하고 좌절하고 포기하는 사람들은 부끄러워해야 합니다. 이런 사람은 성취의 삶을 살 수 없습니다. 등산을 하다가 힘들다고 중간에 포기하면 정상은 갈 수가 없습니다. 힘들더라도 꾸준히 발걸음을 옮기는 사람만이 정상에 올라갈 수가 있습니다.

목표를 향해 끝까지 참고 끈기 있게 노력해야만 인생을 성공으로 이끌 수가 있습니다. 무엇을 성취하기 위해서는 강인한 의지와 집념이 있어야 합니다. 자기 자신의 싸움에서 이기는 자만이 성취의 기쁨을 누릴 수가 있는 것입니다.

인생에서는 도전과 불굴의 의지로 자신감을 갖고 노력하는 것이 중요합니다. 세상에 모든 일이 저절로 되는 일은 없습니다. 꿈을 실현하기 위해서는 어떤 어려움도 참고 견디며 꾸준히 실력을 길러야 합니다. 스스로 목표를 향해 끈기 있게 노력하는 자만이 성취의 기쁨을 누릴 수 있습니다. 불가능은 없습니다.

진인사 대천명

 어려서부터 그림에 뛰어난 재능이 있던 한 청년이 어느 영주의 정원에서 일을 한 적이 있었습니다. 정원에서 일 하면서도 예술을 향한 그의 꿈과 열망은 변함이 없었습니다. 그는 정원을 잘 가꾸고 나무로 만든 화분에 예쁜 조각을 하면서 자기의 꿈을 키워 가고 있었습니다.
 어느 날 영주가 아름답게 꾸며놓은 정원과 조각품을 보고 "월급을 더 주는 것도 아닌데 무엇 때문에 이렇게 고생하며 조각을 하느냐?"고 물었습니다. 그러자 그 청년은 이렇게 대답했습니다. "저는 이 정원을 사랑합니다. 정원을 아름답게 가꾸는 것은 저의 기쁨입니다. 월급이 많고 적은 것과는 상관이 없는 일입니다".
 영주는 이 말에 큰 감동을 받고 그가 미술공부를 하도록 후원을 해 주었습니다. 그가 바로 이탈리아의 천재적 화가, 조각가로 불후의 명작을 많이 남긴 미켈란젤로입니다. 그의 예술과 이름은 온 인류의 가슴속에서 영원히 남아 있습니다.
 자기가 하는 일을 사랑할 때 기쁨이 있는 것입니다. 진인사 대천명이라는 말이 있습니다. 사람이 할 일을 다하고 천명을 기다려야 한다는 말입니다. 진실한 마음으로 최선을 다하는 사람에게는 이른바 행운이라 할 수 있는 기회가 찾아옵니다. 하늘은 스스로 돕는 자를 돕는다고 합니다. 분명한 뜻을 가지고 열심히 사는 사람은 좋은 결실을 얻게 되어 있습니다.

때문에 우리는 개미같이 근면하게, 꿀벌같이 성실하게, 황소같이 끈기 있게, 끝도 시작같이, 언제라도 해야 할 일은 지금하고, 지금 내가 하는 일은 정성을 다하는 자세로 열심히 살아야 합니다.

사람이 사는 것은 커다란 빌딩을 짓는 일에 비유할 수 있습니다. 한 장 한 장 바르게 쌓아 올려 가는 벽돌처럼, 그가 일생을 다 바치고 나면 그 사람 나름의 빌딩이 세워집니다. 어떤 빌딩의 인생으로 살아야 할까요. 말할 것도 없이 하루 하루를 성실하게 생활하여 보람이 있고 뜻 있는 삶으로 튼튼하고 멋있는 빌딩의 인생이 되어야 합니다.

어떤 삶을 사느냐에 따라 인간의 가치는 높게 평가받을 수도 있고 그렇지 않을 수도 있습니다. 성실하게 열심히 사는 사람은 도와주고 싶고 믿음이 가기 때문에 성공하고 가치 있는 삶을 살 수 있습니다. 이 세상에 무엇과도 바꿀 수 없는 귀한 자신을 귀한 삶이 되도록 생활하는 것은 당연한 일입니다. 지금부터라도 분명한 뜻을 가지고 그 뜻을 이루기 위한 계획을 세우고 미켈란젤로처럼 최선을 다하는 삶을 살면 분명 풍요로운 결실이 수확될 것입니다. 최선의 유일한 보수는 성공입니다.

의지의 생명력

불란서의 쌩떼쥐뻬리가 쓴 '인간의 대지'라는 책은 그분이 실제로 겪었던 비행체험을 작품화한 것으로 의지의 이야기가 감동적으로 진술되어 있습니다.

1935년 그가 35세가 되던 해 쌩떼쥐뻬리는 비행기 정비사인 친구 한사람과 함께 파리-사이곤 간의 비행시간 신기록 수립을 목표로 비행하던 중 방향을 잃고 사막의 모랫더미에 충돌하여 불시착했습니다. 비행기는 파손되고 두 사람은 순식간에 지상에서 가장 외로운 모래 벌판 위에 두 마리의 작은 벌레처럼 내던져지게 되었습니다. 식량도 물도 없이 사막의 한가운데서 그들은 살아있다는 사실자체가 기이하게 여겨질 정도였습니다. 사막 밖의 세계와 연락할 수 있는 방법도 전혀 없었기 때문에 그들은 곧 죽음을 기다리는 수밖에 없었습니다. 그들은 낙하산을 찢어서 사막에 널어놓고 밤새 내려서 젖은 이슬을 받아 짜 마셨습니다.

오아시스나 사람을 만날 수 있을지 모른다는 희망으로 주변을 돌아 다녀봤지만 그들은 방향조차 종잡을 수 없었습니다. 대낮의 폭염과 밤의 추위가 그들의 생명을 급속히 침식해 들어갔습니다. 밤의 추위를 막기 위해 몸을 모래에 파묻고 얼굴만 내 놓은 채 잠을 취했습니다. 그들의 몸은 기진 했습니다. 마지막 결단을 내려야 할 순간이 다가오고 있었습니다. 그냥 드러누워서 죽을 것인가? 그들은 한 방향을 정한 후에 쓰러질 때까지 걸어가기로 작정했습니다. 그 발걸음은 오히려 사막의 중심부로 향하는 것일 수도 있었습니다. 그렇더라도 그들에게 남은 마지막 방법은 이것뿐인 것이었습니다. 그런 속에서 그들은 난파자가 아니라는 확인을 마음속으로 했습니다. 난파자란 기다리고 있는 자를 말하는 것이므로 생명이란 그냥 앉아서 죽게되어 있지 않다는 확신 때문에 그들은 목숨을 다할 때까지 움직여야한다고 결심한 것이었습니다. "걸어야한다. 우리 목구멍이 아직은 막히지 않았다"라고 서로 격려하며 그들을 기다릴 가족 동료를 생각하면서 계속 걸었습니다. 그들은 5일만에 우연히 아랍인 대상을 만나 구출되는데 그때 그들의 성대는 완전히 말라붙어 말소리조차 울려나오지 못할 정도였고 더 이상 걸을 수도 없게 된 마지막 순간에 처해 있었습니다. 이렇게 해서 그들은 5일간의 지옥에서부터 순식간에 지상의 은혜 속으로 돌아올 수 있었습니다.

"인간은 장애물과 더불어 겨룰 때 비로소 제 자신을 발견하게 된다"고 그분은 말했습니다. 의지로 눈물겨운 생명력을 재 창조한 이 극적인 인간의 실화를 통해서 배울 수 있는 것은 어떤 고난이 있어도 절망이나 포기하지 않고 삶에 대한 진지성과 사랑으로 사력을 다하면 난공불락의 철옹성과 같은 역경도 극복하고 뜻한 바를 이룰 수 있게 된다는 것입니다. 위대한 의지의 도전은 위대한 결실을 남기는 법입니다.

2부
인생을 위하여

어떻게 살 것인가 / 인간 됨의 기본은 / 청소년은 우리의 희망
해야될 일과 버릴 것은 / 습관이 인격을 바꾼다 / 아낌없이 주는 나무
효는 백행지본 / 참다운 우정 / 사제간에 가장 중요한 것은
꼴불견이 된 공작새 / 건강한 심신을 위하여 / 생존의 의미 / 어떤 인물 상
심신수양 / 어느 스승과 대감 이야기 / 효도하는 방법 / 자신을 사랑하라
인과응보 / 말은 인격의 반영 / 행복과 불행은 / 지혜의 일화 / 보물 항아리

어떻게 살 것인가

인생에서 학창시절은 대단히 중요한 시기입니다. 평생의 우정을 나눌 친구의 사귐도, 좋은 품성과 인격형성도 이 때에 많이 이루어집니다. 미래를 준비하는 인성의 바탕을 기르는 이렇게 중요한 시기에 성실한 인간성을 갖춘 사람으로 자기의 본분을 다하며 산다는 것은 내일을 여는 값진 인생입니다.

우리가 사는 사회는 성실하고 서로 도와주는 생활이 무엇보다 필요합니다. 성실이란 정성스럽고 참되어 거짓이 없음을 말하는 것이니 곧 사람이 사람됨의 중요한 요건을 말하는 것입니다. 성실한 사람은 신뢰와 존경을 받고 사회가 필요로 하는 사람이기 때문에 성공을 합니다. 성실한 사람은 자기 생활에 자신을 갖게되며 새로운 자기를 발견하고 발전적인 전진을 기약할 수 있게 됩니다. 목표를 향해 성실하게 생활하면 좋은 결과를 얻게 될 것입니다.

옛날 어느 고을에 마음씨 착하고 유덕(有德)한 부자가 살고 있었습니다. 하루는 하인들을 불러놓고 땅과 가축일부를 각자에게 분배하고 1년 간 책임 있게 농사를 짓도록 했습니다. 열심히 농사를 지은 하인은 가을에 곡식을 많이 수확하고 가축도 새끼를 낳아 많아졌습니다. 그런데 게으르고 성실치 못한 하인은 농사도 시원찮았고 가축도 병들어 죽게 하였습니다. 추수가 끝난 어느 날 주인은 다시 하인들을 한자리에 앉게 했습니다. "자네들은 우리 집에서 오랜 세월 동안 내 일을 힘껏 해 주었네. 그래서 나는 더 부자가 되었네. 그 동안 고생한 대가로 그간 맡아서 농사했던 땅과 가축을 그대로 줄 테니 열심히 살아 주게. 사람은 언제 어디서나 맡은 일을 성실히 할 때 삶의 보람을 느끼며 행복하게 살 수 있네" 그래서 하인들은 재산을 물려받아 잘 살았고 그 성실치 못한 하인도 주인의 지혜에 감동하여 더 부지런히 농사를 지어 잘 살았다 합니다.

예나 이제나 성실은 우리 인간이 살아가는데 으뜸가는 덕목입니다. 그 사람은 정말 성실하다고 일컬어질 수 있도록 평소 생활을 해야 합니다. 성실한 사람은 참되고 열심히 책임을 다하는 사람으로서 공동체 의식을 갖고 서로 도우며 보람 있는 생활을 하여 성실한 인격인으로 성장하는 것입니다.

청소년은 배움을 잘 실행하여 바르게 자라도록 노력하고 자신의 할 일인 공부를 열심히 하는 자세는 바로 성실한 것입니다. 성실한 생활은 정성스러운 마음가짐, 바르고 참된 몸가짐에서 시작합니다. 정성이 담긴 언행을 통해서 성실한 생활자세를 익히는 것이 중요합니다. 성(誠)은 말(言)이 이루어짐(成)을 뜻하니 이는 자신의 말에 책임을 져야함을 뜻하는 것입니다. 자기가 맡은일 자기가 해야 할 일에 책임을 져야 한다는 것입니다.

성실한 사람은 사람들로부터 신망을 받습니다. 성실한 태도는 성공과 행복을 가져다주는 가장 가치 있는 삶의 자세입니다. 여기에 남을 돕는 협동과 사랑이 있다면 정말 진실 되고 바른 사람으로서 이런 사람이 나라의 초석이 됩니다. 자신이나 이 사회의 발전을 위해 서로 인격을 존중하고 공동체 의식으로 서로 돕고 협동하는 자세가 필요합니다.

피타고라스는 "이 세상에서 가장 중요한 것은 인생을 어떻게 살아야 되느냐를 가르쳐 주는 일이다"라고 하였습니다. 그것은 각자의 일에 책임을 지고 성실히 살아가는 것을 아는 일일 것입니다.

자기 자신을 어떤 인간형으로 구현할 것인가는 바로 자신의 성취의지와 실천력 등 노력의 과정에서 이루어집니다. 이 세상에서 옳지 못한 정신 중 가장 위험한 것은 불성실입니다. 훌륭한 결과는 훌륭한 시작에서 생깁니다. 평소 성실한 생활로 인생의 가치를 상향조정하는 현명한 사람이 돼야 합니다.

인생이란 불충분한 전제로부터 충분한 결론을 이끌어 내는 기술입니다. 그 기술의 하나가 바로 성실입니다.

인간 됨의 기본은

　학교는 지식만 가르치는 곳이 아니라 바른 인간을 기르는 인간교육을 합니다. 학과공부이외에 인간다운 삶을 사는데 기본이 되는 생활습관이며 바른 인성을 기르는 교육을 합니다.
　인사성 바르고 친절한 사람은 저절로 길러지는 것이 아니라 어릴 적부터 철저한 습관화 교육의 결과입니다. 어릴 때의 습관은 개인적으로 그 사람의 인생을 좌우합니다. 그 변화의 원동력은 교육의 힘이라고 생각합니다. 교육의 본질은 사람을 사람답게 길러내는 일로 그 원리는 변함이 없습니다. 학생이 무례하거나, 무질서할 때는 이를 바로 잡아 지킬 것은 지킬 줄 알게 하는 것이 교육입니다.

　어느 집을 방문했을 때 그 집 아이들의 태도를 보면 가정교육 상태를 알 수 있고 학교에서 학생들의 생활모습을 보면 그 학교의 교육상황을 알 수 있습니다. 어느 학교를 방문했을 때 학교가 깨끗하고 학생들이 예의바른 인사와 친절한 안내, 품위 있는 고운 말을 하면 방문자에게 기쁨과 좋은 인상을 주게 됩니다. 그 학교의 학생교육이 내실 있게 잘되고 있는 결과입니다. 예절·친절·청결을 실천할 때 자연스럽게 생활의 아름다움으로 나타나는 것입니다.
　인간이 만물의 영장이라고 하는 것 중 하나가 예절이 있기 때문입니다. 예절은 익혀야 합니다. 예절을 잘 지키는 사람의 본을 받고 행 해야합니다. 인사(절)란 상대방에게 공경을 나타내 보이는 가장 기초적인 행동예절입니다. 인사란 많은 예절 가운데서도 가장 기본이 되는 것으로써 상대방에게 마음속에서 우러나오는 존경심과 반가움을 나타내는 형식의 하나입니다.

인사성이 바른 학생은 귀여움을 받고 더 예뻐 보입니다. 그런데 학생 중엔 선생님을 보고도 인사를 안하고 지나가고, 주머니에 손을 넣은 채 인사하고, 앉아서 고개만 까닥하고, 인사가 오히려 무례하게 느껴지는 경우가 있습니다. 인사를 잘못하면 인상도 나빠지고 버릇없어 보입니다. 웃어른에게 예의를 지키는 것은 도리입니다. 어른뿐 아니라 누구에게나 다정하고 친근감 있게 인사를 해야 함은 당연한 일입니다.

우리가 상점에 들렸을 때 주인이 친절하게 맞아주면 자주 그 가게를 찾아가고 싶습니다. 사람은 누구나 자기에게 친절히 예의 있게 잘 대해 주면 그 사람에게 호감이 가고 그 사람과 사귀고 싶어지는 것입니다. 무례하고 불손한 사람과는 거리가 멀어질 수밖에 없습니다.

'겨울에 먹을 것이 없어 걱정하던 꿩과 산 까치가 궁리 끝에 다람쥐에게 먹을 것을 얻어 보기로 했습니다. 다람쥐를 찾아간 꿩은 기본적인 예의도 갖추지 않고 건방지게 다람쥐를 보고 먹을 것 좀 달라고 강요했습니다. 무례하고 겸손하지 않은 꿩에게 누가 먹을 것을 주겠습니까. 당연히 거절당하고 돌아왔습니다. 그런데 산 까치는 다람쥐를 찾아가 공손한 자세로 찾아온 목적을 차근차근 말하니 다람

쥐도 우정어린 눈빛으로 먹을 것을 나눠주었다고 합니다'. 이 이야기는 예절바른 행동의 중요성을 일깨워 주는 우화입니다.

집에 강아지가 있는 사람은 시험해 보세요. 아침저녁으로 쓰다듬어 주고 귀여워 해주면 주인이 나타날 때 꼬리를 치고 반가워 애교를 부리지만 반대로 구박하고 때려 주면 피하거나 언젠가는 오히려 물려고 덤벼들게 됩니다. 사람이든 동물이든 자기를 따듯하게 대해 주는 사람을 좋아하고 따르게 되는 것입니다.

자신도 친구가 없거나 친구들이 자기를 좋아하지 않을 땐 스스로를 돌이켜 봐야합니다. 분명 자기가 친구들한테 거리감을 갖게 한 요인이 있을 겁니다. 상대방에게 대접받기를 원한다면 자신이 먼저 친절하고 예절바른 행동을 해야합니다.

예절이란 예의범절의 준말로써 예절은 사람이 살아가면서 사람으로서 지켜야할 도리요 질서입니다. 예절의 근본정신은 상대방의 인격을 존중하는 마음가짐과 정성스런 태도입니다. 예의범절은 윗사람에게만 하는 것이 아니며 쓸데없는 형식만도 아닙니다. 예의범절은 더불어 살아가야 하는 인간생활 속에서 서로의 갈등과 분쟁을 없애고 조화로운 사회를 이루기 위한 지혜의 선물입니다.

예절바른 행동은 우리의 삶을 훈훈하게 하고 정이 넘치는 따뜻한 사회를 만듭니다. 예절은 아름답고 착한 마음을 표현하는 행동입니다. 서로 사랑하고 존경하는 따뜻한 인간관계는 예절을 통해서 이루어집니다. 예절은 밝고 건전한 사회생활의 바탕이 됨으로 친절하고 인사를 잘하는 것은 함께 사는 사회에서는 기본적인 일입니다.

인간사회는 더불어 살아가는 공동체입니다. 예절이란 일상생활에서 모든 사람과의 좋은 관계를 유지하기 위한 행동규범입니다. 남과의 인간관계를 원만히 하려면 서로 약속해 놓은 생활방식인 예절을 지키지 않으면 안됩니다. 예절은 사람이 사람답게 살아가기 위한 행동지침입니다. 예절은 마음만 있어서도 안되고 반드시 그 마음을 상대방에게 전달하는 말과 행동이 따라야 합니다.

  톨스토이는 "어떠한 경우라도 인사는 부족한 것보다 지나친 편이 좋다"라고 하였습니다. 예절은 남과 더불어 살면서 지켜야 할 도리로 이를 통해 서로 신뢰하고 사람대접 받으며 원만한 인간관계를 영위하는 것이기 때문에 예절을 실천하지 않는 것은 바른 사람이 되기를 포기하는 것과 마찬가지입니다. 사람다워 지려면 자기 자신이 먼저 예절을 지켜야 하며 정성스러워야 합니다. 어른을 공경하고 아래 사람을 사랑하는 바른 행동이 예절에서 비롯됩니다. 예절을 지키고 실천하는 것이 인간 됨의 기본입니다.

청소년은 우리의 희망

신록이 봄의 상징이듯 청소년기는 인생의 봄이며 우리의 꿈입니다. 청소년이 어떻게 자라느냐에 따라 국가의 성패가 달려있습니다. 때문에 청소년이 훌륭하게 성장하는 것이 우리의 희망이며 바램입니다.

조물주가 우리 인간에게 주신 자산이 있습니다. 바로 젊음입니다. 이 귀중한 자산을 어떻게 쓰느냐에 따라 그 사람의 인생은 바뀌게 됩니다. 인생에 있어 청소년시절은 가장 값진 황금기입니다. 보람 있는 삶과 헛된 삶이 이시기에 달려 있습니다. 진실로 젊음을 가장 유용하고 가장 값있게 쓰기 위해 평소 최선을 다 하는 삶으로 후회없는 인생이 돼야 합니다.

청소년기는 장래를 설계하는 준비기로서 희망에 부풀어 있는 세대입니다. 준비는 내일을 위한 오늘의 활동이요 내일을 위한 보람 있는 행동입니다. 오늘의 알차고 보람 있는 생활은 내일의 영광을 준비하는 과정으로 젊음을 무의미하게 보내서는 안됩니다.

봄이 생명이 싹트는 계절이라면 청춘은 인생의 터전을 닦는 시절입니다. 봄철에 씨앗을 뿌리고 정성스럽게 잘 가꿔야 인생의 풍요로운 결실을 수확할 수 있습니다.

청소년기에 큰 뜻을 세워 실천해야 합니다. 젊어서 인생의 목표를 세우지 않으면 큰일을 이룰 수 없습니다. 앞으로의 자기 인생에 대해 고민도 하고 자기의 꿈을 실현하기 위해 지금부터 무엇을 어떻게 할 것인가를 많이 생각해야 합니다. 그리고 뚜렷한 목표를 정하고 그 목표 도달을 위해 준비하고 노력의 정성이 뒤따라야 합니다. 논어에 보면 공자도 15세에 학문에 뜻을 두고 목표를 위해 힘을 집중하였다고 합니다.

청소년 시절에 뚜렷한 목표를 세우지 못하고 허송하면 인생은 허망하게 마치게 됩니다. 청소년 시절의 하루하루 생각과 행동이 장래를 좌우하는 밑거름 구실을 합니다. 방심하고 허송세월로 보낸 청춘은 대개 무지한 중년시절이 따르고 이 시절이 지나면 이런 사람에겐 허무한 노년이 뒤따르게 마련입니다. 그만큼 청소년 시기가 중요하다는 것입니다.

청춘은 다시 돌아오지 않습니다. 인생에서 가장 예찬할 청춘의 꽃인 청소년 시절에 시간을 귀히 여기는 생활을 하지 않으면 후회하게 됩니다. 세월은 사람을 기다리지 않습니다. 지금 같아서는 늙지 않고 평생 청춘의 건강과 그 기상이 지속될 것 같지만 사람은 누구나 흐르는 세월에 따라 늙게 되어 있습니다. 세월은 그 어느 누구도 속일 수 없고 피해 갈 수도 없습니다. 시간을 아끼고 보람 있는 생활을 할 때 시간을 값있게 보내고 청춘을 더 오래 유지하는 것입니다.

청소년은 자기의 의지와 노력으로 자신의 훌륭한 모습을 만들어 가야 합니다. 몸과 마음이 건강하고 인격적으로 성숙하고 장래의 비전 등 모두 자기에게 달려 있는 것입니다. 오늘만을 생각하여 아무렇게나 생활하는 사람은 내일과 먼 훗날은 내다 볼 수 없습니다. 청

춘이란 끝임 없는 도전이며 그것은 이성의 열망입니다. 왕성한 추진력으로 목표를 향해 정진해야 합니다

청소년은 항상 사색하고 탐구하고 열심히 일하여 굳세게 일어나야 합니다. 젊은이는 찬 머리, 뜨거운 마음, 멀리 보는 눈을 지녀야 합니다. 이는 곧 냉철한 이성, 불타는 정열, 높은 이상을 지녀야 한다는 것입니다. 이런 정신자세를 바탕으로 하여 굳건한 의지를 가지고 자기의 목표를 향해 자기 인생의 성공을 거두어야 합니다.

산다는 것은 이상을 추구해 가는 과정입니다. 이상은 삶을 값지게 하고 보람 있게 이끌어 가는 원동력입니다. 높고 푸른 이상을 간직하고 정진하는 젊은이가 돼야 합니다.

그리고 자기를 바르게 세우는 일이 중요합니다. 자아정립이 잘된 사람은 보람된 인생을 누릴 수 있지만 그렇지 않은 사람은 불행의 늪에서 헤어나지를 못합니다. 청소년기에 자아정체감을 형성하지 못하면 자신의 역할에 대한 혼란이 일어나고 비합리적 행동을 하여 문제가 발생하게 되는 것입니다.

좋은 습관으로 존경받는 인격인이 되고 이상적인 인간으로 성장해야 합니다. 안병욱 교수는 이상적인 인간이 되기 위해서는 다섯 가지의 기(氣)가 충만해야 한다고 하였습니다. 몸에는 원기가 충만하고, 눈에는 정기가 빛나고, 얼굴에는 화기가 감돌고, 머리에는 총기가 넘치고, 마음과 인격에는 덕기가 풍기는 사람이 돼야한다고 말입니다.

이율곡의 격몽요결에는 '구사(九思)'란 말이 있습니다. 밝게 보고, 바르게 듣고, 얼굴빛은 온화하게, 용모는 단정하게, 말은 성실

하게, 매사는 신중하게, 의심에는 정확한 답을, 분하면 마음을 안정시키고, 얻는 것을 보면 정의를 생각하라는 뜻입니다. 청소년들이 꼭 갖춰야만 할 덕목입니다.

또 한가지 더 당부는 산다는 것은 신념을 갖는 것입니다. 희망은 하고 싶은 것이요 신념은 할 수 있다고 믿는 것입니다. 신념은 강한 자기 암시입니다. 할 수 있다고 믿으면 할 수 있고 할 수 없다고 믿으면 할 수 없는 것입니다. 신념은 무서운 능력과 놀라운 힘이 있습니다. 마음속에 신념이 얼마나 굳건히 뿌리 내려있느냐에 따라 일의 성패가 비례합니다.

이제 청소년은 자기 자신뿐만 아니라 가정과 사회를 위해 어떻게 기여할 것인가를 생각하고 미래를 설계하여 실천해야 합니다.

싱그럽고 건강하게 자라고 있는 청소년의 늠름한 기상과 믿음직한 생활 모습에서 밝은 앞날을 기대해 봅니다. 청춘예찬! 성공 인생 예감! 세상은 그대들의 것입니다.

해야 될 일과 버릴 것은

　청소년 시절에 해야 될 일과 하지 말아야 할 것을 함께 생각해 봤으면 합니다. 우선 해야 할 일 은 독서 생활화를 권합니다. 독서는 우리의 마음을 풍성하게 합니다. 밥만 먹고사는 사람은 동물적인 사람입니다. '책을 열면 유익함이 있다' 는 옛말이 있습니다. 독서는 성현들과 이야기를 나눌 수 있게 하고 진리를 깨우치게 할 뿐만 아니라 미래를 개척해 나갈 수 있는 힘과 지혜를 줍니다.
　또한 좋은 책 속에는 위인들이 위대한 정신이 보석처럼 빛나고 있으며 지혜로운 교훈이 있고 달콤한 샘물이 있고 아름다운 노래가 들립니다. 독서하는 습관을 가지면 인생이 달라집니다. 책은 우리에게 꿈을 주고 그 꿈을 가꾸어 줍니다. 독서는 바로 꿈을 가꾸는 공부입니다.
　독서 습관은 학생시절에 길러야 어른이 되어서도 책을 읽게 됩니다. 세살 버릇 여든까지 간다는 말이 있습니다. 모든 습관이 그러하듯 독서습관도 하루 이틀에 몸에 배는 것이 아닙니다. 매일 30분도 좋고 한시간도 좋습니다. 독서를 되풀이 하다보면 자기도 모르게 책 읽는 습관이 몸에 뱁니다.
　현대인은 필수적인 생활 수단으로 독서를 하지 않으면 안됩니다. 문화 수준이 높은 선진 국민일수록 독서를 많이 하며 우리 삶의 가치를 더욱 높여 주는 것이 바로 책 속에 있습니다.
 도서관이나 자기가 갖고 있는 책 중에서 좋은 책을 읽고 독서카드에 한 권 한 권 기재하면서 독후감도 써보고 책 읽는 습관을 길러야 합니다. 독서는 가장 즐겁고 행복한 시간이 될 것입니다.

 또 하나 청소년이 할 수 있는 일 중 보람 있는 것은 봉사활동입니다.
 몇 년 전 졸업식장에서 한 학생이 공로상을 받게 되었습니다. 그 학생은 그 학교에 입학하면서 무엇인가 학교를 위해서 내가 할 일이 무엇인가 생각한 끝에 흩어져 있는 휴지를 줍기로 하였습니다. 처음에는 쑥스러웠지만 하루 이틀 하다보니까 하루라도 휴지를 줍지 않으면 허전하고 자책 같은 것을 느끼게 되었다고 합니다. 꾸준히 실천한 결과 주변의 친구들도 하나 둘 동참하여 학교는 날로 깨끗해졌다고 합니다. 휴지를 줍는 습관이 별것 아닌 것 같지만 우리 마음을 아름답게 정화시켜주며 밝은 사회를 만들게 되는 것입니다.
 청소하는 마음은 바로 깨끗한 심성이 되는 과정입니다. 착한 생각이 행동으로 옮겨지고 습관이 되어 인격이 훌륭히 변한 사람들이 우리 주변에 많이 있습니다. 그런 분들의 좋은 모습을 본받아야 합니다. 이처럼 뜻 있고 보람 있는 일이 삶의 가치를 높여 주는 것입니다. 이런 봉사활동은 바로 자신을 보다 성숙하게 하는 계기가 됩니다.

 청소년으로서 빨리 버리고 고쳐야 할 것은 흡연입니다.
 청소년들 중에 담배를 피우는 사람이 많이 있습니다. 우리나라의 청소년 흡연이 세계 최고 수준에 달하며 흡연시작 연령이 점점 저연령화 되고 있어 심각한 문제가 되고 있습니다. 호기심으로 피워본 담배가 한 두 번 계속하다가 습관이 되어 심각한 청소년 문제가 되고 있습니다. 청소년기에 흡연을 시작하면 수명이 24년 단축된다고 합니다. 청소년의 세포 조직 장기는 성숙하는 과정에 있기 때문에 흡연으로 조직에 손상이 크고 성인에서의 시작보다 니코진 중독증에 더 깊이 빠지게 되며 흡연 시 발생하는 일산화탄소가 산소 공급을 억제하여 저산소증을 유발, 뇌 기능을 억제한다고 합니다.

청소년의 흡연은 심신을 파괴시킬 뿐 아니라 흡연 때문에 다른 유혹에 흔들리고 악의 구렁으로 빠질 우려가 많습니다. 담배를 피우기 위해 떳떳치 못한 도피적인 자신의 모습을 봐야합니다. 가장 희망이 부풀어 있고 황금 같은 시기에 나쁜 습관으로 귀한 청춘을 병들게 하고 방황하고 있음은 절대 안될 일입니다.

청소년기에 호기심으로 시작한 흡연을 어른이 되어 끊으려고 애쓰면서도 끊지 못하는 분들을 보면 담배의 중독이 얼마나 심각한지 알 수 있을 것입니다. 하루라도 더 빨리 무엇과도 바꿀 수 없는 가장 귀한 존재인 자신을 흡연으로 병들게 하지말고 자신의 극기로 금연하는 슬기가 있어야합니다.

흡연 예방을 위해서는 스포츠, 예술 독서 등 담배를 대신할 수 있는 취미활동에 열중하는 것이 도움이 됩니다. 그리고 한번 금연에 실패했다고 포기하지 말고 재도전, 재 시도를 해보고 입이 심심하면 과일, 주스, 수분을 많이 섭취하고 껌 등을 씹는 것도 한 방법이고 흡연하는 사람 가까이는 가지 않는 것이 좋습니다.

금연은 흡연 당사자인 본인의 자각과 의지가 무엇보다 중요합니다. 청소년에게 백해무익한 흡연의 나쁜 버릇을 자신의 의지와 인내로 극복하고 밝고 넓은 세상의 주인공이 되어야 합니다. 더욱 담배를 피우지 않는 친구와 어울려 흡연의 유혹을 멀리하고 그들의 충고를 듣는 것도 좋은 방법입니다.

앞으로 해야 할 일이 많은 희망찬 청소년기에 흡연으로부터 자신의 심신을 해방시키고 보람 있는 일에 노력하여 삶의 가치를 높여 나가야 현명한 것입니다. 희망적인 자기 인생을 위해 잘못된 것은 과감히 결단을 내려 실행하는 용기가 있어야 합니다.

담배가 타들어 가고 있는 것만큼 자신의 심신이 병들어 가고 있다는 것을 생각하고 지금 금연을 실천하십시오. 나쁜 습관은 인생을 병들게 합니다. 그대 푸른 인생은 다시 오지 않습니다. 같은 돌에 두 번 넘어짐은 세상에 웃음거리가 됩니다.

습관이 인격을 바꾼다

아리스토텔레스는 "사람은 반복적으로 행하는 것에 따라 판명된 존재다. 따라서 우수성이란 단일 행동이 아니라 바로 습관이다."라고 하였습니다. 습관이란 우리 인생에서 정말 중요한 요소입니다. 우리가 어떤 습관을 가지고 있느냐에 따라 인생에서 성공을 가져올 수도 있고 실패할 수도 있습니다. 그리고 존경받는 인격인이 될 수도 있고 천대받는 인간이 될 수도 있습니다.

이 습관 형성은 생각을 행동으로 꾸준히 실천하므로써 이루어 질 수 있는 것입니다. 먼저 바른 생각을 해야 합니다. 생각의 내용이 그 사람의 본체입니다. 곧 인간의 생애는 그 사람이 어떤 생각을 갖고 살아가느냐에 따라 만들어집니다. 밝고 건강하게 원대한 생각으로 사는 사람은 그와 같은 사람으로 만들어 가게 될 것입니다. 왜냐하면 그런 생각을 하는 사람은 행동도 그렇게 하기 때문입니다.

행동은 습관을 변하게 하고 그 습관은 인격을 변하게 합니다. '생각을 바꾸면 행동이 바뀌고, 행동이 바뀌면 습관이 바뀌고, 습관이 바뀌면 인격이 바뀐다'는 명언을 기억해야 합니다.

마음속에 나쁜 일을 생각하면 말과 행동도 따라 악해져 수레를 따르는 바퀴같이 나쁜 생각대로 자기 인생도 나쁘게 됩니다. 그러나 마음속에 착한 일을 생각하면 그 말과 행동도 착해져 형상을 따르는 그림자같이 모든 복과 즐거움도 착한 생각을 따르게 됩니다.

　인간의 삶은 유한합니다. 누구에게나 똑같은 유한한 삶 속에서 누가 더 가치 있고 보람 있는 삶을 살았느냐하는 대답은 누가 더 바른 생각으로 바르게 행동하고 좋은 습관을 가지고 살았느냐 로 판명되는 것입니다. 성공적인 삶을 이루려면 무엇보다 좋은 습관을 기르는 것이 중요합니다. 습관은 제2의 천성이라고 말합니다. 습관은 하루하루의 생활을 반복해 실천하면 습관으로 굳어집니다.

　독립운동가이며, 교육자이신 안창호 선생님은 어릴 때부터 하루일과를 생활 계획표대로 꾸준히 실천하여 바른 생활 습관이 몸에 배었다고 합니다. 어른이 되어서 국가와 민족을 위해 하신 훌륭한 일들도 정확하고 세밀한 생활 계획표에 의하여 이루어 졌다고 합니다. 그 결과 독립운동의 어려운 고난도 모두 이기고 온 국민에게 해방의 기쁨을 안겨주어 우리의 근대 민족사에 뛰어난 인물이 되셨습니다.
　미국 뉴욕타임스 신문사의 부사장에 발탁된 어느 여류 언론인에게 성공비결이 무엇이냐는 질문에 "남들보다 30분 일찍 일어나 일했다"고 간단히 대답했습니다. 하루에 30분이라 하면 대수롭지 않게 생각되지만 그것이 습관화가 되면 인간의 삶의 질을 현저히 바꾸고 그 인격도 바뀌게 되는 것입니다.

　사람마다 좋은 습관과 나쁜 습관이 있는데 자신에게는 어떤 습관이 있는지 생각해 보세요. 만약 교실에서 떠들고 장난하고 휴지를 마구 버리는 등 무질서한 생활 습관, 남을 때리고 욕설을 하면서 남을 괴롭히는 버릇, 약속도 어기고 놀기만 하면서 나쁜 짓만 하는 버릇…… 등은 좋지 않은 습관이므로 반성을 하고 습관을 바꿔야 합니다.

그리고 근면 성실한 생활 습관, 스스로 공부하고 독서하는 습관, 근검 절약하는 습관, 협동 봉사하는 생활 습관… 등은 좋은 습관으로 더욱 존경받는 인격인이 되도록 그 습관을 심화시켜 나가야 합니다.

습관이란 정말 무서운 마력이 있습니다. 어떤 일을 습관적으로 계속하다가 하루라도 하지 않으면 무엇인가 마음이 편치 않습니다. 매일 자기 방을 깨끗이 정리 정돈하는 사람은 하루라도 방을 깨끗이 청소하지 않으면 주위가 산만한 것 같아 다른 일이 제대로 안됩니다. 매일 오락실을 가는 학생은 하루라도 오락실을 가지 않으면 무엇인가 잃어버린 것처럼 허전하고 안정이 안 되는 것을 느낄 것입니다. 좋은 습관은 자신을 점점 가치 있는 인격인으로 상승케 해주고 나쁜 습관은 자신을 점점 천한 인간으로 만듭니다.

습관은 반복되는 생활에서 비롯됩니다. 하루의 생활 계획표를 잘 만들어 꾸준히 실천하여 나쁜 습관은 버리고 규칙적이고 좋은 바른 습관을 가져야합니다. 행동의 습관 뿐 아니라 생각의 습관도 마찬가지입니다. 매사를 부정적으로 생각하지 말고 긍정적이고 적극적인 생각으로 일을 해야 희망이 열립니다. 나쁜 생각의 습관은 사람을 병들게 하고 좋은 생각의 습관은 힘을 나게 하는 마력이 있습니다.

습관이야말로 매일매일 우리의 성품을 나타내고 우리의 모습으로 발현되고 있습니다. 습관은 사람의 성격과 인격을 형성하게 되고 그 성격은 그 사람의 운명까지도 좌우하게 되는 것입니다. 우리의 성품은 근본적으로 습관의 복합체입니다. 그러기에 습관은 제2천성이라고 합니다.

성숙한 인격은 학창시절인 10대부터 형성된다고 합니다. 좋은 습관으로 존경받는 인격인 이 되도록 노력하고 다음의 글귀를 다시 음미해 주기 바랍니다.

"우리가 생각의 씨앗을 뿌리면 행동의 열매를 얻게되고, 행동의 씨앗을 뿌리면 습관의 열매를 얻는다. 습관의 씨앗은 성품을 얻게 하고 성품은 우리의 운명을 결정짓는다."

아낌없이 주는 나무

　실버스타인이 쓴 동화 '아낌없이 주는 나무'를 소개합니다. 어버이의 깊고 큰사랑을 생각해 보는 시간입니다.
　한 그루의 나무가 있었습니다. 그 나무에는 사랑스런 소년 친구가 있었습니다. 소년은 나무를 무척 좋아했고 그래서 나무는 행복했습니다. 세월이 흘러 소년은 자랐습니다. 어느 날 소년이 나무에게 돈이 필요하다고 하자 나무는 자기의 과일을 팔아 쓰라고 하였습니다. 소년은 그렇게 했습니다.
　몇 해 후 소년은 다시 나무에게 집이 있어야겠다고 말을 했습니다. 그러자 나무는 제 몸의 가지를 잘라서 재목으로 쓰라고 했습니다. 소년은 집을 짓기 위해 가지를 베어 갔습니다. 오랜 세월이 흐른 후에 청년이 되어 다시 찾아온 소년은 먼 곳으로 떠날 배 한 척이 필요하다고 했습니다. 그러자 나무는 이번에는 제 몸통을 베어다가 배를 만들라고 하였습니다. 소년이 배를 타고 멀리 떠났다가 노인이 되어 돌아왔습니다. 돌아온 그를 위해 나무는 베어진 나무 밑동에 앉아서 피곤한 몸을 쉬게 해 주었습니다. 그리고 잊지 않고 찾아 온 그 소년을 맞이한 나무는 더 없이 행복했습니다.
　이 이야기는 동화입니다만 그러나 이 동화 속의 그 나무는 무엇을 상징하는 것일까요? 이것은 자식들에게 아낌없는 희생과 자애를 베푸는 어버이의 사랑과 그 성스러움을 표상 합니다. 부모님은 자녀에게 모든 것을 아낌없이 주는 분입니다. 아무리 힘들고 고달파도 자녀를 위해서는 헌신하는 분입니다. 언제나 자녀를 사랑과 정성으로 돌봐주십니다.

세월이 지나 자녀가 장성해도 부모님 마음엔 언제나 아들딸이 어린 자녀로 마음에 남아 있습니다. 80세가 넘으신 부모님이 환갑이 넘은 아들에게 '차조심해라, 밥 많이 먹어라'고 하십니다. 부모님의 이런 따뜻한 마음은 언제나 변치 않는 사랑의 정감입니다. 부모님은 영원한 고향입니다. 이 세상에 부모님의 사랑보다 더 아름다운 것은 없습니다.

자녀가 건강하게 성장하여 인격인으로 사회에 봉사할 수 있도록 부모님은 햇빛을 듬뿍, 물을 풍부히, 자라는데 필요한 자양분을 밤낮 가리지 않고 주십니다. 기쁠 때는 밝고 명쾌하게, 슬플 때는 낮고 부드럽게 선율처럼 다가와 감싸주십니다. 부모님은 자녀가 바른 길로 가도록 늘 손 모아 기도하시는 분입니다. 부모님의 사랑이 자녀를 심신이 건강하고 바르게 사는 길로 인도하고 계시는 것입니다. 부모님은 못난 자식일수록 더 가슴 아파하시고 속썩이는 자녀에게 야단을 치면서도 바다 같은 자애로움이 있는 것이 어버이 마음입니다.

부모님은 '가시고기의 사랑'을 실천하고 계신 분입니다. 가시고기는 새끼를 살란 부화하고 키운 뒤에는 자신의 몸을 새끼들 먹이로 내어줍니다. 가시고기는 물고기 가운데 유일하게 둥지를 짓습니다.

강바닥 모래를 퍼내 구덩이를 만들고 수초가닥으로 공사를 하여 보금자리를 마련합니다. 겨우 7cm에 불과한 가시고기는 부성애를 발휘하여 둥지 안에 산소를 넣어주려고 수많은 알을 둥지에서 차례로 꺼냈다가 다시 넣고 적과는 처절하게 맞서 싸우면서 새끼들을 키웁니다. 이런 노력으로 새끼를 부회하고는 마지막 힘을 다해 어미 가시고기는 둥지 쪽 가까이에서 숨을 거듭니다. 이는 자식에게 자기 몸을 새끼들에게 주기 위해서입니다. 1cm도 안 되는 새끼들은 무심하게 아빠의 몸을 뜯어먹고 자랍니다. 가시고기는 '작은 물고기에 지나지 않지만 숭고한 사랑을 보여주는 물고기입니다.' 부모님은 바로 가시고기입니다.

얼마 전 사랑의 편지 모음집에서 읽은 글이 생각납니다. 어린 외아들을 둔 부부가 있었습니다. 어느 날 약속을 어긴 아들에게 아버지는 '다시 약속을 어기면 그땐 추운 다락방으로 보내겠다'라고 했습니다. 그러나 아들은 그 후 또 다시 약속을 어겼습니다. 그 날 밤 추운 다락방에 아들을 올려보내고 부부는 서로 잠을 이루지 못했습니다.

"당신 마음은 아프겠지만 그 애를 지금 다락방에서 데려오면 아이는 당신 말을 듣지 않게 될 거예요." 남편의 약한 마음을 헤아린 아내의 말에 "당신 말이 옳아, 그러나 그 애는 지금 얼마나 춥고 무서울까"... 그리고 남편은 조용히 일어나 방을 나갔습니다. 추운 다락방의 딱딱한 바닥에서 이불도 없이 웅크린 채 누어 있는 아들. 그 옆에 말없이 누어 팔베개를 해주고 꼭 끌러 안아준 아버지. 이윽고 어린 아들의 두 눈에서는 따뜻한 눈물이 흘러내리기 시작하였습니다. 세상에서 가장 따뜻한 겨울밤이 되었습니다. 이것이 바로 부모님의 사랑입니다. 만약 야단을 치고 감싸주지 않은 부모님이라도 부모님의 사랑하는 마음은 한결 같음을 알아야합니다.

지금 이 순간에도 자녀는 부모님의 깊은 사랑과 정성으로 자라고 있는 것입니다. 자녀에게 생명을 주시고 건강히 길러주신 부모님은 무엇과도 바꿀 수 없는 소중한 존재입니다. 이제는 자녀가 부모님의 마음을 이해하고 부모님의 은혜를 생각할 때입니다.

부모님의 마음을 읽고 부모님의 노고를 위로하는 미덥고 늠름한 자녀가 돼야 합니다. 평소 짜증나는 일이 있다고 부모님께 화를 내거나, 잘못을 타이를 때 반항하거나 철없이 대들어 부모님의 마음을 아프게 해드려서는 안 됩니다. 부모님의 마음을 살피고 편하게 해드리는 것이 효의 시작입니다. 나를 위해 모든 것을 다해 주시는 어버이에게 감사한 마음으로 생각하고 생활하면 그것이 효의 실천입니다.

역사와 시대가 바뀌어도 변하지 않는 것이 있다면 그것은 어버이 사랑입니다. 사랑은 다 고귀하지만 특히 자녀를 향한 부모님의 사랑만큼 절대적인 사랑은 없습니다. 아낌없이 주시는 헌신적인 부모님의 사랑과 은혜를 생각하며 감사하는 마음으로 부모님을 기쁘게 해드립시다. 그러면 효도의 길이 보이고 자신은 자랑스런 자녀로 성장할 것입니다. 이제 그대가 '아낌없이 주는 나무' 이어야 합니다.

효는 백행지본

　뿌리 없는 나무와 근원 없는 물이 없듯이 우리는 부모님에 의해 이 세상에 태여 났습니다. 우리가 부모님의 은혜를 안다면 부모님께 효도하는 것은 지극히 당연한 일입니다.
　부모님 은혜는 하늘같이 높고 바다같이 깊고 넓어 헤아릴 수 없지만 몇 가지만 요약하겠습니다. 뱃속에 품어 온갖 고통을 참고 낳아 주신 은혜, 낳고 근심을 잊고 좋아하시면서 쓴 것은 삼키고 단 것은 가려 먹이신 은혜, 마른자리 진자리 가려 가면서 젖 먹여 길러 주신 은혜, 당신 목숨보다 더 소중히 여기며 자식 잘 되기만을 기원하고 정성을 다 하신 은혜, 집에 있을 때나 먼길 떠나 있을 때나 자식 건강이나 하는 일에 무슨 문제가 있을까 항상 걱정하신 은혜, 자식 위해 힘든 일 하시면서 교육시켜 주시고 인격인으로 성장시켜 주신 은혜, 어른이 되어도 가엾이 보시고 보살펴 주시는 은혜,... 등 평생 헌신적으로 보살펴 주시는 그 은혜와 변치 않는 영원한 사랑을 우리는 결코 잊어서는 안됩니다.

　어머니의 사랑은 이 세상에서 가장 아름답고 고귀한 것입니다. 하느님께서 천사에게 세상에 내려가 가장 아름다운 것 세 가지를 가지고 오라고 하셨답니다. 천사가 지상에 내려와 두루 돌아다니면서 다음 세 가지를 골랐습니다. '예쁘게 핀 꽃' '티 없이 맑은 어린이 웃음' 그리고 '어머니의 사랑'이었습니다. 그런데 천사가 하느님께 가기까지는 오랜 시간이 걸렸습니다. 그사이 아름답던 꽃은 시들어 버렸고, 티 없이 맑은 어린이 웃음은 탐욕과 이기심으로 변해 버렸습니다. 천사는 할 수 없이 두 가지는 도중에 버리고 세월이 아무리 흘러도 변치 않는 '어머니의 사랑'만을 가지고 하느님께 갔답니다.

그런데 자식된 우리들은 평소 부모님의 은혜와 사랑을 잊어버리고 불효하고 있는 경우가 많습니다. 옛날에는 효도를 하지 않으면 사람이 아닌 짐승이라고 했습니다. 그러나 동물 중에도 사람이 본받아야 할 동물도 있습니다.

까마귀의 경우 어미 까마귀가 먹이를 씹어서 먹여 새끼를 키웁니다. 그 새끼 까마귀가 커서 어미 까마귀가 늙어 먹이를 씹어 먹을 힘이 없어지면 먹이를 씹어서 제 어미를 먹여 살린다는 옛이야기에서 반포(反哺)라는 말이 나왔으며 이런 효를 반포지효(反哺之孝)라고 합니다. 부모의 사랑을 담뿍 받고 자란 우리가 부모님 속을 썩혀 드리고 불효를 한다면 정말 까마귀만도 못한 사람입니다.

우리나라는 예로부터 효도의 나라입니다. 우리의 사회 구조나 가치체계의 기본적 기준은 바로 효가 바탕인 것입니다. 서양풍조가 들어와 우리나라 가족제도가 흔들리고 있지만 우리는 효가 사람이 행하는 인도(人道)의 모든 행위 중에서 근본임을 깨닫고 이를 계승 발전시켜야 합니다. 효는 인간에 대한 애정과 믿음의 표현입니다. 효는 자기의 인간적 가치를 높이는 척도의 하나이며 인간이 인간답게 사는 길입니다. 효는 진정한 마음에서 우러나오는 것이어야 하며 거짓이 있어서는 안 됩니다. 부모님을 기쁘고 즐겁게 해 드리도록 항상 마음을 쓰며 부모님의 뜻을 존중하고 따르며 부모님의 심정을 깊이 이해하려고 노력하는 것이 바로 효도인 것입니다. 즉 효는 자식이 공경 심을 갖고 부모님을 정성껏 잘 섬긴다는 뜻입니다.

부모님께 효도하는 것은 백행의 근본입니다. 부모님의 그 은혜를 잊지 않고 효성을 다하면 화목한 가정 행복한 가정을 이루고 하는 일이 잘 됩니다. 부모님이 살아 계실 때 효성을 다합시다. 부모님이 세상을 떠나시고 나면 아무리 후회를 해봐도 소용이 없습니다.

청소년은 건강하게 자라고 열심히 공부하여 부모님을 기쁘게 해 드리는 자랑스런 자녀가 되는 것이 효도입니다. 어버이를 공경함은 으뜸가는 자연의 법칙입니다.

참다운 우정

　유태인 속담에 "한사람의 일생에서 참된 벗을 한사람만 얻어도 그 사람은 성공한 것이다"라는 말이 있습니다. 우리가 사람을 사귈 수 있는 기회는 많지만 학창시절의 친구가 가장 정겨울 것입니다. 같은 선생님 밑에서 수년간 동문수학한 벗이야말로 마음의 고향과 같은 존재입니다. 학교 친구들은 어떤 이해관계로 맺어진 사이가 아닌 순수한 우정이 오고간 사이이고 이들을 통해서 학생의 생활문화를 서로 익히고 서로에게 깊은 영향을 미치는 사이입니다. 이처럼 학우는 순수하고 꾸밈이 없는 감정으로 사귀는 것이기 때문에 더욱 값진 것입니다. 참다운 우정은 학창시절에 싹튼 것입니다. 그러므로 학창시절에 진실한 친구를 많이 사귀는 것은 자기 발전에 든든한 기초가 되고 이 다음 사회생활을 할 때 활동의 터전이 그만큼 넓어지며 평생의 힘이 됩니다.

　참다운 친구는 마음과 마음으로 맺어진 벗입니다. 참된 친구는 돈이나 물건으로 사귀어지는 것이 아니라 시간이 흘러도 영원히 자신들의 우정을 지켜 가는 사람입니다. 친구를 아끼고 사랑하는 마음인 우정에 전제조건의 하나는 신의(信義) 입니다. 아첨하는 말이나 듣기 좋은 말만 하는 사람은 참된 친구가 아닙니다. 더욱 자기 이익을 위하여 앞에서만 잘하고 표리부동한 행동을 하는 친구는 조심해야 합니다. 그런 친구는 언제 해를 끼치고 배반할지 모릅니다.

  진정한 우정은 친구간의 서로의 마음이 사랑으로 이어지고 믿음으로 지속적인 사귐에서 이루어집니다. 진정한 우정이 되려면 친구의 잘못을 일깨워 주고 바른 길로 인도 할 줄 알아야 합니다. 자기의 잘못 역시 친구가 충고해주면 고마워하고 친구간에 서로 바르게 성장하고 발전할 때가 진정한 우정인 것입니다. 그리고 어려울 때 도와주는 친구가 참다운 친구입니다.

  공자는 친구를 사귐에 있어 이로운 친구 셋이 있고 손해가 되는 친구가 셋이 있다고 하였습니다. 즉 정직한 친구, 성실한 친구, 학식이 풍부한 친구는 유익한 벗이고 마음이 바르지 못한 친구, 아첨을 잘하는 친구, 말만 번지르한 친구는 손해 되는 벗이라고 하였습니다.

  진실한 친구를 사귀는 것이 얼마나 중요한가 다음 이야기를 통해 생각해 주었으면 합니다.

  관포지교(管鮑之交)란 말이 있습니다. '관중과 포숙아의 사귐' 이라는 뜻으로 이들 친구 사이는 가장 모범적인 사귐이었습니다. 중국 춘추시대 제나라에 관중과 포숙아 라는 사람이 살았는데 어릴 적부터 친구로서 우정이 자별하였습니다. 젊어서 둘이 장사를 할 때 이익금을 나누면 관중이 더 차지해도 포숙아는 관중이 나보다 더 가난하니까 하면서 불평하지 안 했습니다. 그리고 관중이 전쟁하다가 도망을 친 적이 있을 때도 포숙아는 관중이 비겁한 사람이라고 하지 않고 노모가 계시는 관중이 죽으면 누가 그 가족을 돌보겠느냐고 하였습니다. 더욱 관중이 죽을 고비에 처해 있을 때 포숙아는 관중을 살려 주는데 힘썼고 자기가 맡을 재상 자리까지 관중에게 양보하고 자기는 관중 밑에서 국정을 도왔습니다.

이처럼 좋은 친구 관계는 친구를 너그럽게 이해하고 도와주며 잘못은 일깨워 주면서 서로 믿고 아껴주는 사이입니다. 그러기에 이들의 우정은 좋은 친구의 전형으로서 오늘의 우리에게 많은 가르침을 주고 있습니다. 분명 진실한 친구는 자기의 인생을 좌우하는 소중한 존재이며 평생의 큰 힘입니다.

'근묵자흑(近墨者黑)'이란 말도 있습니다. 흰옷을 입은 사람이 먹물 있는 곳에 가 놀면 아무리 조심을 해도 어느 사이에 먹물이 흰옷에 묻어 버린다는 뜻입니다. 즉 친구와 사귀는 동안 은연중에 친구에게서 영향을 받는다는 것입니다. 좋은 친구와 사귀게 되면 좋은 점을 배우게 되고 나쁜 친구와 어울리면 나쁜 점을 자기도 모르는 사이 배우게 되므로 친구의 사귐이 그 얼마나 중요한가를 말해주는 것입니다. 그러기에 그 사람을 알려면 그 친구를 보라는 말이 있습니다. 친구는 바로 그 사람의 거울입니다. 어진 친구가 많이 있는 사람은 그도 이미 어진 사람이며 우매한 이를 벗으로 하면 언젠가 재앙이 옵니다.

특히 성실하지 못한 나쁜 친구는 맹수보다도 더 무섭습니다. 맹수는 다만 몸에 상처만 내는데 불과 하지만 나쁜 친구는 몸뿐만 아니라 마음까지도 상처를 입힙니다. 이처럼 친구로 인해 바르게 살수도 있고 헛된 인생으로 살수도 있으므로 어떤 친구를 사귀느냐 하는 것은 우리가 살아가는데 깊이 생각할 중요한 일입니다. 인생은 연습으로 사는 게 아니므로 후회 없는 삶을 살아야 합니다.

친구를 선택할 때는 한 단계 올려 봐야 합니다. 공부를 잘하느냐 못하느냐 하는 것은 단적인 기준에 지나지 않으므로 비록 공부를 못할지라도 자기의 개성이나 잠재적 가능성을 끌어 올려주는 상대라면 한단 올라서서 친구를 선택한 셈이 되는 것입니다. 현명한 사람은 주변의 친구로부터, 좋은 친구에게서는 좋은 점을 배우고 나쁜 친구에게서는 저런 일을 하면 안 된다는 것을 깨닫게 됩니다.

한편 친구는 늘 함께 있기 때문에 소홀히 대하기 쉬운 경우가 있는데 친한 친구일수록 더 예의를 지켜야 하며 친구의 약점을 들추어 낸다거나 자존심을 상하게 해서는 안됩니다. 더욱 자기의 이익을 위하여 친구를 이용하게되면 의리를 상하게되어 친구를 잃게 되고 끝내는 자신이 외롭고 쓸쓸하게 됩니다. 상대 친구가 자기에게 좋은 친구가 되기를 바라듯이 자기 자신이 먼저 좋은 친구가 되도록 노력해야 합니다.

학창시절에 서로 아끼며 도와주는 참된 친구를 많이 사귀는 것은 평생의 힘을 얻는 귀한 일입니다. 평생의 벗으로 아름다운 우정을 가꾸어 나가고 훌륭한 친구와 함께 열린 인생 을 동행하기 바랍니다. 우정은 즐거움을 두 갑절로 하고 슬픔은 반으로 합니다.

사제간에 가장 중요한 것은

　교육은 미숙한 학습자를 성숙한 인격 인으로 육성하는 것입니다. 때문에 교육받은 기간이 많으면 많을수록 인격이 성숙되고 능력이 향상돼야 합니다. 그런데 과연 학생들은 배운 만큼 바람직한 변화가 있는지요.

　선생님들은 교직 생활에서 제일 기쁜 것이 선생님의 가르침대로 학생들이 바르게 잘 자라 사회성원으로 성장해 주는 것입니다. 미숙했던 학생들이 성숙해 가고 있는 모습에서, 학교생활에 잘 적응을 못하고 방황하는 학생이 선생님들의 따뜻한 손길로 바르게 성장해 가고 있는 모습에서, 다시 반사해 오는 눈부신 보람은 교직이 아니고는 경험할 수 없는 기쁨입니다. 이런 결과는 훌륭한 선생님이 계시기 때문에 지혜로운 제자가 자라나고 있는 것입니다.

　선생님들의 정성으로 학생들의 실력이 향상되고 부적응 학생이 학교에 잘 적응하고 있는 것을 보면 교육의 힘이 큰 것을 알 수 있습니다. 특히 형식적이던 학생들의 학습태도가 체계적인 지도로 성실히 학습하는 모습, 특기 적성 교육을 통해 놀라운 재능을 발휘하는 모습, 바른 인성의 소유자로 성숙돼 가고 있는 모습을 보면 대견합니다. 이처럼 교육은 불충분한 전제에서 충분한 결론을 창출해 내는 힘을 지녔기에 위대한 것입니다.

학창시절에 형성된 인격은 평생 자기의 인격에 영향을 줍니다. 때문에 선생님의 가르침을 따르고 성실히 생활하는 것은 중요합니다. 학생들 각자는 자신의 요즘 생활을 돌아보는 기회를 가졌으면 합니다. 선생님의 가르침을 잘 따르고 있는지, 선생님께서 잘못을 지적하여 일깨워 주시는데도 학생답지 않게 행동하는지 말입니다.

선생님은 학생을 위해서 학교에 계시는 것입니다. 교육의 길이 고행의 길로 험난해도 선생님들은 학생들의 자질을 잘 갈고 닦아 삶을 윤택하게 하는 일에 교육 혼을 불태우고 계신 것입니다. 선생님은 오직 한길로 사도실천하며 교육에 보람을 느끼고 있는 것입니다.

무명교사 예찬에도 있듯이 교사를 위해 부는 나팔 없고 그를 태우고자 기다리는 황금마차 없으며 금빛 찬란한 훈장이 그 가슴을 장식하지 안 해도 잠자고 있는 영혼을 일깨워 학생들에게 최고의 정신적 보물을 나눠주고 있는 것입니다. 선생님의 바램은 제자가 잘되기를 바라는 마음이며 제자들이 훌륭히 되는 것이 바로 그가 받는 기쁨이요 보상입니다. 사람을 바르게 만드는 기쁨과 보람은 돈벌고 권력을 휘두르는 맛 이상으로 큰 희열이 있는 값진 일이라고 선생님들은 믿고 학생들과 생활하고 있는 것입니다.

학교야말로 우리가 지켜야할 최후의 청정한 수원지이며 선생님은 교육입국의 기수로서 존중받아야 할 존재입니다. 교육과 선생님에 대한 중요성을 재조명 할 때라고 봅니다.

학생들에게 이런 말을 하는 뜻을 잘 새겨봐야 합니다. 요즘학생들 중에는 선생님 마음을 많이 아프게 하는 학생이 있습니다. 불성실하게 학교 생활을 하는 학생들 때문에 학교가 무너지고 있다는 걱정을 하는 사람들이 많습니다. 버릇없는 학생들의 뜻하지 않은 돌출행동으로 선생님들이 당황하고 어떤 선생님은 갈수록 자신감이 사라져 교직을 떠나고 싶다는 분도 있습니다. 선생님 말씀을 안 듣고 제멋대로 인 학생들 때문에 면학분위기가 저해되고 교육이 무너지는 소리가 크게 들립니다.

선생님이 권위를 잃으면 우리의 앞날은 암담할 뿐입니다. 학교가 이런 모습이 되어서는 절대 안됩니다. 이런 현상은 교육의 뿌리를 흔드는 일이므로 하루 빨리 치유돼야 합니다. 사제간에 가장 중요한 것은 존경과 사랑입니다. 이것이 없으면 교육은 안 됩니다. 선생님의 권위를 인정하고 선생님을 존경하고 감사한 마음으로 학교가 공부하는 요람이 돼야 합니다.

선생님에 대한 존중 풍토가 안되고 학생들이 선생님을 힘들게 하면 결국 손해는 학생들에게 돌아갑니다. 학생들이 선생님의 뜻을 잘 받들어 열심히 배우고 익혀 자신의 꿈을 가꾸고 실현해야 교육의 보람이 있습니다. 그래야 선생님들도 긍지와 사명을 가지고 학생들을 열심히 가르쳐 사회의 기둥이 되게 합니다. 선생님들이 교육력을 발휘하시어 학생들이 알찬 교육 결실이 있도록 학생다운 생활을 해야 합니다. 그래야 충분한 결론을 창출해 낼 수 있는 교육이 됩니다.

꼴불견이 된 공작새

 학교는 교육목표를 달성하기 위해 만들어진 조직사회 입니다. 조직에는 규정과 규칙이 있고 이를 지켜가면서 자기생활을 조율하고 학교생활에 적응해 나가는 것입니다. 이런 속에서 규칙도 지킬 줄 알고 질서도 배우고, 마음가짐도 학생다워지며 동료애와 애교심도 갖게 되면서 성장하게 되는 것입니다. 만약 학생들을 방임해서 무질서하고 아무렇게나 자라게 한다면 교육은 필요 없을 것입니다. 교육이란 학생들을 바르게 자라도록 다듬는 과정입니다.
 학생들에게 용의 복장을 단정히 하도록 지도하고 있는 것도 바르게 자라게 하기 위함입니다. 학생들이 용의 복장을 단정히 하고 다니면 그 몸가짐도 예의 바르게 되며 기대에 어긋나지 않는 행동을 하게 됩니다. 몸가짐이 바르면 평소 생활에도 떳떳해 질 수 있는 것입니다. 단정한 옷차림과 우아한 몸가짐은 그 사람의 마음에서 우러나옵니다. 단정한 용의 복장을 한 사람은 신선미가 있으며 신뢰가 가고 예의 바른 사람으로 좋은 인상을 주게 됩니다.
 사람은 옷을 입는 데에서도 예의를 지켜야 합니다. 남의 경사에 방문할 때는 단정하게 정장을 하는 것이 예의입니다. 상가에 조문 갈 때 화려하게 옷을 입고 간다면 슬픔을 나누는 분위기에 맞지 않으며 애도의 마음을 표현하는 것이 아닙니다. 작업을 하는데 좋은 옷을 입고 궂은 일을 한다면 거추장스럽고 능률도 안 오를 것입니다. 이처럼 예의는 옷을 입는 데에서부터 나타나므로 복장을 그 상황에 맞게 입는 것이 중요합니다.

　학생들은 학교에서 생활할 때는 단정하게 교복을 입고 다니면 애교심이나 동료애가 더 생기고 일탈행동도 자제됩니다. 이는 제복의 힘이 작용하기 때문입니다. 학생들이 하교 후에 유행에만 민감하여 머리모양도 이상하게 하고 옷이나 신발도 자기에게 맞지 않는 것을 입거나 신고 다니다 보면 자기도 모르게 마음이 해이해지고 학생신분을 쉽게 벗어나는 행동도 하게 되는 것입니다. 사회가 변화한다고 해서 자기 자신을 이상하게 만들어 자신의 개성까지 상실해서는 안 됩니다.

　요즘 교복은 학교별로 획일적이지 않고 그 학교 나름대로 특성을 살려 학생 품위에 맞게 학생들이 선호하는 모양으로 잘 만들어 입기 때문에 보는 사람들에게 호감을 갖게 합니다. 학교마다 교복 디자인이나 색상이 세련되어 학생들이 입고 다니는 것을 보면 정말 예뻐 보이고 멋있어 보입니다.

　머리도 학생다운 머리모양의 범위 내에서 단정하게 하도록 하고 있습니다. 머리를 마음대로 하고 다니게 한다면 긴 머리에 빨강 파랑 노랑 등 형형색색의 머리염색을 한 학생들로 교실분위기는 어지러워지고 인격형성이 덜된 상태여서 자칫 일탈하기 쉽게 됩니다.

　스님들의 머리를 보면 남녀 구별 없이 전부 머리를 깎습니다. 이는 모든 사람을 구원하기 위한 '보살 행'을 하는 하나로 끝이 없는 이세상의 괴로움을 끊어 버리기 위해 스님들은 머리가 길면 다시 깎아 버리는 일을 되풀이합니다. 즉 스님이 머리를 빡빡 깎는 것도 스님들이 도를 닦는 한 방법이 되는 것입니다. 학교에서 머리를 학생답게 깎도록 하는 것도 교육의 일환임을 알고 규칙을 잘 지키는 학생이 되어야 합니다.

요즘 일부 학생들 중에는 학생답지 않은 용의 복장을 하고 다니는 모습이 눈에 띕니다. 머리가 길거나 무스를 바르거나 색상의 물감을 들이거나 하는 등 학생답지 않은 학생이 있습니다. 그뿐 아니라 바지도 자기에게 전혀 맞지도 않는 헐렁한 옷을 입고 땅에 질질 끌고 다니는 경우도 있습니다. 자기에게 맞지 않는 옷이나 이상한 머리모양으로 자기를 꾸미는 것은 오히려 자기 자신을 이상스럽게 만들고 보는 사람에게 위화감을 갖게 합니다.

다음 우화가 주는 교훈을 잘 새겨 보고 자기 자신을 생각해 보기 바랍니다.

더욱 아름다워 지기를 소망하는 공작새 한 마리가 모이를 쫒고 있는 노란 병아리를 보고 꽁지가 짧아서 더 귀엽구나 생각하고 자기의 긴 꽁지를 잘라 버렸습니다. 그리고 나무 위에 앉아 있는 까치를 보고 까치의 검은 색과 흰색의 조화는 참 훌륭하다고 부러워하며 까치의 색깔로 자기 몸의 빛깔을 바꾸었습니다. 한참 후 공작새는 또 독수리를 보고 저렇게 빠르게 나는 것은 머리가 작기 때문이라고 생각하고 자기 머리 위에 나있는 아름다운 깃털을 모두 깎아 버렸습니다. 꽁지를 자르고 깃털을 깎고 색깔을 바꾼 공작새는 괴상한 꼴로 변하고 말았습니다. 그런데도 공작새는 변한 자기 자신의 모습을 보고 기뻐했습니다. 그러나 그를 본 다른 새들은 공작새가 아니라고 하면서 아무도 놀아 주지를 않았습니다.

공작새는 공작새의 모습을 하고 있을 때 가장 아름다운 것이지 공작새가 병아리 모습이나 까치, 독수리의 일부 모습을 닮는다고 아름다워 지는 것이 아닙니다. 오히려 더 이상한 모습에 볼품이 없게 됩니다.

학생들 중에 머리는 어떤 탤런트 모양으로 옷은 어떤 가수의 옷차림으로 차려 입으면 돋보일 것이라고 생각하는 사람이 있는 것 같은데 무턱대고 남의 외모만 모방하는 것은 개성이 없는 더 미운 모습이 됩니다. 이는 자기가 아닌 남이 되기를 원하는 것과 같습니다. 진정한 아름다움은 자신만의 개성을 바탕으로 몸과 마음을 가꾸어 갈 때 이루어지는 것입니다. 학생은 학생답게 용의 복장을 깨끗하고 단정하게 하고 다니는 것이 더 귀엽고 아름다워 보이며 성실한 인상을 줍니다. 일부러 호화롭게 치장하고 별나게 하고 다니는 것은 더 이상해 보입니다. 어울리지도 않는 외모로 남들이 아름답게 봐 주기를 바란다면 이는 바보 같은 짓입니다.

학생은 교복을 단정하게 입고 머리는 학생다운 모습일 때가 제일 예쁘고 멋있습니다. 지금 그대의 모습은 아름다운 공작새인가요, 꼴불견 공작새인가요. 단정한 용의복장으로 몸과 마음을 가꿔야 아름다운 학생의 모습입니다.

건강한 심신을 위하여

　청춘은 인생의 황금시대라고 합니다. 청소년시절은 가장 심신이 건강하고 끓는 피와 왕성한 에너지가 자신(自信)과 용기를 북돋우고 건강한 생의 특권을 누리는 시기입니다. 그러나 오늘날 청소년 중에는 가장 가치 있게 찬미를 들을 청춘을 건강하지 않게 보내거나 그 건강의 보배를 모르고 지내는 청소년들이 있습니다.
　건강은 건강할 때 더욱 증진해야 하는 것입니다. 건강을 해치면 회복하기가 어렵고 삶의 의욕을 상실하고 인생이 무의미하게 됩니다.
　다음과 같은 글귀를 자주 접하고 많이 들어봤을 것입니다. "돈을 잃는 것은 조금 잃는 것이요, 명예를 잃는 것은 많이 잃는 것이요, 건강을 잃으면 모든 것을 잃는 것이다." 이것은 말할 것도 없이 건강의 중요성을 강조한 내용입니다. 건강한 육체에 건전한 정신이 깃든다고 합니다. 건강하면 매사에 의욕이 넘치고 자신감이 있지만 건강을 잃으면 매사에 무기력해지고 소극적인 태도를 갖게 되며 세상을 부정적으로 보게 됩니다. 물론 건강은 정신, 육체 모두에게 해당되는 것입니다.
　건강한 생활을 위해 우선 긍정적인 생활 자세를 가져야 합니다. 긍정적인 자세는 세상을 밝고 아름답게 바라보게 합니다. 그러면 마음이 건강해지며 매사에 자연히 자신감이 생깁니다. 그리고 자신의 가능성을 신뢰하고 올바르게 키워 나가는 삶의 자세가 형성됩니다.

다음으로 규칙적이고 절제된 생활로 건강한 육체를 가꾸어야 합니다. 무절제하게 자신을 방치해서는 안 됩니다. 하루하루 규칙적이고 부단히 노력하는 삶을 살다보면 시간이 흐른 후 건강히 성장한 자신의 모습을 확인할 수 있을 것입니다.

특히 흡연이나 음주는 청소년에게는 성장을 저해하는 백해무익한 것입니다. 어른들도 금연을 하거나 술을 줄이려고 노력하는 사람이 많은 데 오히려 청소년들이 심지어 여학생에 이르기까지 흡연과 음주가 늘고 있다는 소식을 접하면 걱정스러운 마음 금할 수 없습니다. 청소년기는 육체적으로 계속 성장하는 시기입니다. 아무리 호기심으로 어른을 흉내내고 싶은 마음 또는 친구 따라 배우기 시작한 것이라도 음주와 흡연의 폐해가 그 호기심의 대가치고는 너무나 치명적입니다.

이 다음 어른이 되어 사업상 꼭 필요할 때 시작해도 늦지 않습니다. 이런 것은 한번 습관이 되면 건강을 크게 해칠 수가 있다는 것을 알아야합니다.

건강은 건강할 때 지켜야지 건강을 해친 후에 후회하는 것은 이미 늦습니다. 청소년들은 지금 혈기왕성하여 건강에는 자신 있다고 자부할지 모릅니다. 그러나 건강이란 건강을 지키지 않는 사람에게는 언제 병마가 찾아올지 모릅니다. 이 세상에 건강보다 귀한 것은 없습니다. 백만장자나 고관대작으로 부귀영화를 누리는 자도 건강하지 않으면 삶이 허무하게 됩니다. 그런 사람들이 돈이 없어 건강치 않은 심신을 못 고치겠습니까? 아무리 돈이 많고 권좌에 있어도 건강이 나쁘면 죽을 수밖에 없는 것입니다.

청소년의 건강은 무엇과도 바꿀 수 없는 가장 값진 보배이며 행복입니다. 지금 자기 주변에 몸이 불편한 사람이나 오랫동안 병원신세를 지고 있는 사람들을 생각해 보세요. 자신의 심신이 건강한 것을 한없이 고마워해야 합니다. 우리가 공기의 고마움을 모르고 사는 것처럼 건강의 고마움을 모르고 사는 사람이 많습니다.

청소년은 장차 개인을 위하여, 국가를 위하여, 하고 싶은 일, 무한한 꿈을 펼쳐 나가기 위해 건강한 육체와 건전한 정신은 필수적입니다. 건강이 제1의 부(富)입니다. 청소년이 건강해야 나라가 튼튼합니다.

생존의 의미

어느 임금님이 하루는 정원에 나가 보았더니 화단의 꽃과 나무들이 죽어 가고 있었습니다. 깜짝 놀란 임금님은 먼저 키가 작은 참나무에게 왜 죽어 가고 있느냐고 물었습니다. 그러자 참나무는 멋진 전나무처럼 키도 크지 못한데 살아서 무엇 하겠느냐는 것이었습니다. 그래서 전나무에게 너는 왜 죽느냐고 물었더니 자신은 포도나무처럼 좋은 열매도 못 맺으니 죽는 것이 낫지 않느냐는 것이었습니다.

이번에는 죽어 가는 포도나무에게 물었더니 그는 장미처럼 아름다운 꽃도 못 피우니 살 필요가 없다고 대답하는 것이었습니다.

그런데 제비꽃만은 생생하게 살고 있는 것을 보고 임금님은 놀라지 않을 수 없었습니다. 그래서 제비꽃에게 어째서 너만은 이렇게 힘차게 살고 있느냐고 물었더니 그 제비꽃은 다음과 같이 말하였습니다.

"임금님이 저를 여기에 심어 주신 것은 꽃으로 잘 자라서 꽃 피우기를 바래서 심어 주신 것이 아니겠습니까? 그래서 저는 키가 작고 예쁘지 않아도 제비꽃으로 열심히 피어서 임금님을 기쁘게 해 드리고 저도 기쁘게 사는 것입니다."

이야기의 제비꽃과 같이 사람도 열등감에 사로잡히지 말고 항상 자신감을 가지고 살아야 합니다. 그래야만 큰 일을 성취함과 아울러 인생의 행복도 누릴 수가 있는 것입니다. 현재에 만족하며 최선을 다할 때 더 큰 발전도 이룰 수가 있으며 행복한 삶을 사는 비결이 됩니다.

'세상의 모든 일은 마음먹기에 달렸다' 는 속담이 있습니다. 청소년 중에는 학창 시절이 힘들고 재미없다는 사람도 있을 것입니다. 과중한 수업, 제약받는 생활, 잦은 시험에 오르지 않는 성적, 입학 시험 등.... 그러나 이것은 인생에 있어서 일정 기간 준비 과정으로서의 어느 한 단계에 불과한 것입니다. 인생을 살아가면서 그런 과정은 계속 있게 됩니다. 그 단계에서의 의미와 보람을 잘 잉태시켜야 성공인생으로 가는 것입니다. 어떤 어려움도 그 속에서 찾고 극복하는 과정이 바로 인생에 가치를 주는 원질(原質)이 되는 것입니다.

그런 어려움을 하나하나 이겨나가야 자신 앞에 높고 푸른 하늘이 기다리고 있습니다. '시련을 극복하고 자기를 이겨야 한다.' 는 마음가짐을 굳건히 해야 합니다. 자기에게 닥쳐오는 고통을 어떻게 피할 것인가를 생각하지 말고 극복하는 방법을 찾아야 합니다.

하찮은 제비꽃도 자신의 생존의 의미를 알고 힘차게 자랍니다. 앞으로의 세상이 그대들의 것이매 매사에 자신감을 갖고 힘차게 자라 미래의 등불이 돼야합니다. 위대한 자신을 발견하는 자는 의미 있는 삶을 창조합니다.

어떤 인물 상

옛날 어느 나라 귀족 집안에 귀공자가 있었습니다. 그는 귀공자답게 얼굴도 잘 생기고, 인상도 좋고, 성품도 착했으며, 몸매도 고귀하게 생겼습니다. 그의 부모는 그를 매우 사랑하였기 때문에 17세 때의 초상화를 그려 응접실에 걸어 두었습니다. 그 초상화는 그 당시 화성(畵聖)이라 불리는 유명한 화가가 그린 것입니다. 그 후 이 공자는 어쩌다가 나쁜 친구들의 꾀임에 빠져 집을 떠나 방탕한 생활을 하게 되었습니다. 그러는 동안에 술도 배우고 싸움도 하고 도박도 하면서, 유혹과 타락의 길로 빠지고 말았습니다. 나쁜 짓을 몇 년 계속하는 동안에 완전히 불량 소년이 되고 말았습니다. 그러다가 갑자기 집 생각이 나서 옛날 집을 찾아왔습니다. 집안에 걸려 있는 거울을 보니 자기의 얼굴이 너무 초라하고 흉악하게 보였습니다.

자기도 깨닫지 못하는 사이에 자기의 용모가 그렇게 변했던 것입니다. 너무도 놀란 그는 자기 칼을 뽑아 그 초상화를 찢어 버리고, 자기도 그 자리에서 죽었다는 이야기입니다.」

이 이야기는 자신의 행실이 자신의 모든 것을 지배한다는 것을 깨우쳐 주는 이야기입니다.

인간 생애의 목적은 마음을 갈고 닦아, 자기를 완성해 가는 데 있다고 옛 성현들은 말하였습니다. 인간은 항상 마음을 바르게 하고 성실하게 살고자 힘씀으로써 행복과 기쁨이 있는 인생을 얻게 되는 것입니다.

레오날드 다빈치가 '최후의 만찬'을 그릴 때 이야기입니다. 예수님의 상(像)을 가진 사람을 찾던 중 기도를 드리는 청년을 발견하고 모델로 삼았습니다. 예수님과 열두 제자를 그리던 마지막에 배반자 가롯 유다를 그릴 차례가 되어 모델을 찾던 중 술집에서 술주정뱅이를 보고 유다의 모습 같아 그를 모델로 삼았습니다. 다 그린 후에 이름을 물어보니 그가 바로 예수님 모델로 삼았던 그 청년이었습니다. 이처럼 사람은 그 행실에 따라 예수님도 될 수 있고 악인의 모습으로도 보여집니다. 자신을 어떤 인물상으로 가꾸어 나갈지 그 책임은 언제나 자기에게 달려있음을 잊어서는 안됩니다.

아름답고 존경받는 인생을 위해서 우리는 탐욕에 집착하지 말고 사랑과 봉사를 실천하는 마음으로 성실하게 살아야 합니다. 그러면 진정한 행복과 기쁨이 가득한 삶을 얻게 될 것입니다. 자기 인생을 아름답게 가꾸어 가는 인간상(人間像)을 구현할 수 있도록 생활해야 합니다. 자기의 인격은 자기의 생활과 마음의 반영입니다.

심신 수양

　나무에 가위질을 하는 것은 나무를 사랑하기 때문이며 사람도 역경에 단련된 후에야 비로소 제값을 하고 비 온 뒤에 땅이 굳어진다는 말들이 있습니다. 우리 인간은 누구나 몸과 마음을 닦는 일이 중요합니다. 수신이란 자기가 자신을 다듬고 자기관리를 잘 하여 자존심을 갖고 명예를 소중히 지키며 사람답게 사는 것을 말합니다. 이를 위해서는 악을 멀리하고 선을 추구하면서 이성적으로 생각하며 행동하고 인간 관계를 원만하게 하는 지혜와 교양인이 되어야하며 자기통제능력이 있어야 합니다. 평소에 그런 노력이 있어야 존경받는 사람이 됩니다.
　그런데 우리 인간은 남보다 우월한 위치에 있다고 생각하면 태도가 잘못 변하는 경우가 많습니다. 공부를 잘한다고 친구를 무시하거나 자기네가 부자거나 자기 아버지가 세력이 있다고 거만하고 잘 어울리지 않는 경우가 있습니다. 이것은 정말 어리석은 자의 행동이며 평소 자신에 대한 수신을 제대로 못한 결과로 자신에게 큰 손실을 가져오고 있는 것입니다. 남보다 나은 위치에 있을 때 더 겸손하고 예의바르며 친절할 때 사람들은 그를 따르고 고마워하는 하는 것입니다.
　특히 상급생은 하급생을 잘 돌보고 아껴주는 마음이 있어야합니다. 상급생이 되어 하급생일 때의 생각은 못하고 하급생을 괴롭히는 것은 큰 잘못입니다. 아량 있고 덕이 있는 상급생다운 학생이 되어야합니다. 벼는 익을수록 고개를 숙인다고 합니다. 좀 나은 위치에 있다고 다른 사람을 배려하지 않는 사람은 다음 이야기를 잘 음미해 보기바랍니다

한 가난한 농부가 무거운 마음으로 암자로 노승을 찾아 왔습니다. 사연인 즉 자기에게는 죽마 고우가 있는데 그 친구가 얼마전 산을 개간하다가 금맥(金脈)을 찾아 큰 부자가 된 그 후부터는 아주 다른 사람이 되어 자기를 보아도 무시하고 거들떠보지도 않아 세상에 이럴 수 있느냐고 노승에게 하소연을 하였습니다. 그러자 노승은 그 농부에게 창 밖을 보라고 하고 무엇이 보이느냐고 물었습니다. 그 농부는 나무도 보이고 새들도 보이고 불공드리러 오는 사람도 보인다고 대답했습니다. 그 다음 노승은 그 농부에게 거울을 보라고 했고 무엇이 보이느냐고 물렸습니다. 농부는 자기밖에 보이는 것이 없다고 했습니다. 그러자 노승은 그 농부에게 말했습니다. "그렇다네, 사람이 가난할 때는 창 밖을 내다보는 것처럼 무엇이나 잘 보이지만 웬만큼 돈이나 권력을 잡으면 그때는 사람을 가리게 된다네. 하지만 더 많은 돈이나 권력을 쥐면 그때부터는 유리 뒤에 은가루를 바른 거울처럼 자기밖에는 아무 것도 보이지 않게 되는 것이라네, 그러기에 사람은 평소에 수신을 해야하고 사람은 이런 점을 조심해야하는 것이라네."

복은 스스로 아껴야 하고 권세는 언제나 스스로 겸손해야 하는 것으로 사람에게 있어서 교만과 사치는 시작은 있으나 거의 끝이 없어

낭패를 보게 되는 경우가 많습니다. 그러므로 항상 자신을 돌보고 수신하는 것을 게을리 해서는 안됩니다. 우리가 인간관계에서 인간답지 못하면 아무리 높은 벼슬이나 많은 돈을 갖고 있어도 존경을 받지 못합니다. 때문에 사람들은 언제나 자신을 수신해야 하는 것입니다.

한가지 이야기를 더 하겠습니다. 그리스 신화에 나오는 디오니소스 신은 두 나라의 왕을 불러 말했습니다. 두 왕이 원하는 것을 한 가지씩 들어 줄 테니 말을 해보라고 했습니다. 그러자 황금을 좋아하는 황금 왕은 "저는 손에 닿은 것은 모두 황금이 되어 주었으면 합니다." 그러나 덕으로 나라를 다스려 보고 싶은 덕치 왕은 "저는 덕이 있는 사람의 좋은 말을 듣고 싶습니다" 하고 말했습니다. 두 왕의 말을 들은 디오니소스 신은 황금 왕의 손에는 눈부신 금빛 칠을 해주고 덕치 왕의 귀에는 덕을 베푸는 좋은 말을 해 주었습니다.

이튿날 아침 황금 왕이 일어나 옷을 입으려자 옷이 금으로 변해 버리고 뜰에 나와 화초를 만지자 화초가 금으로 변했습니다. 황금 왕은 "나는 세상에서 제일 부자 왕이다"라고 기뻐했습니다. 그러나 아침을 먹으려하자 음식이 모두 금으로 변해 먹을 수가 없었습니다. 사랑하는 왕비와 공주의 손을 잡으니 그들도 금덩이가 되어 버렸습니다. "아! 내가 황금에 눈이 어두워 이지경이 되어 버리다니....". 황금 왕은 이제 금을 보기만 해도 무서워졌습니다. 이 세상에 값있는 것은 결코 황금이 아니구나하고 비로소 깨달았습니다.

한편 덕치 왕은 디오니소스 신에게서 들은 덕을 베푸는 좋은 말을 실천에 옮겼더니 훌륭한 신하들이 모여들고 백성들의 존경을 받았습니다. "역시 황금보다 귀중하고 값진 것은 덕 있는 사람의 말이었구나." 덕치 왕은 덕으로서 나라를 더욱 발전시켜 가장 살기 좋은 부강한 나라를 만들었습니다.

 황금이 중요한 것이 아니고 덕이 있는 사람의 좋은 말 한마디를 듣는 것이 더 값지다는 것입니다. 덕치 왕은 평소에 삶의 지혜가 어디에 있음을 알고 덕으로 자신을 수신한 것입니다. 좋은 말씀, 좋은 생각과 행실이 자신을 부유하게 성장시키는 것입니다. 덕이 있는 사람으로 자신의 몸과 마음을 수신해야 합니다. 심는 대로 거둡니다.

어느 스승과 대감 이야기

다음 이야기는 오늘날 스승과 제자 관계에 대해 우리에게 많은 것을 생각하게 하는 교훈을 줍니다.

선조 때 영의정 이덕형(李德馨)대감은 덕망이 있는 정치가로 존경을 받은 분입니다. 그의 영의정 시절에 있었던 일입니다. 어느 날 정청(政廳)에 앉아 있는데 전갈이 들기를 어느 누더기 옷을 입은 누추한 노인 한 분이 문전에서 이덕형 대감을 만나자 한다는 것입니다. 누추한 백성이면 대감에게 물어 보기도 전에 내 좇아 버리는 것이 관례이지만 이덕형 대감은 그러하지 못하도록 분부가 삼엄했습니다.

어디 사는 누구인가를 확인하더니 대감은 반사적으로 자리에서 일어나 신발도 신지 않고 문밖까지 달려나가 그 누추한 노인을 정중히 모셔 안에 들게 하였습니다. 그리고 상석에 앉혀놓고 정승의 복장인 관대와 조복을 벗고 흰 바지저고리 차림으로 정중하게 엎드려 절을 하는데 허리를 들지 안 했습니다. 이 노인은 다름 아닌 이덕형이 어릴 적에 배운 서당의 훈장님 이셨습니다. 아전들도 이 광경을 보고 감복하였다고 합니다.

이 스승이 떠날 때 이덕형은 옛 은공을 보답하는 뜻으로 볏섬을 지워 딸려 보내자 이 노인은 되돌아와 이덕형을 무릎 꿇려 앉히고 호령을 했습니다. "내가 가르치지 않은 일을 하고 있으니 앞으로 나를 스승으로 부르지 말라"하고 돌아서는 것이었습니다.

　영의정이면 임금 다음의 높은 벼슬입니다. 이런 분이 스승에 대한 정표로 볏섬을 드린 것이 가르침대로 하지 안 했다고 꾸중을 듣는 일이 되었습니다. 좋은 일을 하려다가 선생님의 가르침대로 하지 안 했다고 호령하신 선생님의 그 꼿꼿한 기개도 대단하시지만 선생님을 극진히 대하고 말씀을 듣는 이덕형도 정말 훌륭한 분입니다.
　그러기에 옛날부터 스승은 군사부 일체라고 하여 임금과 부모처럼 귀히 여기고 존경의 대상 이였습니다. 스승은 제자가 어느 위치에 있건 잘못 되는 일이 있으면 바로 잡도록 훈계도 하고 지도해 주는 분입니다. 제자 역시 스승의 바른 가르침을 잘 따르도록 노력함은 당연한 일입니다. 스승은 제자에게 지식을 주실 뿐 아니라 바른 행동으로 이끌어 주시어 바르게 성장하도록 하는 분입니다. 그러므로 스승의 역할은 중요하며 스승의 존재는 존귀하고 고마운 것입니다. 스승은 제자가 잘 되기만을 보람으로 여기며 사는 분입니다.

　그런데 요즘 학생들 중엔 잘못을 꾸짖으면 오히려 반항하는 경우가 있다고 합니다. 누구든지 잘못에 대한 꾸중은 들을 수 있습니다. 꾸중을 듣는 것은 아직 버림받지 않았다는 뜻입니다. 선생님이 꾸짖거나 매를 드는 것은 힘이 아니라 사랑입니다. 자기의 잘못을 타일러 주시는 선생님을 고맙게 생각해야 바르게 성장할 수 있습니다. 꾸짖음을 받아들여 행동에 이로움을 삼는 현명함이 있어야 합니다.
　올바른 생각을 갖고 사는 학생은 스승의 고마움을 알고 스승의 가르침을 따르고자 노력합니다. 이처럼 삶을 바른 방향으로 이끌어 주시는 선생님의 말씀을 잘 따르는 것은 중요한 일입니다. 그리고 선생님께서 하지 말라고 하는 것은 하지 않아야 합니다.

이덕형 대감은 평소 모든 면에서 모범을 보이다가 스승을 위하여 도와드리고자 한 좋은 일까지도 오히려 스승의 가르침대로 하지 안 했다고 스승한테 꾸중들은 그 이야기를 깊이 생각해야 합니다.

이 세상에 혈육의 부모말고 사랑과 정성을 다해 학생들이 잘 되기를 바라는 분은 선생님이십니다. 학교에 다니는 것은 자신이 바른 사람으로 자라게 하기 위함입니다. 즉 교육은 바른 인간을 기르고 진리의 씨를 뿌리는 일입니다. 그 일을 담당한 선생님의 가르침을 잘 받들어 참되고 바르게 자라서 훌륭한 인재가 되는 것은 배우는 자의 도리입니다. 선생님 말씀과 가르침에 소홀함이 없어야 합니다. 하나를 보면 열을 알 수 있는 법입니다.

효도하는 방법

　사람들은 효를 너무 어렵게 생각하는 경우가 있는데 정성으로 부모님을 공경하고 섬기는 것이 효도의 지름길입니다.
　효도하는 방법을 구체적으로 몇 가지 열거하겠습니다. 부모님 말씀 잘 듣고 부모님께 순종하는 것은 인(仁)의 본 바탕이 된다고 하였습니다. 부모님의 뜻을 잘 받들어 일상 생활에서 정성껏 실천해야 합니다. 부모님의 마음을 아프게 하거나 근심 걱정을 끼쳐드리는 일이 없어야 합니다. 예절이 바르고 형제간에 우애가 있어야 합니다. 우리 몸은 부모님이 주신 것이므로 자기 몸을 안전하게 지켜서 부모님에게 걱정을 끼쳐드리지 않아야 합니다. 어디를 갈 때나 돌아와서는 부모님을 뵙고 인사를 드려야합니다. 자기가 하고 있는 일에 최선을 다하여 근면 성실하게 생활해야 합니다. 부모님이 불의나 불합리한 일을 하시는 경우에는 정중히 간청하여 부모님이 과실을 범하지 않도록 해야합니다. 부모님이 하시는 일이 뜻대로 되지 않아 걱정을 하고 계실 때는 더 정성껏 받들고 따뜻하게 해 드려 희망과 용기를 되찾을 수 있게 해야합니다. 그리고 존경받는 사람이 되어 가문에 명예를 남기는 것이 또한 큰 효도입니다. 효도는 말로써 되는 것이 아닙니다. 마음으로 이루어 실천을 행해야 합니다.

몇 분의 효행사례를 소개하겠습니다. 한백유라는 사람은 어머니가 매우 엄하여 잘못을 하면 종아리를 맞았습니다. 어느 날 어머니로부터 종아리를 맞고 평소에는 우는 일이 없었는데 그 날은 눈물을 흘리며 슬프게 울었습니다. 어머니가 왜 우느냐고 물었더니 백유는 "전에는 어머니의 매를 맞으면 종아리가 아팠는데 오늘은 아프지 않으니 어머니의 근력이 없어진 것 같아 슬퍼서 울었습니다."라고 대답하였다고 합니다. 이 얼마나 효심이 가득 담긴 말입니까.

 충남 아산에 사는 조윤미 라는 분이 신문 독자의 편지 난에 쓴 글을 읽었습니다. 내용은 교통사고로 다리를 잃고 의족을 하신 아버지가 자기 결혼식 날 손을 잡고 식장으로 들어갈 때 아버지가 고맙고 자랑스러웠다고 했습니다. 아버지가 불구의 몸이지만 살아 계신 것만으로도 가슴 벅찬 기쁨이라고 했습니다.
 강동구청에 한 환경미화원의 아들은 아버지가 힘든 일을 하시지만 떳떳이 살아가시는 모습에서 아버지가 자랑스럽다고 하였습니다.

 그런데 우리 주위에서 보면 부모가 불구이거나 또 남들이 선망하는 직업이 아니라고 부끄러워하는 자녀들이 있는데 이는 불효하는 태도입니다. 부모님을 소중히 생각한다면 있는 그대로에서 수긍해야 합니다. 부모님의 모습이나 직업으로 효도의 기준을 삼는 것은 있을 수 없습니다. 부모님은 우리마음의 안식처입니다. 방법이야 어떠하든 효도하는 마음만은 결코 변해서는 안될 것입니다. 부모님을 기쁘게 해드리고자 하는 진실한 마음이 있다면 효도는 그리 어렵고 힘든 일만은 아닙니다. 정성으로 부모님을 공경하고 위해드린다면 그 자체가 부모님을 크게 기쁘게 해 드리는 것입니다.

학생으로서는 건강한 심신으로 열심히 공부하고 성실히 생활하는 것이 훌륭한 효도입니다. 자신의 바른 일상 생활 그 자체가 부모님을 기쁘게 해 드리는 것입니다.

'자식은 효도하고 싶으나 부모님이 기다려 주시지 않는다' 는 말을 명심하고 부모님을 정성껏 받들어야 합니다. 부모님의 마음을 살피고 편하게 해드리는 것이 효의 시작입니다. 바로 지금이 효도하기에 가장 좋은 때입니다. 부모님께 정성과 사랑으로 공경하는 자녀는 그 가정에 평화와 행복을 가져오는 효의 실천자입니다.

자신을 사랑하라

일일삼성(一日三省)이라는 말이 있습니다. 하루에 세 번 씩 자기를 돌아보고 자신이 한 일에 대해 반성하는 것을 말합니다. 일일삼성은 못할지라도 우리는 매일 하루 일과를 끝내고 최소한 잠잘 때는 자기의 하루생활을 되돌아보고 반성하면서 자기 자신을 생각해 봐야 합니다.

깊은 밤 고요 속에서 혼자 자기 마음을 들여다볼 때 자기 본심이 나타나게 됩니다. 이런 때야말로 인간의 본성을 되찾고 인생의 참된 의미를 발견하게 됩니다.

자기의 하루 생활에 대한 잘 잘못을 발견하게 되면 기분 좋은 마음도 부끄럽게 여기는 마음도 생기게 될 것입니다. 나는 정말 오늘 하루를 뜻 있고 보람있게 보냈는가, 내가 하는 일이 남에게 폐를 끼치지는 않았는가, 내가 나 자신을 소홀히 한 적은 없는가, 그리고 오늘 내가 한 일이 내 인생에 어떤 영향을 주고 있는가, 매일매일 자기가 한일을 자성하면서 자신을 일깨워 나간다면 분명 보람 있는 삶을 영위할 수 있을 것입니다.

하루 하루를 값있게 보낸 사람은 바로 자기 인생이 값져 가는 것이고 하루하루 허송세월만 하고 문제만 일으키고 다니는 사람은 자기 역사에 오점만 남기는 사람입니다. 다시는 오늘이 오지 않습니다. 오늘 하루를 성실이 살지 않으면 결국 후회하는 인생밖에는 안 됩니다. 순간 순간을 후회 없이 살아야 합니다.

열심히 살면서 보람 있는 일만해도 짧은 인생의 삶 속에서는 다할 수 없는 일이 너무나 많습니다. 그런데 왜 남에게 해가되고 손가락질을 받으면서 허무하게 인생을 살아가는지요. 우리 인생은 연습삼아 사는 것이 아닙니다.

우리는 자기 자신을 가장 사랑해야 합니다. 자신을 사랑하는 사람은 어떤 경우든 자기 자신의 행동에 책임을 지고 성실합니다. 나쁜 물에 물들지 않도록 조심합니다. 만약 자신이 잘못돼 가고 있다면 빨리 잘못을 고치고 착실하게 살아가야 합니다. 이 세상에 가장 귀한 존재가 바로 자기입니다. 이 세상에서 제일 잘난 사람도 나고 이 세상에서 무엇과도 바꿀 수 없는 것이 바로 자신입니다. 그렇게 귀하고 잘난 자신을 더욱 잘 가꾸어 큰 재목으로 키워야 하는 것은 자신의 책임입니다. 이 나라와 민족이 꼭 필요로 하는 인재가 되게 말입니다.

자기를 학대하고 자기를 미워하면서 자기를 버리는 사람처럼 어리석은 사람은 없습니다. 자기를 나쁜 구렁텅이로 몰고 가는 사람은 정말 바보 같은 사람입니다. 단 하나밖에 없는 자신을 허무한 인생에서 구출하고 자신을 진정 사랑해야 합니다. 자기 자신을 귀히 여기고 사랑하는 사람은 스스로 충실하고 생활 태도가 진실합니다.

외국의 한 연구소에서 여러 분야에서 성공한 사람들에게 삶을 살아가는데 가장 중요한 게 무엇인가를 물어 보았습니다. 그들은 한결

같이 '나 자신에 대한 사랑'이라고 대답했다고 합니다. 그들은 항상 자신의 가치를 소중히 여기고 자기를 사랑하기에 자기에게 충실하였고 자신이 남으로부터 인정받는 행동을 했다고 합니다. 사회에 필요한 사람이 되기 위해서 끊임없이 노력한 것입니다. 자신을 소중히 여기는 것은 모든 다른 사람을 존중하는 출발점입니다. 자기를 사랑하지 못하는 사람은 타인도 사랑할 수 없는 것입니다.

  이처럼 자신의 존재를 어떻게 인식하느냐에 따라 사람의 행동이 달라지는 것입니다. 자신을 극진히 사랑하는 마음으로 자기 존재를 귀히 여기고 생활해야 합니다. 그러면 분명히 충실한 생활을 하고 다른 사람을 사랑하며 존중하게 될 것입니다. 이것이 바로 자존하는 길이고 이 사회가 아름답고 살기 좋게 되는 길입니다.

인과응보

　남에게 폐를 끼치는 일은 하지 말아야 합니다. 자기보다 약한 사람은 절대 괴롭혀서는 안됩니다. 자기가 남에게 매 맞고 괴롭힘을 당할 때를 생각해야 합니다. 남을 괴롭히는 사람은 언젠가는 자기도 남에게 괴롭힘을 당한다는 사실을 기억해야 합니다. 즉 내가 베푼 선악은 언젠가는 내가 받게됩니다.
　특히 학교 내외에서 폭력은 있어서는 안됩니다. 청소년의 주먹은 흉기와 같습니다. 잘못 맞으면 죽을 수도 있습니다. 죽지 않는다 해도 큰 상처를 입습니다. 어떤 일이 있어도 폭력적인 행동이 학교에서는 있어서는 안됩니다.
　우리가 자연을 한번 봅시다. 심한 바람이 불어닥치는 날은 새들도 불안해하는 것 같고 우리 인간도 불안합니다. 우리 주변에 폭력을 행사하고 난폭한 사람이 있으면 모두가 불안합니다. 그러나 빛나는 햇빛을 받으면 꽃과 나무도 기뻐하는 것처럼 우리도 그런 날은 마음이 편안하고 기분이 좋습니다. 우리 주변에 햇빛처럼 따스하고 온화한 사람이 많으면 많을수록 우리 사회는 명랑하고 정말 좋은 사회가 될 것입니다.
　그러니 자연이나 사회나 꼭 필요하고 하루라도 없어서 안 되는 것은 온화함과 서로 위해주는 마음입니다. 이런 자연의 이치를 깨닫고 우리 인간도 여러 사람과 사는 이 사회에 항상 온화하고 도와주는 마음으로 살아야 합니다.

또한 욕설을 하거나 추한 말을 해서는 안됩니다. 그런 말은 남도 해가 되지만 자기에게도 해가 됩니다. 착한 말을 많이 해야 합니다. 곱고 착한 말은 자기도 이롭고 남도 이로워서 모두에게 이롭습니다. 어리석은 자는 나쁜 짓을 하고도 인과응보가 나타나기 전까지는 아무런 죄의식이 없다가 악의 과보(果報)가 나타나면 그때서야 괴로워합니다. 그러나 그때는 이미 엎질러진 물과 같이 다시 물을 그릇에 담을 수 없는 것처럼 후회해도 소용없게 됩니다. 후회 없는 인생을 살기 위해 남에게나 나에게 이로운 생활을 하면서 살아야 합니다.

한편 성급하고 과격한 사람은 앞뒤를 생각지 않고 먼저 일을 저질러 놓아 일을 그르치며 사람들에게 피해를 주는 경우가 있습니다. 또 인색하고 자기만을 위하는 사람은 남과 어울리지도 못하고 외톨이가 되어 사람들과 멀어지게 되어 외롭게 살게 됩니다. 고집스럽고 융통성 없는 사람은 고인 물이나 썩은 나무같이 생명력이 없어 사람들이 외면하게 됩니다. 이 세 가지의 결점을 그대로 두고서는 뜻 있는 일을 할 수도 없고 보람 있게 살아갈 수도 없습니다. 이런 결점이 있는 사람은 빨리 자신을 깨닫고 스스로를 바르게 고쳐나가는데 더 많은 노력이 있어야 하겠습니다.

우리가 즐거운 삶을 살기 위해서는 따뜻한 마음으로 남을 대하고 다른 사람에게 불편이나 폐를 끼치지 않는 더불어 사는 자세를 가져야 합니다. 베푼 만큼 받게 됩니다.

말은 인격의 반영

말은 우리에게 가장 소중한 의사 전달 수단이며 사람의 됨됨이를 나타내 주는 인격의 반영입니다. 훌륭한 인격과 교양이 있는 사람은 부드럽고 고운 말을 쓰고 그렇지 못한 사람은 예의 없고 품위 없는 말을 씁니다. 바르고 고운 말씨는 바르고 고운 마음에서 나오는 것이고 품위 있고 성실한 말은 사람을 감동시키며 기쁨을 줍니다. 바른 말 고운 말 쓰기는 곱고 바른 심성을 기르며 예의바르고 남과 더불어 살아가는 지혜입니다.

말은 버릇입니다. 어려서부터 고운 말을 쓰면 어른이 되어도 고운 말을 씁니다. 반대로 어렸을 때 거친 말을 마구 쓰면 어른이 되어도 거친 말을 쓰게 됩니다. '세 살 버릇 여든까지 간다'는 속담처럼 어렸을 때 길들여진 말버릇이 평생을 따라 다닙니다. 바른 말 고운 말로 다듬어진 언어생활이 기본생활습관의 바탕이 되며 예절교육도 바른 언어생활로부터 시작되는 것입니다. 평소 공손하고 따스한 말로 예의 있게 말을 하는 습관이 되도록 노력해야 합니다.

이야기를 하나 하겠습니다.

옛날 박 상길이라는 나이가 지긋한 백정출신이 푸줏간을 냈는데 어느 날 양반 두 사람이 고기를 사러 왔습니다. 그중 한 양반이

"야! 상길아, 고기 한 근 줘"라고 명령하듯 말을 하니 주인은 "네" 하고 고기 한 근을 내 주었습니다. 그런데 옆에 있던 다른 양반은 나이를 제법 먹은 주인한테 "야"라고 하기가 미안해서 "박 서방, 고기 한 근 주시오"라고 부드럽게 예의를 지켜 말했습니다. 조금 있다가 나오는 고기를 보니 먼저 양반 것 보다 양도 많고 고기도 좋 았습니다. 먼저 양반이 화가 나서 "이놈아, 같은 한 근인데 이 양반 것은 많고 좋은데 내 것은 이렇게 적고 고기도 나쁘냐?"라고 따졌 습니다. 푸줏간 주인이 말하기를 "손님 것은 상길이가 자른 것이고 저 손님 것은 박 서방이 자른 것이라 그렇습니다."라고 대답하더랍 니다.

내가 먼저 남에게 공손하게 대해야 남도 나를 우러러보게 되는 것 입니다. 같은 입에서 나오는 말일지라도 어떤 말은 장미꽃으로 피어 나고 어떤 말은 가시가 되는 법입니다. 따스한 말 한마디가 상대의 마음을 즐겁게 할 수 있는 묘약입니다. 때문에 기분 나는 대로 함부 로 말을 하지말고 언제나 공손하고 친절하게 말하는 버릇을 길러야 합니다.

'말 한마디로 천 량 빚을 갚는다' 는 말이 있습니다. 이 말은 우리 가 하는 말 한마디가 얼마나 커다란 힘을 가지고 있는지를 나타내는 말입니다.

옛날에 어느 농부가 부자 집에서 돈 천 량을 빌어 썼습니다. 그러 나 워낙 가난하여 약속한 날자에 돈을 갚을 길이 없었습니다. 하루 는 그 부자가 농부를 불렀습니다. 처음 부를 때는 화가 나서 크게 꾸짖으려고 불렀습니다. 그러나 그 농부는 침착하고 공손하게 자기의 처지와 뜻을 말하면서 조금만 더 참아 달라고 간청하였습니다. 어찌나 공손하게 예의를 지키며 이야기를 했던지 그 부자는 화를 내기는커녕 오히려 그 농부의 딱함을 불쌍히 여겨 그 빚을 모두 감해주고 부지런히 일하여 잘 살라고 하였답니다. 이처럼 공손히 말을 하는 것은 상대의 마음을 바꿔 놓는 큰 힘이 있는 것입니다. 사람의 말씨는 그 사람 마음의 소리입니다. 때문에 마음에서 울어난 말은 마음을 움직입니다.

　말할 때는 말하는 규칙에 맞고 예의바르게 해야합니다. 웃어른께는 존대 말을 쓰고 친구간에는 바른 어법으로 말해야합니다. 어떻게 보면 존대 말이 까다롭게 느껴질 수도 있지만 존대 말이 발달된 사회는 도덕이 발달된 사회이며 질서가 있는 사회입니다. 웃어른을 공경하는 것은 아랫사람으로서의 도리이며 그 예의는 말에서부터 비롯되는 것입니다.
　특히 낮은말이나 속된 말은 물론, 된소리로 발음하는 것은 그 사람의 인격 교양을 그대로 나타내므로 쓰지 말아야 합니다. 어떤 경우엔 말을 거꾸로 하는 경우도 있는데 이런 말을 하는 사람은 천하게 보입니다.
　요즘 청소년들 사이엔 저속한 말인 속어나 자기들끼리만 알아듣는 은어 등 거칠고 버릇없는 말을 쓰는 경향이 있어 언어공해를 주고 있습니다. 신세대들이 사용하는 말을 들어보면 무슨 뜻인지 감이 오지 않습니다. 신조어 말고도 줄임말을 사용하여 무국적 언어가 난무하고 있습니다. 이러한 언어습관이 일상생활로 확산되고 괴상한 말, 희한한 맞춤법의 사용은 우리말과 글에 대한 정체성마저 흔들고 있는 것입니다. 저속한 언어를 사용하는 사람은 자신의 인격이 저속하게 됨을 알아야 합니다. 우리말의 소중함을 알고 은어나 비어 속어 등은 사용하지 말고 바른 우리말을 사용해야 합니다.

그리고 말할 때는 너무 빠르면 알아들을 수 없고 너무 느리면 지루한 감을 줍니다. 또 목소리가 너무 크거나 너무 작아도 적절하지 못합니다. 언제나 상대가 잘 알아들을 수 있도록 적당한 속도로 정확히 표준말을 해야 합니다. 잘못 말하는 것이 습관이 되면 다음 어른이 돼서 남들에게 오해를 받기 쉽습니다. 언어습관이란 어릴 때부터 잘 이루어 져야 합니다.

한편 자기의사를 정확하게 잘 전달하는 말도 중요하지만 남의 말을 잘 듣는 태도도 중요합니다. 조용히 남의 이야기를 귀 기울이는 사람이 큰 소리를 내는 사람보다 더 존경받는다는 사실입니다.

링컨 대통령은 남북전쟁이 한창일 때 친구를 불러다 놓고서는 힘들고 고독한 자신의 처지를 장시간 하소연하였다고 합니다. 말도 하지 않고 조용히 링컨의 하소연을 다 들어준 그 친구야말로 어떠한 말보다도 링컨을 위로하고 격려한 것입니다. 진지하게 남의 말에 귀 기울이고 겸손하게 남의 의견을 받아들일 줄 아는 것이 바르게 듣는 태도입니다.

말은 음성으로 자기의 생각과 의사를 표현하는 수단으로 말하는 것도 중요하고 아울러 듣는 태도도 중요합니다. 바르고 고운 말을 예의바르게 사용해야합니다. 말은 인격의 표현입니다.

행복과 불행은

　행복과 불행의 기준은 무엇일까요? 불행한 것이 얼굴이 잘 생기지 않아서, 키가 작아서, 몸이 날씬하지 않아서, 아니면 집안이 부자가 아니라서, 성적이 좋지 않아서, 친구 관계가 나빠서, 또는 자기가 하고싶은 일을 마음대로 못해서... 불행하다고 생각하십니까?. 학생들 중엔 대개 위에서 말한 것들 때문에 속상해 하고 고민하면서 자신은 불행하다고 생각하는 학생이 있을 것입니다. 이런 것 때문에 고민하면서 의기소침하여 불행하다고 생각하는 사람이 있다면 이런 사람은 평생 불행하게 살 수 밖에는 없습니다.
　행복의 기준을 그런 것에 둔다면 이 세상에 행복할 사람은 몇 명 안 될 것입니다. 우리 주위에서 행복하게만 보이는 사람도 알고 보면 근심 걱정과 부족하고 어려움을 많이 가지고 있습니다. 다만 이런 사람들은 자기의 애로를 잘 슬기롭게 극복하고 현명하게 대처해 나가는 긍정적이고 적극적인 삶으로 생활해 나가는 것입니다.
　자기가 얼마나 행복한지를 모르고 불행한 쪽만 생각하고 일탈행동을 하는 사람은 자성해야 합니다.
　다음에 소개하는 이야기는 건강한 우리 자신이 얼마나 행복한지를 일깨우고, 우리에게 많은 것을 생각케 하는 교훈적이고 감동적인 내용입니다.

미국 오리건주 초등학교 6학년 케이시 매컬리스터(11세)소년은 메이저 리거의 꿈을 키우던 5년 전 크리스마스를 맞아 할머니를 찾아가던 길에 트럭에 치었습니다. 병원으로 급히 옮겼지만 이미 엉덩이까지 모두 으스러져 재활치료 조차 불가능했습니다. 두 다리를 모두 잃었지만 결코 쓰러지지 않았습니다. 친구들의 허리에도 못 미치는 짧은 불구의 몸으로 평소하고 싶은 야구를 다시 시작했습니다. 그는 배트를 휘두르고 두 팔에 의지해 그라운드를 구르듯 달렸습니다. 가슴적시는 '인간승리'의 그 야구경기 장면이 AP통신을 통해 알려지자 전 세계 사람들은 그 투혼에 감동을 하였습니다. 뿐만 아니라 이 소년은 학교 농구 클럽의 멤버로서 한 손으로 뛰고 한 손으로 공을 튀기며 슛을 쏘기도 합니다. 그 꼬마 주인공은 "어려운 사람들에게 용기를 줄 수 있다는 것에 만족한다"며 "내가 정말 모든 것을 할 수 있다는 사실을 모든 사람들에게 보여 주고 싶다"고 말했습니다. 아마 우리 대부분의 사람들은 이런 상황이라면 아무 것도 못하고 자기처지에 대한 비관으로 사는 것까지 포기하려고 할 것입니다.

미국 워싱턴주의 에비럿시 출신인 토니 볼펜 테스트(25)는 태어나면서부터 양팔과 오른 발이 없는 기형아였습니다. 의족을 달고 사춘기를 거치면서 '이 세상에 나보다 더 불행한 사람이 있을까' 하는 자괴감에 빠지기도 했습니다. 그러나 그는 고교 1학년 때에 육상부에 들어가 단거리 연습을 했습니다. 그러나 의족 때문에 몸의 중심이 어긋나 제대로 속도를 낼 수 없었고 양팔이 없어 가속을 붙이기도 어려웠습니다. 그렇지만 그는 포기하지 않고 자기와의 싸움을 계속하면서 자기의 재능을 키워 갔습니다. 마침내 그는 1백 미터를 2학년 때 13초대, 3학년 때 12초대로 주파하였습니다. 볼펜 테스트는 '96 애틀랜타 장애인 올림픽 육상 1백 미터 경주에서 11초 36으로 장애인 세계 신기록을 수립하고 '장애 인간탄환'으로 탄생했습니다. 그는 말하기를 '아직 나 자신과의 경주는 끝나지 않았다. 은퇴하기 전까지 장애인 최초로 11초대의 벽을 깨겠다'라고 하였습니다. 꿈이 있기 때문에 희망을 갖고 노력하며 자기의 행복을 이뤄가는 것입니다.

두 다리가 없거나, 양팔과 오른쪽 다리가 없는데도 야구며 달리기를 한다는 것은 상식적으로 이해하기 어려울 것입니다.

팔다리가 거의 자라지 않아 전동 휠체어를 타고 생활하면서도 웃음을 잃지 않는 일본인 오토다케 히로타다(乙武洋匡)는 '오체불만족'이라는 책을 쓰고 꿋꿋하게 사는 모습을 보여주고 있습니다. '오체불만족'은 초인적인 의지와 용기로 장애를 극복한 저자의 자서전으로 저자는 99년 4월 20일 장애인의 날을 맞아 한국을 방문하기도 했습니다.

세상에 이런 불구자 보다 불행한 사람이 어디 있겠습니까?. 그러나 이들은 이를 다만 불행으로만 생각하지 않고 그 상태에서 최선을 다한 것입니다. 이들이 자기의 불행만을 생각하며 자신을 괴롭히고 살았다면 자기의 인생에 희망은 전혀 없었을 것입니다. 불행을 행복으로 바꾼 이 의지의 인간승리에서 우리는 큰 교훈을 배워야 합니다.

자신이 불행하다고 생각하는 학생은 좀 더 넓게 세상을 보세요. 우리는 행복할 때는 그 행복을 모르고 지나치는 경우가 많습니다. 지금 자신이 불행하다고 생각하는 것은 행복한 고민이라고 봅니다.

같은 민족이면서도 자유도 없고 먹을 것도 없는 북한 동포, 굶주림과 병마에 시달리며 사는 아프리카의 빈민국 국민들, 문명의 이기를 전혀 못 받고 의식주 해결도 어려운 동물 같은 생활을 하는 오지의 종족들을 생각하면 이 나라에 태어난 자체만으로도 행복해 해야 합니다.

건강하게 태어나 학교 생활을 하는 것만으로도 축복 받은 것입니다. 시장에 나가보면 길바닥을 기어다니며 구걸하는 사람이나, 장애인 시설에서 몸도 제대로 가누지 못하면서도 삶에 희망을 버리지 않고 사는 사람들을 볼 것입니다. 그뿐 아니라 경남 김해에 사는 장욱 형제는 움직이면 뼈가 부서지는 병 때문에 20여 년을 누워서만 지내면서도 검정고시에 전국 수석으로 합격하여 우리에게 큰 감동을 주었습니다.

장애인들이 우리 주위에는 많습니다. 이들을 보면 육신이 건강한 우리는 이 세상에서 제일 행복한 사람이라는 고마움을 갖게 합니다. 그런데 우리는 이 고마움을 모르고 살고 있습니다. 고마워하고 행복한 것들을 하나 하나 생각해 보세요. 많이 있을 것입니다. 건강한 몸으로 생활할 수 있다는 것이 무엇보다 감사하고 행복한 것입니다. 만사에 고마운 마음을 갖고 생활하는 것이 행복해 지는 길임을 알아야 합니다.

행·불행은 자기의 마음가짐에 달려 있는 것입니다. 신념을 갖고 자기가 하는 일에 만족해하는 사람은 행복하고, 자기 처지나 하는 일에 불평만 하는 사람은 불행할 수밖에 없습니다. 자기에게 주어진 여건에서 어떻게 하면 더 나아질 수 있을까 하는 희망을 갖고 자기가 하고 있는 일에 가치를 부여하여 긍정적으로 열심히 노력할 때 보람을 느끼고 행복해 지는 것입니다. 즉 고마운 마음으로 생활을 하는 것이 행복해 지는 길입니다.

만약 자기가 불행하다고 생각하는 사람은 체험을 해 보세요. 얼마 전 방송국 주최로 불우이웃을 돕기 위한 24시간 기아체험을 하였는데 참석한 청소년들 대부분이 한 두끼 식사를 굶고 이구동성으로 하는 말이 밥이 먹고 싶다면서 엄마 아빠가 고맙다고 하였습니다. 배가 고파봐야 배부르게 해주시는 부모님이 고마운 줄 알고 몸이 아파봐야 건강할 때가 행복한 줄 알게됩니다.

이 세상에는 어렵고 힘들게 사는 사람들이 많이 있습니다. 그래도 그들은 나름대로 희망을 갖고 자기 일을 하면서 살고 있습니다. 자신보다 더 못한 사람을 생각하고 고마운 마음으로 자기의 꿈을 실현하도록 최선을 다하는 자세가 행복을 약속하는 것입니다. 불평하지 말고 자기를 사랑하고 행복한 마음으로 알찬 생활을 해야 합니다. 행·불행은 마음에 달려있습니다.

지혜의 일화

알렉산더 대왕의 어렸을 때 이야기입니다. 어느 날 궁궐 앞에서 날뛰는 말을 다루지 못하고 있는 것을 보고 알렉산더가 나서서 잘 다루었습니다. 왕이 어떻게 그리 쉽게 다루느냐고 묻자, 알렉산더는 "말이 제 그림자를 보고 놀랐던 것입니다. 말머리를 태양을 향하게 하여 자기의 그림자를 못 보게 했던 것입니다." 사람들은 그의 영특함에 놀랐습니다.

김유신 장군이 어렸을 때 너무 술을 좋아하여 어머니는 늘 걱정이었습니다. 어머니는 지혜를 생각해 냈습니다. 김유신이 가장 사랑하는 칼과 똑 같은 칼을 하나 만들어 두었습니다. 어느 날 술 취해 들어오는 아들을 어머니 앞에 앉혀 놓고 그 칼을 부러트렸습니다. "나는 이 칼을 싫어한다. 너같이 엄마와의 약속도 못 지키고 술집이나 다니는 그런 마음으로는 이 칼이 무슨 소용 있느냐. 네 마음을 고친 후에 칼을 사랑하여라". 그 후 김유신은 술집에 가지 않고 무예를 열심히 익혔습니다. 얼마 지난 후 어머니는 김유신을 다시 앉혀 놓고 김유신의 진짜 칼을 내 놓으시면서 "이 칼이 진짜 네 칼이다. 네 마음을 고쳐주려고 똑 같은 것을 만들어 꺾었던 것이다". 칼보다도 아들의 마음을 더 귀하게 여기고 바르게 인도하신 어머니의 그 지혜를 생각해야합니다.

 옛날에 '노인은 쓸모 없는 사람'이라는 생각을 가진 임금님이 노인들을 잡아다 죽이도록 했답니다. 어느 마을에 사는 효성이 지극한 사람은 마루 밑에 어머니를 숨겨 두었습니다. 그 때 이웃 나라에서 어미 말과 새끼 말을 구별해 달라는 부탁을 해 왔습니다. 아무리 보아도 어느 것이 새끼인지 알 수가 없어 임금님은 전국에 방을 붙이고 많은 상금을 걸었습니다.
 어머니를 감추어 둔 효자가 이 방을 읽고 어머니에게 가서 물어본 다음 임금님에게로 달려갔습니다. "임금님, 그 말에게 먹이를 주어 보셔요." 먹이를 주니 한 마리의 말은 아무 생각 없이 먹이를 먹고 있었으나 다른 한 마리는 먹는 것을 보고만 있었습니다. 먼저 먹던 말이 배부르게 먹고 난 다음 먹이를 물고 장난을 했습니다. 그러자 다음의 말이 먹이를 먹기 시작했습니다. 효자는 이 말을 가리키며 말했습니다. "이 말이 어미입니다. 새끼를 배부르게 먹게 두는 쪽이 어미이지요."
 임금님은 이 사람의 지혜가 늙으신 어머니에게서 나온 것임을 알고는 늙으신 부모님을 버리지 말고 효도를 하도록 하였다고 합니다.
 '지혜는 곤란으로부터 온다'고 아이스킬로스는 말했습니다. 사물을 잘 판단하는 지혜는 저절로 생겨나는 것이 아닙니다. 어려운 것을 세밀히 관찰하고 해결하려는 현명한 판단에서 이뤄지고 삶의 경륜에서 얻어지는 것입니다.

보물 항아리

옛날 부지런한 농부가 있었는데 아침부터 저녁까지 즐겁게 일하였습니다. 농부는 일년 내내 일만 하는데 농부의 아들은 놀기만 하고 방에서 쿨쿨 낮잠만 잤습니다. 아버지는 걱정이 되었으나 아들은 아버지의 마음을 몰라주었습니다.

그러다가 마침내 농부가 병이 들어 숨을 거두게 되었을 때 아들을 불러놓고 "내가 우리 집 논과 밭에 보물 항아리를 묻어 놓았으니 나 죽은 다음에 골고루 파 보아라."하고 눈을 감았습니다.

아들은 이듬해 봄에 밭을 골고루 다 파 보았으나 숨겨 놓았다던 항아리는 나오지를 않았습니다. 그러나 많이 일구어 놓은 땅에 곡식을 심어 그 해 가을에는 농사가 잘 되어서 풍작의 곡식을 거두어드리고 많은 돈을 벌게 되었습니다. 아들은 그제서야 깨달았습니다.

'아버지가 나한테 부지런함을 가르쳐 주셨구나.'

아버지는 아들에게 밭을 갈고 논을 갈아야 농사가 잘 된다는 것을 가르쳐 주려고 보물 항아리를 묻어 놓았다고 유언으로 남긴 것입니다. 그 후 아들은 부지런히 일하여 잘 살았다고 합니다.

이 농부의 아들처럼 게으르거나 자기 할 일을 하지 않는 사람이 있을 것입니다. 만약 있다면 뒤늦게나마 자기를 반성할 줄 아는 아들처럼 반성할 줄 알아야 합니다. 그리고 부지런히 자기 일을 해야 합니다. 우리들 자신은 항상 자기를 살펴보아 깨닫는 사람이 되어야 하는 것입니다.

여기서 우리가 깨닫게 되는 것은 근면한 생활 자세입니다. 우리가 위대한 재능을 갖고 있다면 근면은 이들 재능을 더욱 진보시킬 것이며, 만약 평범한 재능만을 갖고 있다면 근면이 재능의 결점을 보충해 줄 것입니다.

영국의 처칠 경은 2차 대전을 승리로 이끈 대 정치가로서 하원에서 다음과 같은 유명한 연설을 하였습니다. "이 세상의 위대한 모든 일은 피와 눈물과 땀의 산물입니다. 피는 용기의 상징이요 눈물은 정성을 뜻하며 땀은 근면을 나타냅니다. 피를 흘릴 때 안 흘리면 남의 노예가 되고, 눈물을 흘려야 할 때 안 흘리면 동물의 차원으로 떨어지며, 땀을 흘려야 할 때 안 흘리면 빈곤의 수렁에 빠집니다. 인생의 3대 액체인 피와 눈물과 땀을 흘려야 할 때 얼마나 많이 흘렸느냐에 따라 인생의 성패가 좌우됩니다"라고 인생을 일깨워 주는 귀한 말씀을 하였습니다.

에디슨은 말하기를 '천재란 1%의 영감과 99%의 땀으로 만들어진다.'고 했습니다. 땀흘림으로 성공과 행복의 인생을 얻을 수 있는 것입니다. 땀흘리는 노력이 바로 보물 항아리입니다.

3부
배움을 위하여

정수지학 / 스스로의 학습 / 10분의 중요성 / 위대한 조약돌
책 속에 길이 있다 / 신문은 좋은 학습자료 / 글 쓰기 / 동물학교의 교육
창의력 신장 / 토막공부 / 방학을 보람 있게 / 주인정신 / 스승의 은혜
배움의 길 / 눈 높이로 이해하기 / 합리적 사고와 지혜 / 질 높은 삶의 창조
의문은 발명의 어머니 / 시간관리 / 적성과 능력에 맞는 진로선택
일기는 삶의 역사 / 끝마무리의 중요성

정수지학

학창시절은 면학의 열기가 고조돼야 하는 시기입니다. 학생들에게 공부보다 더 중요한 것은 없습니다. 어떻게 공부하는 것이 값지고 보람 있는 공부 방법인지 깊이 생각하고 노력해야 합니다. 공부하는 방법이 여러 가지 있겠지만 '물'에서 교훈을 얻는 것이 지혜롭다고 봅니다.

지난 해 여름 장마로 여러 지역에 폭우가 쏟아져 인명 및 재산피해를 많이 낸 것을 알고 있을 것입니다. 길과 다리도 끊겨 왕래도 안되고 살던 집이 무너지고 가재 도구가 물에 잠겨 못쓰게 되고 논과 밭이 유실되어 다된 농사를 망치고 가축도 홍수에 휩쓸려 죽고 떠내려가는 등 막대한 재해를 당하였습니다. 더욱이 산사태 및 냇물이 범람하여 많은 사람이 고귀한 목숨을 잃기도 하였습니다. 이렇듯 폭우로 인한 물의 범람은 우리에게 막대한 피해를 주고 자연까지도 파괴를 합니다.

평소 알맞게 내리는 비는 농작물이나 초목이 자라고 수자원으로 사용하여 너무나 고맙지만 한번에 많이 쏟아지는 비는 우리에게 고통과 해로움만 주는 것을 우리는 경험으로 알고 있습니다.

그러나 시골의 마을 어귀나 집 마당에 있는 우물물은 봄, 여름, 가을, 겨울 언제나 깨끗한 물이 꾸준하게 적당히 나와 우리가 살아가는데 꼭 필요한 음료수를 제공하고 있습니다.

같은 물이지만 한번에 많이 내리는 폭우는 우리에게 피해를 주고 적당한 강우량이나 꾸준히 나오는 깨끗한 샘물은 우리가 사는데 가장 귀한 생명수가 되고 있습니다.

공부를 하는 방법도 이 물에서 큰 교훈을 얻어야 합니다. 많은 학생들이 평소에는 게을리 하다가 시험을 볼 때는 밤을 새워서 소나기 공부를 하는 경우가 많습니다. 그렇게 공부한 것은 진정한 의미의 공부가 아니며 오직 점수만을 의식한 것으로 시험만 끝나면 며칠 안 가서 다 잊어버리기 일 수입니다. 그런 공부는 폭우가 쏟아져 물이 범람해서 피해를 주는 것처럼 학생들에게 건강만 해치게 하고 피해만 줄뿐 도움이 안되며 공부에 대한 실증만 더 내게 하는 해로운 공부 방법입니다. 이런 공부를 범람지학(氾濫之學)이라고 합니다.

그러나 샘물이 계속해서 솟아나듯 평소 꾸준히 공부하는 것은 공부하는 것도 즐겁고 그것이 자기의 양식이 되고 진정한 실력이 되어 값지고 보람 있는 공부방법입니다. 이런 유익한 공부방법을 우리는 '정수지학(井水之學)-우물물의 배움'이라고 합니다.

일시에 폭우가 쏟아지듯 벼락 공부하는 방법인 범람지학(氾濫之學)은 공부에 실증만 나고 도움이 안 되므로 이제부터는 정수지학(井水之學)으로 배움에 즐거움을 느껴야 합니다. 공부하는 바른 길을 알았으면 그 길을 가는 것이 현명한 것입니다. 알고도 실행하지 않으면 아무 소용이 없습니다. 고기 잡는 방법을 알았으면 자기가 고기를 잡아봐야 고기를 잡을 수 있는 것이지 방법만 알고 고기를 잡지 않는다면 그 방법은 무용지물입니다.

공부 역시 공부하는 방법을 알았으면 스스로의 실천이 중요합니다. 그리고 남에게 의지하거나 간섭받음이 없이 스스로 공부를 해야 보람이 있습니다. 자주적으로 학습을 할 때 열심히 하고 공부의 능률도 더 나타나는 것입니다. 타율적으로 하는 공부는 즐거움도 없고 보람도 없습니다. 자율적으로 학습을 해야 그 과정 속에서 자기의 성장과 능력이 향상되는 것입니다. 자주적으로 하는 공부는 적극적이고 주체성이 있어 기쁨이 큰 것입니다. 학생들은 각자 자기 인생에 책임이 있는 주인입니다. 스스로 자기 공부를 누가 시키기 전에 꾸준히 해야합니다. 주인은 성실하고 자주적인 자세로 매사에 임합니다.

평소에 샘물이 솟아나듯 꾸준히 스스로 공부하는 습관을 길러 배움의 즐거움과 보람을 갖기 바랍니다. 다시 강조하지만 범람지학이 아니라 정수지학입니다. 타율적 학습이 아니라 자율적 학습이 좋은 공부방법입니다.

스스로의 학습

　학생들 각자가 스스로의 학습을 통하여 면학분위기를 조성하고 실력을 향상하는 것은 바람직한 일입니다. 아침 시간은 하루 생활시작의 한 획을 긋는 값진 시간입니다. 등교하는 대로 수업 전까지 매일 이 시간에 자기 공부를 하거나 명작을 읽던지 하여 실력을 향상시키고 또 교양인으로서의 자기를 가꾸어 나간다면 그 시간은 정말 값지고 소중할 것입니다.

　이렇게 하루의 시작을 알차게 출발하여 실력을 쌓아 나간다면 큰 그릇이 되는 기틀이 이뤄질 것입니다. 사람은 그릇이 크고 넓을수록 인격이 높아지는 것입니다. 그 그릇은 지식과 견문에 따라 넓어집니다. 따라서 그릇이 크려면 평소 책을 가까이 하고 스스로 공부하는 자세가 되어야 합니다. 학교에서 뿐 아니라 어느 곳에서나 시간이 있을 때 허송세월하지 말고 소중하게 활용하는 자세가 필요합니다.

　학생이 학교에 다니는 것은 훌륭한 인격인과 능력 있는 사람으로 성장하기 위해서 입니다. 이를 위해서 항상 책과 함께 스스로 공부를 해야 하는 것입니다. 공부는 다른 누구를 위해서 하는 것이 아니고 바로 자기를 위해서 하는 것입니다. 자기를 위한 공부를 누가 시켜야만 하는 것은 잘못된 일입니다. 자기 스스로 자율적으로 공부해야 보람이 큽니다.

　자율학습의 뜻은 누가 시키기 전에 스스로 하는 학습을 말합니다. 현명한 학생이라면 감독에 의한 학습에서 진정 자율적으로 하는 학습이 되도록 성숙한 면을 보일 것입니다. 혼자 일어나 걸을 수 있는 충분한 능력이 있는데도 남에게 의지하고 지켜봐야 걷는 것은 잘못입니다. 자율적으로 학습하는 방법 및 태도를 체득하여 일생동안 스스로의 힘으로 자기 향상을 꾀할 수 있어야 합니다. 자주적 학습력의 증진과 자율적인 생활태도를 기르는 가장 좋은 때가 바로 학창시절입니다. 이런 능력향상에 노력하는 것이 성공으로 가는 길입니다.

　언제까지나 지시 감독 하에서만 배우는 생활을 할 수는 없습니다. 감독에 의해 이뤄지는 타율학습이 습관화되면 자신의 자율성 함양에 역기능만 초래하게 됩니다. 타율학습이 지속되면 스스로 공부하려는 의지가 점점 약해질 뿐 아니라 평소 생활태도까지 자율적인 생활을 할 수 없게 됩니다.

　스스로 하는 학습은 면학분위기 조성의 기틀을 마련하는 근간입니다. 스스로 공부할 때 기쁨을 크게 느끼게 됩니다. 때문에 스스로 배움의 본분을 다 할 수 있는 사람이 되어야 하는 것입니다.

　배움은 요람에서 무덤까지란 말이 있듯이 인생은 배움의 연속적인 과정입니다. 우리는 지금 지식이 가속적으로 폭발하는 시대에 살고 있습니다. 지금의 지식을 가지고는 평생을 살수 없습니다. 새로운 지식이 많이 양산되기 때문에 부단히 자기 학습을 해야만 발전할 수가 있고 그래야만 미래 사회에 적응해 나갈 수 있습니다. 학교 공부는 평생 학습할 수 있는 기초를 다져주는 것에 불과합니다.

앞으로 어떤 분야에 종사하든 항상 공부하고 연구해서 능력을 키워나가야 합니다. 자율학습이나 독서는 평생교육의 기틀을 마련하는데 근간입니다. 학생들은 21세기의 우리 사회의 주인공으로서 미래 사회를 그려보고 거기에 대처할 능력을 길러야 자기의 이상을 실현할 수 있습니다. 평생 교육의 입장에서 부단히 정진해야만 인생을 인간적 승리로 승화시켜 줄 수 있는 것입니다. 책과 함께 자율적으로 미래를 준비하는 사람은 희망이 있습니다.

오늘날 많은 사람들이 절름발이의 인생을 가는 사람이 많습니다. 물질적인 욕망의 다리는 길고 정신적인 교양의 다리는 짧기 때문입니다. 우리는 하루에 세끼 밥을 먹습니다. 밥을 먹지 않으면 기운이 없고 우리가 살아갈 수 없습니다. 마찬가지로 책을 읽고 공부하는 것은 우리의 정신을 살찌우고 인격형성에 필수적인 요소입니다. 책을 읽는다는 것은 우리의 경험을 확대시켜 주고 내면적인 사고를 깊게 하며 여러 가지 정보도 알게 하면서 지식과 교양을 쌓아 존경받는 인간으로 성장하게 하는 것입니다.

실력 있는 교양인으로 성장하기 위하여 그리고 폭넓은 인격형성을 위하여 스스로 공부하는 학습력을 기르는 것은 필수적인 일입니다. 자신이 스스로 공부하고 학습분위기를 조성해 가는 모습에서 밝은 내일이 열립니다.

10분의 중요성

공부를 잘하고 못하는 것은 노력밖에는 없습니다. 성실히 열심히 노력하면 좋은 결실이 약속됩니다.

그 실례를 하나 소개하겠습니다.

미국 20대 대통령 가필드의 학창시절 이야기입니다. 그는 학업성적이 뛰어났지만 한 학생에게는 계속 뒤지고 있었습니다. 어느 날 밤늦게 공부를 마치고 기숙사 복도를 지나가는데 어떤 방의 문틈으로 불빛이 새어 나오고 있었습니다. 자세히 보니 1등 하는 친구의 방이었습니다. 가필드는 불이 언제 꺼지는지 방문 앞에서 살펴보니 10분 후에 불빛이 사라지는 것이었습니다. 그 순간 가필드는 저 친구보다 10분을 더 공부해야겠다고 결심하고 노력한 결과 마침내 그 친구보다 앞서게 되었습니다.

가필드는 미국의 스무번째 대통령이 되어 취임연설을 할 때 이런 말을 남겼습니다. "10분을 이용하라. 이것이 모든 일을 성공으로 이끄는 비결이다."

10분이란 시간은 지극히 짧고 하찮은 시간인지도 모릅니다. 그러나 이 10분간을 반복해서 유용하게 사용한다면 인생 전체로 보아 엄청난 시간이 되어 목표하는 일을 성취하고 성공적인 삶을 이루어 낼 수 있는 것입니다.

수업종이 난 후 바로 책을 덮고 나가 놀지 말고 10분간 쉬는 동안 배운 것을 복습하는 습관을 기른다면 자신의 실력은 크게 향상될 것입니다. 짧은 시간을 유용하게 이용하는 습관을 기르는 것이 중요합니다. 10분이란 시간은 다만 수치상의 의미보다는 짧은 시간이라도 다른 사람보다 더 노력하면 성공한다는 의미가 내포되어 있는 것입니다.

한 순간의 시간이라도 절대 가볍게 여기지 말라는 주자의 '일촌광음 불가경'이란 말이 있습니다. 귀한 시간을 낭비하지 말고 잘 활용하여 값있게 쓰는 지혜가 필요합니다. 시간은 돈보다도 더 귀중한 것입니다. 돈은 잃어버리면 다시 벌 수도 있지만 시간은 한번 지나간 것은 다시 돌이킬 수가 없습니다. 흘러간 시간을 후회하고 괴로워하는 사람이 있습니다. 지나간 과거에 연연해야 아무 소용이 없습니다. 그런 후회를 반복하지 않는 길은 현재 시간을 멋진 시간이 되도록 보람 있게 활용하는 것 밖에는 없습니다.

시간은 한순간도 정지하지 않고 쉼 없이 흘러갑니다. 시간을 헛되이 낭비하지 않고 열심히 노력하는 삶이 보람 있는 인생이 됩니다. 과거는 지나간 꿈이며 미래는 바람과 같습니다. 현재 주어진 순간의 시간을 잡는 것이 현명한 삶입니다.

위대한 조약돌

공부하기를 싫어하는 학생은 다음 이야기를 읽고 공부는 왜 해야 하는지를 깊이 생각하기 바랍니다.

「정수는 공부하기를 무척 싫어했다. 공부는 재미도 없고 짜증스러울 뿐만 아니라, 공부를 잘 한다고 위대한 사람이 되는 것도 아니라고 생각했다. 왜냐하면 에디슨도 아인슈타인도 학교 다닐 때 공부를 잘하지 못했으며, 공부를 제일 잘하는 사람이 대통령이 되는 것도 아니다. 어느 날 정수는 아버지께 여쭈어 보았다. "아버지, 저는 공부하기가 싫어요. 수학, 국어, 지리, 사회 이런 걸 도대체 왜 다 배워야 하죠?" 한 번도 이런 식의 질문을 한 적이 없었기 때문에 아버지는 속으로 몹시 놀랐다. 하지만 웃으시며 이렇게 말씀하셨다.
"이런 이야기가 있단다. 한 소년이 꿈속에서 들판을 걷고 있는데 하늘에서 갑자기 신선이 내려와 이렇게 말했지. '길에 있는 조약돌을 주워 갖고 있거라. 그러면 기쁜 일이 생길 것이다.' 소년은 잠에서 깨어, 참 이상한 꿈이라고 생각하고는 들판으로 나가 조약돌을 몇 개 주워 주머니에 넣고 돌아왔다. 돌아오는 길에 주머니가 무거워 몇 개는 다시 버리기도 하면서……. 그런데 다음 날 주머니를 뒤져보니 조약돌은 모두 다이아몬드, 금, 사파이어, 진주 등으로 바뀌어 있었다. 그제서야 소년은 조약돌을 많이 가져오지 않은 것을 후회했단다. 정수야, 공부도 이와 같은 것이란다. 지금 생각하면 공부란 조약돌처럼 그냥 무겁기만 한 쓸모 없는 것처럼 느껴지지만 나중에는 모두 귀중한 나의 보물이 되는 거란다. 앎이란 그렇게 소중한 것이야. 결국 위대한 조약돌인 셈이지."

정수는 아버지의 말씀을 듣고 잠깐 아무 말도 없이 생각에 잠겼다. 그리고는 말씀드렸다.

"아버지, 저도 이젠 조약돌을 많이 줍겠어요."

정수는 천천히 공부방으로 들어갔다. 아버지가 살짝 들여다 보니 정수는 그가 가장 싫어한다던 수학 책을 펼쳐 놓고 있었다.」

학생들이 수업 시간에 배우는 한 시간 한 시간은 바로 이와같이 조약돌을 줍는 과정입니다. 많이 줍는 사람일수록 그만큼 팔이 아프고, 힘이 들고, 때로는 고통스러울 때도 있지만, 그 모두는 분명 자신에게 값진 행복을 안겨 줄 것입니다. 노력해서 얻은 결과는, 이 세상 무엇보다도 아름답고 소중한 자기 자신만의 보물인 것입니다.

공부하는데 게으르지 말고 위대한 조약돌을 줍는 마음으로 학창시절을 보람 있게 보내야 합니다. 이 다음 조약돌을 많이 줍지 않은 것을 후회하지 않게 말입니다. 공부도 때가 있습니다. 학창시절이 조약돌 줍기에 가장 좋은 때입니다.

책 속에 길이 있다

오늘날 우리는 지식 정보 사회에 살고 있습니다. 이런 시대를 탄력적으로 대응하기 위해서는 사고의 폭을 넓히는 가장 효과적인 매체가 독서입니다. 모든 분야에서 막대한 양의 정보를 필요로 하고 있으며 이 필요한 정보를 교환하기 위해 노력하고 있습니다. 전문적 지식과 정보 관리 능력을 갖추기 위해서는 컴퓨터는 물론 독서를 게을리 해서는 안됩니다.

21세기에서 요구하는 인간은 창의성과 도덕성이 있는 사람일 것입니다. 독서는 이런 인간상의 형성과 정보와 지식을 얻기 위한 가장 기본적인 수단이요 방법입니다. 21세기 정보 사회는 지식과 정보가 주가 되는 사회입니다. 정보화 사회에서 독서는 인간 능력 개발의 원천으로 독서능력을 기르고 독서의 생활화는 필수적입니다.

독서는 책을 매체로 자기 생활을 충실히 하고 사회 생활을 잘하기 위한 정보와 지식을 다루는 정신활동입니다. 독서를 통해 얻은 지식과 정보는 우리의 삶에 지대한 영향을 줍니다. 인간은 독서를 통하여 사물에 대한 이해를 넓게 하고 경험을 확대시켜 미래를 활짝 열게 해 줍니다.

위인 전기를 분석한 결과 약 60%의 주인공들이 어릴 때부터 책을 가까이 하였다고 합니다. 세계 지도자 중에는 독서광이 많습니다. 세종대왕은 엄청나게 많은 책을 주야 불구하고 읽은 탓에 안질이 나서 초정 약수터까지 가서 눈을 씻었다는 기록이 있습니다. 처칠 수상도 책을 남달리 사랑했으며, 클린턴 대통령도 책을 많이 읽는다고 합니다. 트루먼 대통령은 14세 때 자기 고장 도서관의 책을 한 권도 빼 놓지 않고 다 읽었고, 링컨 대통령도 어릴 때 가난하여 책을 빌려다 읽다가 비를 맞췄다는 일화도 있습니다. 나폴레옹은 전쟁터에서까지 책을 읽은 독서광이었다고 합니다. 이분들의 그 비범한 능력이나 사리 판단력, 통찰력은 독서에서 나온 것입니다.

독서하며 사는 사람의 얼굴은 아름답습니다. 옷이나 화장으로 예쁘게 꾸민 얼굴이 아름다운 얼굴이 아닙니다. 아름다운 얼굴은 그 내부에 무수한 사상이 약동하고 있어 그 사상이 언제고 뛰쳐나올 것 같은 즉 독서를 통해 진실한 사색을 일 삼음으로써 가꾸어진 얼굴이라고 중국의 철학자 '임어당' 은 말했습니다.

인간의 품격은 독서의 방법에서 나옵니다. 책 속에 담겨있는 고상한 사상이나 멋을 자기 것으로 한다면 품위 있고 멋있는 사람이 될 것입니다. 그러기 위해서는 아무런 책을 읽을게 아니라 양서를 많이 읽어야 합니다. 책이라고 모두 도움되는 것은 아닙니다.

독서가 아무리 중요해도 강요해서 읽힐 수는 없습니다. 또 그렇게 해서 읽는 것은 무의미합니다. 읽는 사람이 흥미가 없으면 독서는 시간 낭비밖에 안 됩니다. 독서의 중요성을 안다면 스스로 읽고 싶은 책을 읽어야 합니다. 관심 있고 도움이 될만한 책부터 읽되 어떤 소득을 얻으려면 심취할 수 있는 작가의 작품을 읽는 것이 좋을 것입니다. 그래야 독서에서 좋은 마음의 양식을 얻을 수가 있습니다.

학교 도서실에는 학생들에게 좋은 책들이 많이 있습니다. 최소한 하루에 한시간 이상은 독서시간을 확보하여 필독도서 목록을 만들어 독서의욕을 높여 갔으면 합니다. 다양한 읽을 거리를 체계적으로 읽어 폭넓은 교양을 쌓아야 합니다. 지식과 정보를 습득하는 여러 가지 방법 중에서도 독서가 가장 확실한 지력교육입니다. 독서의 생활화는 면학분위기 조성 및 평생교육에 큰 힘이 되는 원천을 마련하는 것입니다.

책을 좋아하기 위해서는 서점에 자주 가 보는 것이 좋습니다. 서점은 가장 좋은 문화 환경이기 때문입니다. 책은 가장 좋은 지적 훈련장입니다. 책은 독자로 하여금 많은 상상을 하게 합니다.

오늘날 영상문화 속에서 자란 학생들이 책과 자꾸 멀어지고 있는 것은 심각한 문제입니다. 영상과 책은 근본적으로 다릅니다. TV나 비디오 등 영상은 완전한 표현이기 때문에 생각이 필요 없이 그대로 보면 되지만 독서는 지적활동이 이뤄지면서 상상을 하게 됩니다.

지적능력 및 독서력이 길러지면 평생학습의 바탕이 됩니다. 독서는 평생교육의 기능이라고 할 수 있습니다. 독서는 혼자 하는 학습으로 자주적인 학습능력을 길러 줍니다. 공부를 잘하는 학생은 대부분 책을 가까이 하며 독서를 잘하는 학생입니다. 이제 영상매체에 시간을 낭비하지 말고 좋은 책 읽는데 관심을 갖고 책과 가까이 하였으면 합니다.

우리나라의 국민당 독서량은 외국 선진국에 비해 보면 너무나 낮습니다. 우리나라가 입시위주의 교육열이 세계 제일이 아니라 독서열이 세계 최고가 되는 나라이어야 합니다.

책 속에 길이 있습니다. 독서를 하면 모든 길이 통합니다. 독서는 지식 정보뿐 아니라 인격형성에 큰 영향을 주며 독서행위 그 자체가 바로 인성교육입니다.

만약 책이 없었다면 계속 인간은 원시생활에서 벗어 날 수가 없었을 것입니다. 책을 통해 역사, 문화, 사상, 지식, 정보 등을 익혀 우리생활을 발전시켜 나갈 수 있는 것입니다. 독서를 통해 우리의 삶의 질을 높이고 지적능력과 정신과 마음의 양식을 풍성하게 하는 것입니다.

책을 한 권 읽으면 한 권의 이익이 있고 두 권 읽으면 두 권의 이익이 있습니다. 책을 읽을 것인가 안 읽을 것인가는 자신이 선택할 문제입니다. 책 속에 길이 있습니다.

신문은 좋은 학습자료

　인간은 사회적 존재이기 때문에 사회를 떠나서는 살수 없습니다. 현대인 역시 신문과의 접촉은 불가분적 관계로 떨어질 수가 없는 것입니다. 시시각각 변화하는 현상에서 새로운 소식은 양식이 되기 때문입니다. 신문은 새 소식, 사회 문제의식의 의미와 역사적 교훈 등 항상 새로운 지식과 정보를 많이 제공해 주고 있습니다.
　신문은 살아있는 교과서입니다. 신문은 가장 기본적인 지식과 정보를 제공하는 사회생활에 유용한 정보 매체입니다. 신문은 매일 새로운 내용으로 지적 호기심을 유발시켜 줍니다. 유용한 정보의 수집과 정보활용은 오늘을 사는 우리에게는 필수적인 것이라 하겠습니다.
　특히 학생들은 신문에서 얻은 새로운 여러 가지의 상식 및 알찬 지식과 정보를 교과학습의 보충교재, 학습자료로 이용하면 교육적 효과가 클 것입니다. 학생들은 지적 구성능력이 어느 정도 형성되어 있기 때문에 신문을 보면서 학습교재내용을 취사선택할 수 있다고 봅니다. 올바른 내용을 교과학습에 관련시켜 교육을 감각적이며 실제적인 학습이 되게 활용하면 더욱 흥미로울 수 있을 것입니다. 신문을 활용하여 폭넓은 수업이 전개된다면 학습경험을 확대하고 심화하는데 많은 도움이 되리라 봅니다.

현대 교육은 유형화된 사회적 습성이나 태도의 함양과 아울러 인간 개성의 신장과 창의적인 활동의 촉진을 중요시하고 있습니다. 사회가 요구하는 인간으로 행동 변화케 하는데 있어 신문에서 지식과 정보를 얻어 생생한 소재로 일깨우면 더욱 능력적이고 진보적인 학습으로 학생들의 성장에 인상적인 학습이 될 것입니다.

현대의 신문기사의 내용은 모든 교과에 이용할 수 있는 다양한 자료를 제공해 주고 있습니다. 각 교과를 신문과 관련하여 간단히 예를 들어보겠습니다.

국어과에서 신문은 풍부한 언어적 경험을 제공하여 주고 말의 뜻을 풍부하게 하여 줄 뿐 아니라 논설, 평론 등으로 설득력, 작문력을 높여 줍니다. 특히 학생들이 신문 읽기를 친숙하게 하면 비판적 사고 능력과 논리적 사고력을 키워 주고 실용적인 단어와 문장력이 증대 될 것입니다. 사설을 잘 활용하면 글 쓰기에 많은 도움이 될 것입니다.

수학과에선 물가, 예산과 결산, 각종 통계표 등 각양의 수적 사실을 제공하여 현실적인 면에서 수학의 좋은 연습이 될 수 있습니다. 사회과에선 국제문제, 국내문제, 지역사회문제의 생생한 자료는 물론 나아가 외국의 생활모습, 지리, 역사, 자원 등 헤아릴 수 없는 좋은 자료를 제공하고 있습니다. 사회교과에서 신문은 현실사회를 제대로 이해하고 사회 적응력과 비판력을 키우기 위한 사회과 목표에 접근하는 제일 좋은 교재라 할 수 있습니다.

과학과에서는 생활의 지혜, 일기예보, 각종 새로운 과학소식을 제공하여 줍니다. 외국어과에서는 시사영어, 외국인들의 문화적, 경제적 배경을 실감 있게 알려주고 있습니다. 미술과에서는 신문의 사진, 그림, 주택, 도구, 각종 미적 구성을 흥미 있게 연구할 수 있게 해주고 있습니다. 음악과에서는 음악회, 음악감상 등의 모습과 평론, 요령 등을 일깨워 주고 있습니다. 가정과에서는 요리, 주택, 양재 등의 새로운 면을 보여주고 나아가 도의교육, 안전교육, 통일교육, 체육 등 어느 하나고 신문기사 내용과 연관이 없는 학과는 없습니다. 학생들이 교과서 중심만의 고정화된 학습으로부터 다양하고 현실적인 교육이 될 수 있도록 신문을 많이 활용하였으면 합니다. 신문은 교육적으로 이용할 가치가 매우 높고 큽니다.

학생들은 자기의 자질향상은 물론 풍부한 지식과 정보로 생활 경험을 풍부하게 해 줄 수 있도록 신문을 많이 활용하여야 할 것입니다. 신문은 정보가 풍부한 교재로서 학생들이 신문을 제대로 읽을 수 있는 능력과 통찰력을 키우는 것은 대단히 중요합니다. 신문을 통해 폭발적으로 증가하는 지식과 정보를 효과적으로 습득할 수 있어야 하고 필요한 내용은 스크랩하여 학습자료로 참고할 수 있어야 합니다.

신문의 유익한 내용들을 다양한 시각으로 사물과 현상, 인간 등에 폭넓은 심층적인 사고를 가능케 하는 교육 교재로 잘 활용하였으면 합니다. 신문에 세상 만사가 모두 들어 있습니다.

글 쓰기

　우리는 일상생활에서 글을 써야 할 때가 많습니다. 그러나 실제로 글을 쓰려면 어떻게 써야 할지 망서려 지는 것이 보통입니다. 사실 쓰려고 하는 내용은 있어도 이것을 문장으로 표현하기는 쉬운 일이 아닙니다. 이는 문장어에 내용을 정착시키는 기술이 몸에 배어 있지 않기 때문입니다. 자기의 생각을 정확하게 전달하기 위해서는 문장어에 의한 표현기술을 사용하는 법을 알아야 도움이 됩니다.

　'천리 길도 한 걸음으로부터' 라는 말이 있듯이 글을 잘 짓는 것은 하루아침에 이루어지는 것이 아닙니다. 글을 쓰기 위해서는 많이 읽고 좋은 이야기를 듣고 생활을 깊고 날카롭게 관찰하고 철저하게 생각하여 자기의 의견을 확고히 갖고 있어야 합니다. 그리고 언제나 가볍게 글 쓰기를 꾀하는 습관을 가져야 하고 글 쓰는 기술적인 원칙을 어느 정도 이해하고 있어야 필요에 따라 글을 쓸 수 있는 것입니다.

　글을 쓰려고 할 때는 먼저 자기의 생각을 표현하고픈 의욕이 있어야 쓰기에 한층 적극적일 수 있습니다. 평소 관심을 갖는 문제에 대해서는 항상 필요한 것을 메모도하고 꾸준히 자료를 모으고 자기 생각을 정리하는 노력이 있어야 합니다. 글을 쓴다는 것은 자기 생각에 형태나 순서를 세우고 균형이 잡히도록 내용을 잘 처리하는 것입니다. 글을 쓸 때는 어떤 내용을 어떤 순서로 할 것인가 구상을 하고 중심이 되는 생각이 그 문장 전체에 통일을 주어야 합니다. 표현하려고 예정하고 있는 내용을 정리해 보는 것이 먼저 있어야 합니다. 이는 내용의 조직을 미리 정해 둔다는 것입니다.

  글은 짜임이 잘 되어야 내용도 재미있는 것입니다. 쓸거리를 찾아 글의 시작, 중심과 끝맺음을 대강 정한 후 줄거리를 쓸 차례대로 단락을 나누어 정해진 차례에 따라 내용을 확실하게 써 나가야 합니다. 이 내용이 줄거리이며 여기에 살을 붙여 가는 것이 글짓기입니다. 특히 글의 앞부분은 이야기를 차분히 시작하여 중심부분에서는 중요한 내용을 힘있게 펼쳤다가 다음은 차분하게 이야기를 정리하며 끝맺음을 하는 것이 글짓기의 요령입니다.

  좋은 글로 구성하기 위한 기본은 주어와 술어의 관계가 확실한 글을 쓰지 않으면 안됩니다. 한 문장을 길게 쓰기보다는 호흡에 알맞게 끊어 쓰는 것이 좋습니다. 그리고 글짓기를 다 한 후에는 꼭 다시 글을 읽어보고 더 좋은 글이 되도록 글을 다듬어야 합니다.

  글을 쓰는 일은 결코 쉬운 일이 아닙니다. 다른 사람이 쓴 글을 읽을 때는 별 생각 없이 읽지만 자기가 글을 써 보면 글짓기의 어려움을 알게됩니다. 글은 읽는 이가 공감도하고 기억에 남는 내용이어야 하므로 진실 되게 정성을 다해 글을 써야 합니다.

  글은 미사어구로 현란한 글을 쓰기보다는 깊이 생각한 건강한 생각을 성의껏 써서 읽는 사람에게 도움이 되는 글이면 그 글은 잘 쓴 글입니다.

  글 쓰기의 소재는 여러 가지가 있겠지만 가급적 자기 자신이 경험한 사실의 것을 택하는 것이 무난합니다. 우리의 생활은 경험의 생활이라고 해도 과언이 아닙니다. 경험을 통해 새로움을 추구하며 경험이 있어야 사물에 대한 가치판단도 바르게 할 수 있는 것입니다. 그러므로 많은 경험을 한 사람이 글 쓰는데 많은 도움이 되는 것입니다. 자기가 경험한 일이나 기억에 남는 일을 여러 가지 생각해 내어 그 중에서 쓰고 싶은 것을 써 보거나 자기가 남에게 이야기한 것을 글로 정리해 보는 것이 보다 글짓기에 편합니다. 이렇게 생활 속에서 있었던 기쁜 일 괴로운 일 등 기억에 남는 일은 얼마든지 찾을 수 있을 것입니다.

작은 이야기이지만 경험을 토대로 진실 된 삶의 모습을 글로 묘사하여 우리에게 공감과 감동을 주는 이야기는 많습니다. 우리 주변에서 소박하면서도 멋진 사람들의 글을 통해서 삶의 지혜를 얻고 용기를 갖게되고 큰 기쁨을 맛 볼 수 있습니다. 여러 글 속에서는 개개인의 고통이나 시련 실패를 딛고 성공한 사람들의 글이나 즐겁고 보람 있던 추억의 글을 읽으면 자기 경험을 글 짓는데 많은 도움이 될 것입니다. 우리의 생활이란 새로운 경험의 연속이고 그 경험을 글로 적는 것은 생활을 다듬고 생각을 키우게 되며 자기 성장에 도움을 주는 일입니다. 생활 속의 경험을 통한 글짓기 연습이 차츰 세련된 글짓기의 기초가 되므로 생활문을 많이 써 보기 바랍니다.

글짓기는 국어교육의 한 영역이지만 모든 학습을 보다 더 효과적으로 해나가기 위한 사고 훈련이며 생활 교육입니다. 글짓기는 자기 표현과 사고활동의 가장 중요한 수단이기 때문입니다. 사람은 누구나 자기 표현의 본능적 욕심이 있습니다. 사람들은 자기가 본 것 느낀 것 생각한 것을 남에게 이야기하고 싶어합니다. 이렇게 서로의 생각과 정보를 교환하는 수단이 말과 글입니다. 그런데 말은 일회성이지만 글은 영속성이 있고 기록으로 남습니다. 전달수단으로서의 글의 위력은 대단한 것입니다.

　자기의 생각이나 뜻을 바르게 글을 쓰는 것은 그 사람의 인격의 상징이며 생활의 무기인 것입니다. 글짓기는 자각적 인성도야에 최적의 교육수단이라고 합니다. 글짓기는 자기성장에 좋은 영향을 주게 되므로 여러 내용의 글을 써보는 것이 좋겠습니다. 즉 일기, 편지, 기행문, 관찰기, 체험수기, 독후감, 수필 등을 평소에 지속적으로 쓰다보면 언젠가는 글짓기가 재미있고 세련된 글을 쓸 수 있을 것입니다. 글을 쓰려면 충분히 생각하고 시작하십시오. 자기의 표현능력을 키우고 인격도야의 한 과정으로 문장작법에 기초하여 글 쓰기를 하면 새 즐거움을 발견할 것입니다. 글 속에 자신이 있습니다.

동물학교 교육

학교가 신바람 나고 행복한 공간이라면 아침에 등교시간이 기다려 질 것입니다. 그러나 현실은 학교가 재미없고 가기 싫은 곳이라고 생각하는 학생들이 있는 것 같습니다. 가고 싶은 학교란 어떤 규제나 강제, 획일적인 것보다는 자율, 이해, 다양성이 강조되는 학교로 학생들이 하고 싶은 것을 할 수 있는 학교가 아닌가 생각합니다.

다시 말하면 학생의 소질 특기를 살릴 수 있는 다양한 교육활동을 하는 학교를 말할 것입니다. 그 동안 똑같은 학과목의 주입식, 암기에 의한 일렬로 세우는 성적으로 답답한 적도 있었지만 지금은 그래도 많이 개선되어 학교에서 특기 적성 교육을 강조하고 내실 있게 전개하고 있는 줄 압니다. 솔직히 몇 년 전만 해도 학교교육이 동물학교 같은 교육을 하였다고 생각합니다.

다음 우화는 그간의 우리교육을 반성해 보게 하는 예화가 될 것 같아 소개합니다.

동물들이 모여 학교를 만들었다. 1교시 나무 타기, 2교시 땅 파기, 3교시 달리기, 4교시 날기였다.

"1번 사슴 학생, 나무 타기 시작!" 그러나 사슴은 나무를 탈 수 없었다. 몇 번 나무에서 떨어지다가 결국 뒷다리에 이상이 생겼다.

그는 10점을 받았다. 2번은 참새였다. 참새는 몸이 가볍기 때문에 사슴보다는 쉽게 나무를 탔다. 그러나 속으로 '날갯짓으로 나무를 오르면 더 쉬운데…' 하고 생각했다. 이번엔 두더지였다. 그는 눈이 어두워 다리를 헛디뎌 떨어져 심하게 다쳤다. 곰은 쉽게 타서 100점을 받았다.

2교시는 땅 파기였다. 사슴은 땅을 파느라고 약한 앞발이 부러질 정도였다. 참새는 날개가 부러졌다. 곰은 못하겠다고 반항을 하다가 혼만 났다. 두더지는 100점을 받았다.

3교시는 달리기였다. 사슴은 잘 달렸으나 다쳤기 때문에 곰에게 뒤졌다. 곰은 60점, 두더지는 20점, 참새도 20점을 받았다.

이번에는 날기였다. 선생님은 제일 높은 절벽으로 모두 데려갔다. 참새를 제외한 모두는 벌벌 떨었다. 두렵긴 했지만 혹시 날 수 있을지도 모른다고 생각하곤 한꺼번에 뛰어 내렸다. 불행히도 그들 모두는 날지 못했다. 제일 무거운 곰은 땅을 그대로 들이받아 머리가 깨어졌다. 사슴은 뿔이 부러지고 네 다리가 모두 부러졌다. 두더지는 공중에서 허우적거리다가 땅에 쳐 박혀 허리가 절단이 났다. 참새는 땅 파기 때 날개가 부러졌기 때문에 얼마 날지 못하다가 땅으로 내리 꽂혔다.

동물들이 모여, 학교는 만들 것이 못된다는 의견을 내놓는 등 갑론을박하다 교육 목표와 방법을 재조정하자는 의견으로 모아졌다. 이후로 동물 학교는 점점 필요한 곳이 되어 갔다. 참새는 나는 방법을, 곰은 나무를 쉽게 타는 법을, 두더지는 땅을 파는 법을, 사슴은 달리는 방법을 연구해서 더 잘하게 되었다. 참새, 곰, 두더지, 사슴 등은 각자의 타고난 재능을 토대로 전문적 재능을 동물 학교에서 발휘하였다.

 사람이나 동물이나 자기가 자신 있게 할 수 있는 것이 있고 할 수 없는 것이 있습니다. 그리고 그 일을 할 때 행복하고 즐거운 것이 있습니다. 어떤 것은 노력을 해도 힘만 들고 진전이 없는 것도 있습니다. 성공하는 사람은 자기가 할 수 있는 것을 더 잘 할 수 있도록 능력 향상을 위해 노력합니다.
 이제 학교도 초반의 동물학교 모습이 아니라 교육과정이나 방법이 개선되어 필요한 학교의 모습으로 변모하고자 노력하고 있습니다. 자기의 능력에 따라 공부하고 교과학습의 연장이 아닌 자신이 즐겨서 하고 싶은 특기를 살리는 활동으로 학교가 마음의 고향이 되었으면 합니다. 각자 타고난 자신의 재능을 발견하여 계발하는 것이 성공할 수 있는 지름길입니다. 인생의 기쁨은 다른 사람이 할 수 없는 일을 하는데 있습니다.

창의력 신장

　오늘의 시대를 과학 문화 및 정보시대라고 합니다. 21세기 정보화 시대의 개방화 다양화 사회를 주도적으로 이끌어 갈 인재가 되기 위해서는 창의력 신장이 필수적입니다. 창의성 신장을 위해서는 과학적 생활과 창의적 활동을 활성화해야 합니다. 과학을 모른다는 것은 곧바로 무지와 몽매로 통하며 과학은 문명을 재는 척도입니다. 앞으로 국가 간의 경쟁은 첨단 과학기술에 달려 있습니다. 컴퓨터, 반도체, 우주과학 등은 놀라운 과학 발명입니다.

　오늘날 세계에서 제일 갑부의 위치에 있는 사람은 컴퓨터 황제라는 빌게이츠입니다. 그는 학생시절에 이미 컴퓨터에 관심을 갖고 연구하여 하버드대학을 중퇴하고 마이크로 소프트웨어회사를 차려 오늘의 위치에 이른 것입니다.

　어느 분야이고 과학적인 사고와 창의적인 탐구로 열심히 노력 매진하면 좋은 결과가 있게 될 것입니다. 우리민족은 두뇌가 명석하고 재능이 뛰어난 민족이기 때문에 관심을 갖고 노력하면 선진국처럼 해 낼 수 있으리라 믿습니다. 지나간 역사를 보아도 측우기, 금속활자, 거북선, 고려 자기, 한글,... 등 우리의 창의력과 솜씨는 정말 탁월했습니다.

평소 과학적인 생활 속에서 위대한 발견을 하게 되는 것입니다. 뉴우톤이 사과가 떨어지는 것을 보고 만유인력을 발견하고, 제임스 왓트는 주전자의 끓는 물의 수증기를 보고 증기기관차를 발명했다고 합니다. 연필도 처음엔 둥글었는데 책상 위에서 자꾸 굴러다녀 육면체로 했다고 합니다. 보통사람들은 사실적인 면만 보고 그냥 지나 칠 것을 과학적인 사람은 왜 그럴까 의문을 갖고 또 편리한 방법은 무엇일까 그것을 연구하고 탐구하는데서 위대한 발명을 하게 되는 것입니다.

우리의 생활을 편리하게 하도록 머리를 쓰는 것이 곧 과학의 생활화입니다. 과학은 미래의 꿈이며 창의력은 새로운 힘입니다. 과학을 바탕으로 첨단기술이 발전하고 엄청난 기술혁신과 경제적 변혁을 가져오는 것입니다. 학생들은 지적 호기심과 탐구심을 발휘하여 두뇌개발에 힘써야 합니다.

사람은 누구나 행복을 추구합니다. 행복은 신념을 갖고 지혜롭게 스스로 창조하는 노력이 있는 자에게만 주어지는 것입니다. 창조하는 삶을 위해서는 도전하는 노력이 있어야 합니다. 지금 불안전하고 가능하지 않은 것처럼 보이는 것도 언젠가는 현실화시킬 수 있다는 신념으로 노력을 하는 자세가 필요합니다. 도전하는 삶은 아름답습니다.

다음 이야기를 잘 음미해 보면 상상력의 발동을 느낄 것입니다. '실험심리학자가 침팬지의 문제해결능력을 연구하기 위해 침팬지가 점프를 해도 닿을 수 없는 곳에 바나나를 줄로 묶어 천장에 매달아 놓았습니다. 방안에는 포장용 나무상자만 몇 개 있을 뿐이었습니다.

침팬지는 구석에 쪼그리고 앉아 교수가 나무 상자들을 여기저기 갖다 놓는 모습을 보고 있었습니다. 참을성 있게 가만히 앉아 있다가 교수가 바로 바나나가 매달려 있는 장소에 왔을 때 침팬지는 별안간 교수의 어깨로 뛰어 오르더니 점프를 하여 바나나를 낚아챘습니다.' 이 일화가 주는 교훈은 어려워 보이는 문제에도 예상 밖의 간단한 해결 방법이 있을 수 있다는 것입니다.

그냥 평범하게 무심코 사는 것은 창조적이고 생산적인 삶일 수가 없습니다. 목적의식을 갖고 새로운 생각으로 살아 나갈 때 발전적이고 창조적인 삶을 살 수 있는 것입니다.

자기의 미래는 자기가 창조해 나가는 것입니다. 높이 나는 새가 멀리 보듯 멀리 앞을 내다보는 사람만이 밝은 미래를 가질 수 있습니다. 밝은 미래는 능동적 창조적인 자세로 임할 때 더 큰 성취의 보람을 맛볼 것입니다. 창조력은 성취를 위한 가장 큰 원동력임을 잊어서는 안됩니다.

21세기는 지식정보사회로 창의력이 있는 인재를 요구합니다. 사람은 누구나 창의력을 지니고 있습니다. 창의력은 우리들 인간자체가 창조적이며 발전적인 것이므로 우리가 지니고 있는 창조적인 생명체의 발달을 촉진하기 위해 힘쓰면 기대할 수 있는 것입니다.

창의력은 어떤 것을 자기 나름대로 새롭게 만들어 내는 능력이며 새로운 것을 생각해 내는 작용으로 창조적인 사고력과 표현력을 포함합니다. 어떤 아이디어를 추구하고 탐구적인 학습활동은 새로운 것을 창조해 낼 수 있게 하며 스스로 문제해결을 하므로써 자신감을 갖게 합니다. 그리고 새로운 경험은 창의력 신장에 많은 도움이 됩니다. 앞으로는 암기위주교육에서 벗어나 두뇌경쟁이 치열하게 되어 폭넓은 창의력을 길러주는 교육방법으로 전환하게 됩니다.

창의력을 기르기 위해서는 의문을 갖고 깊이 생각해보는 것이 우선돼야 합니다. 그리고 사고력을 기르기 위해서는 독서력을 향상하고 표현력을 기르는 것이 중요합니다. 창의력 신장은 미래를 여는 청소년에게는 필수적입니다. 21세기의 주역으로서 인생을 업그레이드하기 위해 학창시절에 창의적인 능력신장에 많은 노력이 있어야 합니다.

학교는 학생들이 미래에 대한 꿈과 희망을 마음껏 가꿀 수 있도록 교육하는 곳입니다. 열심히 배우고 익히면서 새로운 것을 많이 생각하여 창의적이고 유능한 인재로 성장하기를 바랍니다. 제2, 제3의 빌게이츠를 기대합니다.

토막공부

　지나간 일을 보면 현재를 알 수 있습니다. 성실하게 열심히 노력한 사람은 보람이 있을 것이고 헛되이 시간을 보낸 사람은 허무한 그림자만 드리워 있을 것입니다.
　여가는 유익한 일을 하기 위한 시간입니다. 특히 방학은 더위나 추위 때문에 학교에서의 수업이 어려움이 있고 효율적이지 못해 일정기간 동안 학교수업을 가정학습으로 대처한 것일 뿐 학생의 모든 공부를 다 쉬고 놀라는 것이 아닙니다. 방학도 수업의 연장입니다. 학교에서 체계적인 교육과정 운영을 통해 직접 선생님들의 가르침을 받다가 방학중에는 가정에서 가정교육을 통해 자기 학습력에 의해 자기 자신의 인간 성숙의 계기가 되는 시기입니다. 이런 시간은 자유로운 가운데 자기성장의 폭을 넓힐 수 있는 좋은 기회입니다.
　학생들이 방학을 맞을 때는 부푼 꿈을 안고 무엇 무엇을 할 것이라고 마음먹지만 막상 개학날이 되면 방학 전에 생각했던 계획은 거의 실천도 못하고 후회하는 경우가 많이 있습니다. 다 똑같이 주어진 기간이지만 누가 더 많이 땀을 흘리고 노력했느냐에 따라 그 사람의 삶의 질은 달라집니다. 보다 낳은 삶을 위해 할 일을 준비해야 합니다.
　계획하고 뜻을 세우면 실천의 땀을 흘려야 합니다. 만약 방학중에 자유시간이 많다고 무계획하게 놀기만 하거나 순간의 즐거움을 위해서 안일하게 시간을 허비한 사람은 내일을 저버리는 사람이며 후회하게 될 것입니다.

방학이라도 공부는 계속성이 있어야합니다.

여기 좋은 예화를 하나 소개하겠습니다.

옛날에 선비 한 분이 결혼 후 얼마 안되어 깊은 절로 공부하러 갔습니다. 그러나 몇 달이 지나자 아내가 그리워 집에 다니러 왔습니다. 한번 집에 다녀 간 후에는 더욱 자주 집에 오고 싶은 생각에 며칠만 지나면 또 집에 오곤 하였답니다. 아내가 생각해 보니 저러다가는 토막공부만 되고 안 되겠다 싶어 어느 날 남편이 다시 집에 오자 아내는 얼굴빛을 변하더니 가위를 들고 베틀로 올라가 자기가 짜던 명주를 몇 조각으로 잘랐습니다. 그리고는 남편에게 "이렇게 짜던 베를 조각나게 자르면 이것은 옷감으로의 역할을 못하고 하나의 헝겊조각이 되어 그간의 노력은 허사가 됩니다. 당신도 집에 오고 싶다고 공부를 중도에 그만두고 자꾸 집에 오면 그 공부는 조각공부로 그 동안의 노고가 모두 허사가 되고 성공할 수가 없습니다. 이 명주를 끝까지 짜야 한 필의 천이 되듯이 당신도 꾸준히 공부해서 하나의 매듭을 지어야 공부한 보람이 있지 않겠습니까?"라고 했습니다. 아내에게 감복한 그는 그 길로 다시 절에 가서 계속 열심히 공부하여 훌륭한 학자가 되었다고 합니다.

긴 방학 기간을 공부는 안하고 놀기만 하면 조각으로 잘라 버린 명주 꼴이 됩니다. 학생으로서의 본분은 학교에 다닐 때나 방학중이나 공부하는 것을 등한히 해서는 안됩니다. 그 귀한 시간은 쉼 없이 흘러가고 있습니다.

　주자가 말하기를 "오늘 배우지 아니하고서 내일이 있다고 말하지 말며 올해에 배우지 아니하고선 내년이 있다고 말하지 말라. 날과 달은 흐르니 세월은 나를 위해서 더디 가지 않는다"고 하였습니다.

　방학 같은 좋은 여가 시간을 가벼이 여기지 말고 보람 있게 보내야 합니다. 작은 일이라도 쉬지 말고 매일 실천하는 노력이 필요합니다. 한 발 한 발 걸어야 천리 길도 갈 수 있는 것이고 시냇물이 모이지 않으면 강을 이루지 못 하는 것처럼 작은 일이 하나 하나 쌓여야 큰 것을 이룰 수 있습니다. 부지런히 일 하는 것은 더 없이 귀중한 것입니다.

　자신의 성장 계기가 되도록 여가시간을 잘 선용하여 자신에게 많은 성숙의 변화를 가져오게 해야합니다. 여가시간에 능력을 연마하여 자기 미래에 도움을 주고 자아실현의 기틀이 되게 '토막공부'의 교훈을 일깨워야 합니다. 세월은 사람을 기다리지 않습니다.

방학을 보람 있게

 학생들은 방학의 진정한 의미를 잘 알아야 합니다. 방학을 편하게 지내는 기간이라고 생각해서는 안됩니다. 현명한 학생은 방학생활이 학교생활보다 더 보람을 갖는 기간으로 활용하기 위해 바쁘게 노력을 할 것입니다.
 학교에 다닐 때는 선생님의 지도에 의해 규칙적이고 계획적인 생활을 하였지만 방학은 放(놓을 방) 學(배울 학) 즉 '놓아서 자율적으로 배우는 것' 입니다. 방학은 학생의 자유의지에 의하여 자율적 생활을 해나감으로 더 책임이 있고 자기관리를 철저히 해야 하는 기간입니다. 방학은 학생 개개인에게 과하여지는 스스로의 특별프로그램 추진을 위한 학교교육의 일환입니다.
 양계장에 가보면 닭들을 우리에 가두어 놓고 먹이를 주면서 키우고 있습니다. 그러나 시골에 가 보면 닭들을 그냥 돌아다니게 하면서 키우고 있는 것을 볼 겁니다. 목장에서는 가축을 우리에 가둬 놓고 시간에 맞춰 먹이를 주어 기르기도 하지만 우리에 가두지 않고 놓아서 사육하는 가축도 많은데 이를 우리는 방목(放牧) 이라고 합니다. 가축들이 자유롭게 풀을 뜯어먹고 잠자고 뛰어 놀면서 자라게 하는 것입니다. 이 가축들은 뛰어 다니면서도 먹을 것과 먹어서 안되는 것을 다 가려서 먹고 위험한 곳은 가지 않고 자기관리를 스스로 하면서 자랍니다. 방목을 하든 우리에 가두어 놓고 기르든 방법만 다를 뿐 사육하는 목적은 같습니다. 아마 방목하는 가축이 더 튼튼하게 자랄 수도 있습니다

TV에서 '동물의 왕국'을 보면 동물들이 환경에 적응하며 살아가는 모습이 놀랍습니다. 어미와 새끼의 사랑, 먹이를 구하는 방법, 위험할 때의 자기 보호 및 대처, 집단에서의 생활 등 자기들이 어떻게 해야 살아갈 수 있는지 본능적인 삶에서 많은 것을 깨우치게 하고 있습니다.

동물들도 적자생존의 법칙에 따라 최적의 환경 조건을 선택하여 살아가거늘, 현명한 학생으로서 평소의 생활은 물론 여유가 있는 방학을 어떻게 보내야 할지는 자명합니다.

프랑스의 철학자 사르트르는 "인간에게 있어서 존재한다는 것은 자기를 선택하는 것이다"라고 말했습니다. 자신이 잘되고 못되고는 모두 자신의 삶의 과정에서 어떤 선택을 하느냐에 달려있는 것으로 자기가 선택한 하나 하나의 집합이 결국 자기 인생의 역사가 되는 것입니다.

방학은 자율적인 도약의 기간이고 내일을 준비하는 기간입니다. 방학은 자유로움 속에서 자신의 성장을 위해 최대한 선용할 수 있기 때문에 더 값진 기간입니다.

방학을 즐겁고 유익하게 보내기 위해서는 방학 계획을 잘 세워 그 계획을 성실하게 옮겨야 보람이 있습니다. 진실한 마음으로 어떤 일을 계획하고 실천해야 즐거움이 됩니다. 진지한 자세로 노력 할 때 앞날에 희망이 약속되는 것입니다.

방학 때는 첫째, 학교에서의 활동보다는 가정학습이 주로 이뤄지는 기간으로 부족한 학력보충, 취미 특기 신장, 독서, 봉사활동, 건강생활, 현장 체험학습, 수련활동, 효도하기 등 평소에 다 하지 못한 것들에 대하여 실천해야 합니다. 학창시절은 인간 삶의 가장 기본이 되는 민주시민으로서의 소양을 갖춰야하는 시기이므로 가정교육을 통하여 예절, 질서, 청결, 효행, 내몫 다하기 등이 습관화가 되도록 힘써야 합니다. 또한 평소 학교생활로 못 다한 취미 특기신장, 문화답사. 자연탐방, 전통예절 민속캠프참여, 과학탐험, 진로를 위한 직장방문, 봉사활동, 취미, 체력단련 등 여러 가지 폭넓은 좋은 경험을 하여 자신의 성장 및 인성함양에 도움이 되어야 합니다.

한편 방학중이라도 학생의 임무는 공부이므로 아침저녁으로 학과 공부는 물론 좋은 책을 많이 읽어야 합니다.

둘째, 방학중 규칙적이고 질서 있는 생활을 하여야 하며 학생신분을 망각하고 탈선하는 일이 없이 시간을 귀히 여겨야 합니다. 자신에게 유해한 영향을 미칠 수 있는 불량 비디오, 잡지, 만화, 컴퓨터 게임 등에 매달려 시간을 낭비하고 깨끗한 마음에 상처를 받는 일이 없어야 합니다. 자제력이 없는 시기에 자기에게 나쁜 영양을 줄 수 있는 매체와 접한다는 것은 좋지 않습니다. 아직 미완성 인격체로서 가치관과 행동양식이 바르고 건전하게 자라야 하기 때문입니다. 그리고 미성년자 출입 제한 구역이나 유해시설 및 우범지역에는 절대로 출입을 해서는 안됩니다. 방학이 끝나고 '나는 시간을 알차게 보냈다'는 스스로의 평가가 나와야 합니다. 보람 있는 방학생활로 한층 성숙한 모습의 자아를 발견하게 말입니다.

방학은 자기 시간을 많이 가지는 대신 게으름을 피우다가는 권태와 퇴보의 시간이 되기 쉽습니다. 마음의 풍요로움을 맛볼 수 있는 시간이 되도록 계획을 잘 세워 책임 있게 실행하는 노력이 있어야 합니다. 노력 없이 인생의 가치를 실현 할 수는 없습니다. 강인한 인내와 노력으로 자기 자신과의 끝없는 투쟁 끝에 인생의 목표를 달성하는 것입니다. 오늘 자신이 흘리는 땀 한 방울이 자기의 일생을 풍요롭게 하는 밑거름이 됨을 명심해야 합니다.

이 세상에 놀면서 되는 일은 없습니다. 머리를 안 쓰고, 노력하지도 않고 되는 일은 없습니다. 방학 같은 여가를 잘 이용하는 학생이 앞서가는 사람이 됩니다. 프랭클린은 다음과 같은 말을 하였습니다. "같이 출발하였는데 세월이 지난 뒤에 보면 어떤 사람은 뛰어나고 어떤 사람은 낙오되어 있다. 이것은 주어진 시간을 어떻게 이용했느냐에 달린 일이다"라고 말입니다. 방학을 잘 활용하지 못하고 허송세월 하는 사람은 어리석은 사람입니다. 시간은 황금보다 더 귀중합니다. 황금은 돈을 주고 살수 있지만 시간은 돈을 주어도 살 수 없습니다. 하루의 시간을 어떻게 쓰느냐에 따라 인생이 달라집니다.

방학을 뜻깊게 보내 정신적 신체적으로 균형 잡힌 성숙한 인간으로 성장하기를 바랍니다. 휴식의 진미는 열심히 일한 사람만이 알 수 있는 것입니다.

주인정신

청소년은 역사 창조의 주역입니다. 주역의 책임과 노력으로 자신의 멋진 성장의 그림을 그려나가야 합니다. 자신의 성공적인 발전은 바로 자신의 정신자세에 달려있습니다. 자신이 주인정신으로 스스로를 사랑하는 마음이 가득할 때 자신은 발전하고 자랑스러운 인격인이 될 것입니다.

'주인'과 노예'는 정신자세가 다릅니다. 주인은 자기가 할 일을 스스로 찾아서 책임을 다하지만 노예는 주인이 시키는 일만 마지못해 합니다. 주인정신이란 개인이나 한 가정, 또는 한 국가 사회의 구성원 각자가 모든 행동의 주체가 된다는 주체성의 자각과 함께 자신과 관련되어 일어나는 일체의 행동에 대해 책임을 느끼면서 성실히 생활하는 자세입니다.

행복하고 성취하는 사람은 자기 인생과 운명에 투철한 주인정신을 가진 사람임을 역사는 말해 주고 있습니다. 각자는 자기 자신의 주인이며, 사회의 주인으로서 자기가 하는 일과 자신의 인생에 대해서 스스로 주인이 되어 선택하고, 결단하고 행동해야 하는 것은 당연한 일입니다.

우리는 자기 인생에 책임을 지는 삶을 살아야 합니다. 내 인생을 남이 살아줄 수 없고 나의 인생은 단 한번밖에 없으므로 이 귀중한 내 인생을 연습삼아 살수는 없는 것입니다. 주인으로 사는 길이 항상 책임이 수반되어 비록 어렵다 해도 그 길을 걸어 훌륭한 사람으로 사는 것이 삶의 보람입니다. 자신이 주인으로 사느냐 노예로 사느냐에 따라 자신의 삶의 의미는 천지 차이가 납니다.

주인은 자기가 할 일을 스스로 찾아서 하고 자기가 한 행동에 대해서는 책임을 져야 하므로 어려움이 있어도 극복하고 주인의 역할을 다 합니다. 주인은 자주적이고 자율적인 사람입니다. 자주적이란 남에게 의지하거나 간섭받음이 없이 주인의 자세로 스스로 일을 참되게 행하는 것입니다. 자주적으로 일을 할 때 열심히 하고 일의 능률과 창의성도 나타나는 것입니다. 타율적으로 하는 일은 즐거움도 없고 보람도 없습니다. 자율적으로 일을 해야 그 일 속에서 자기의 창의와 자기의 능력을 발휘 할 수 있는 것입니다. 자주적으로 하는 일은 적극적이고 주체성이 있어 기쁨이 큰 것입니다. 각자는 자기 인생에 책임이 있는 주인입니다. 부모님이나 선생님의 감독이나 지시가 있어야만 자기 할 일을 하는 것은 노예입니다.

주인은 성실하고 자주적인 자세로 매사에 임합니다. 바로 성실하게 산다는 것은 인생에서 자기가 주인 노릇을 한다는 것입니다. 이 주인자격은 스스로 책임을 지고 목표를 향해 최선을 다하는 사람에게만 주어지는 것입니다.

특히 학생은 학교의 주인으로 학교를 사랑하고 주인의 역할을 다 해야 합니다. 학교는 가정과 함께 학생의 생활 대부분이 이루어지는 곳입니다. 자신이 먹고, 입고, 자는 일은 가정에서 이루어지지만 친구와 생활하며 인간적인 욕구를 만족시키는 활동의 대부분은 학교에서 이루어집니다.

　학교는 지식을 배우고 지혜가 자라며, 인격이 도야되고, 신체가 단련되는 곳입니다. 학교생활은 곧 자신의 인격이 형성되어 가는 역사의 과정입니다. 학교는 곧 자기의 한 부분입니다. 때문에 학교의 주인이 어떤 생활을 해야 할 것인가는 자명합니다. 각자 내 집 가꾸듯 학교를 자랑스러운 곳으로 만들고 선생님의 가르침을 잘 받들어 훌륭히 성장해야 합니다.

　국적은 바꿀 수 있어도 학적은 바꿀 수 없습니다. 학교는 영원한 모교이며 학우는 영원한 동문입니다. 학생은 열심히 공부하고 서로 위해 주는 우정의 생활, 보람 있는 학교 생활로 새 학교문화를 창조하는 것이 주인으로서의 역할입니다.

　학생에게 중요한 것은 열심히 공부하는 것입니다. 각자에게 주어진 시간들을 공부하는데 힘쓰는 것이 가장 값지고 보람된 삶을 사는 길입니다. 그런 생활 속에서 인격도 수양이 되고 삶도 풍부해지며 건강한 모습으로 성장하게 되는 것입니다. 내 인생의 꿈도 목표도 성취시켜 나갈 수 있는 것입니다. 주인정신으로 성실하게 열심히 생활하면서 삶의 보람을 찾는 학생은 정말 아름다운 모습입니다.

스승의 은혜

　스승의 높고 거룩한 은혜를 기리고 선생님에 대한 존경과 감사로 사제의 정을 돈독히 하는 것은 배우는 사람의 도리입니다. 사제간의 바른 윤리로 참된 학풍을 일으키고 선생님의 가르침을 잘 받들어 바르게 성장을 하는 것이 학생의 자세입니다.
　선생님을 '스승' 이라고 하는 깊은 의미를 알아야 합니다. 교사는 자격증을 갖추고 학생들에게 지식이나 가르치면서 생활의 방도로 교직에 종사하는 직업인을 지칭하지만 스승은 인격적 감화를 주어 학생들에게 삶의 큰 전환을 마련하여 주는 위대한 교사를 뜻하는 표현입니다. 스승이라는 말속엔 존경과 기대감이 담겨져 있는 것입니다. 스승은 영광의 주인이기보다 성취의 뒤안길의 좋은 고임 돌이요 자신의 성장을 장식하기 보다 제자의 성장에 사랑과 정성을 다 받치는 분입니다. 스승은 청빈 속에 살고 고난 속에 안주하면서도 제자의 내일을 더 중시하는 생각으로 사시는 분입니다. 제자들에게 꿈과 희망을 주는 분입니다.

　몇 년 전 '홀랜드 오퍼스' 라는 영화가 상영되었습니다. 음악선생님의 이야기입니다. 이 선생님은 처음엔 생계유지를 위해 음악교사가 됐지만 학생들을 가르치면서 학생에 대한 사랑이 지극해 지고,

교과지도에 대한 정열과 학생의 잠재력을 계발 육성해 주는데 의지가 대단했습니다. 학생들이 처음엔 전혀 관심도 없었지만 선생님의 그 사랑과 정성으로 수업에 흥미를 갖고 학교생활도 착실히 하게 되었습니다. 선생님은 자기의 전문적 지식과 능력을 다 받쳐 주어진 책임을 다 하시다가 학교를 떠나게 됩니다. 이때 제자가 선생님께 바치는 말이 감동적입니다. "여기에 모인 어느 누구도 선생님의 손길이 안 닿은 삶은 하나도 없습니다. 우리는 선생님의 교향곡이고 멜로디이며 음악 작품입니다." 이 말이 끝나자 학생들은 진심으로 감사하는 마음으로 선생님께 큰 박수를 보냈습니다. 이런데서 선생님들은 어떠한 어려움도 이겨내고 커다란 보람을 느끼는 것입니다.

미국의 여류 사회 사업가인 헬린켈러는 태어나서 19개월 때 병을 알아 눈과 귀의 감각을 잃고 장님 귀머거리가 되었습니다. 그를 훌륭히 만든 이는 설리번 선생님이십니다. 우리는 설리번을 얘기하지 않고 헬린켈러를 평가할 수 없습니다. 설리번은 귀머거리에 소경이었던 비틀린 성격의 소녀를 그의 애정과 노고를 쏟아 헌신하여 최초로 대학교육까지 받게 하고 맹인 사회 복지사업가로 명망 있는 인물이 되게 하였습니다. 교사의 힘은 한 개인의 삶의 길, 그 미지의 어두움을 비추어 주는 빛과 같은 것입니다.

운동경기에서도 금메달을 놓고 마지막 승부를 겨루다 마침내 이긴 선수가 자기를 가르친 선생님을 부둥켜안고 기쁨의 눈물을 흘리는 경우를 우리는 봅니다. 어떤 큰일을 해낸 사람의 뒤엔 그를 키운 사람들의 힘이 숨어 있기 마련입니다.

KBS에서 방영하는 'TV는 사랑을 싣고'란 프로를 보면 많은 출

연자들이 학교 다닐 때 선생님을 잊지 못하고 찾는 경우가 많습니다. 그런데 찾는 선생님이 초·중등학교 시절의 선생님들이 많고 대학 교수를 찾는 분은 별로 없습니다. 그만큼 초·중·고 선생님이 자기가 학교 다닐 때 많은 관심과 사랑을 주시고 자기가 성장하는데 영향을 주어 마음에 자리했기 때문입니다. 자기의 잠재가능성을 계발하여 희망을 주시고, 큰사랑으로 사도 실천하여 따뜻한 공감적 감정이 흐르고 있기 때문입니다. 큰 가르침으로 이 땅의 미래를 가꿔가는 선생님의 손길은 정말 아름다운 것입니다.

 선생님은 제자들에게 희망을 주는 분입니다. 좋은 선생님을 만나는 것은 큰 행운입니다. 교직에 몸 바치겠다는 큰 뜻을 품고 권력 금욕 다 외면한 채 제자만을 위하여 사랑과 정성으로 많은 어려움을 이겨내고 계시는 선생님들께 감사를 해야 합니다. 스승에 대한 감사와 존경으로 스승의 은혜를 기리고 열심히 배우는 것이 자신이 잘되는 길입니다.

배움의 길

　선생님이 학생의 잘못에 대해 제재를 가하면 반항하거나 경찰에 신고하는 경우가 있다고 합니다. 그것은 아주 잘못된 행동입니다. 부모님이나 선생님이 잘못을 지적하고 타이르면 고마워해야 합니다. 잘못을 하는데도 그냥 놔두면 다음에 후회하는 인생이 되기 때문입니다.

　다음 이야기는 타산지석이 될 것입니다.
　어느 바닷가 마을에 한 어린 소년이 살았습니다. 소년은 날마다 바닷가에 나가 파란 하늘, 하얀 물새, 밀려오는 파도와 놀았습니다. 그러던 어느 날, 소년은 물새 알 하나를 발견했습니다. 아주 예쁘게 생긴 물새알을 주운 소년은 얼른 집에 돌아와 어머니에게 보여 드렸습니다. 그러자 어머니는 아무 말 없이 물새알을 맛있게 요리해 주셨습니다. 다음 날도 소년은 바닷가에 나갔지만 파도와는 놀지 않고 하루 종일 물새알 만 찾아 헤맸습니다. 어쩌다 물새알을 찾으면 손뼉을 치며 기뻐했고, 하나도 못 찾을 때는 어깨가 축 늘어졌습니다.
　하루는 물새알을 못 주워 힘없이 집으로 가는데, 어느 집에서 꼬꼬댁거리는 소리가 들려 가까이 가 보니 암탉이 알을 낳고 내는 소리였습니다. 소년은 물새 알 대신으로 암탉의 알을 훔쳐 가지고 돌아왔습니다. 어머니는 또 말없이 그것을 요리해 주셨습니다. 다음 날부터 소년은 바닷가로 나가는 대신에 닭장 옆에 숨어서 닭이 알을 낳기만을 기다렸고, 그렇게 시작된 소년의 도둑 버릇은 어른이 되어서는 더욱 규모가 커져 결국 큰 도둑이 되어 사형을 선고받고 교수대에 매달리게 되었습니다.

사형이 집행되기 전, 어른이 된 그 소년은 눈물을 흘리는 어머니에게 이렇게 말했습니다. "어머니, 제가 어린 시절 물새알을 주워왔을 때 어머니께서 '얘야, 어미 새가 알을 찾느라 얼마나 애태우며 헤매겠니?. 어서 알을 제자리에 갖다 놓으렴.' 하고 올바르게 가르쳐 주셨더라면 오늘 제가 이렇게까지 되지 않았을지도 모릅니다." 라고 평소에 잘못을 일깨워주지 않은 어머니를 원망하였으나 이미 때는 늦었습니다.

이처럼 잘못을 그냥 놔두면 바늘도둑이 소도둑 되듯이 처음부터 작은 잘못을 고쳐나가지 않으면 안됩니다. 잘못을 뉘우치고 인격을 갈고 닦아야 성숙한 인간이 될 수 있습니다. 사람이 태어났을 때에는 짐승과 크게 다를 바가 없습니다. 그러나 나이를 먹어감에 따라 어른들로부터 말을 배우고, 예절과 규범을 몸에 익히며, 생활에 필요한 지식과 기능을 습득하면서 사람다워집니다. 부모님이나 선생님에게서 배우지 않으면 인격이 형성되지 않기 때문에 사람은 배우는 것입니다. 자기 성장에 도움이 되는 귀한 가르침을 바르게 배우고 따라야 후회하지 않는 인생이 되고 존경받는 사람이 됩니다.

눈 높이로 이해하기

개와 고양이는 만나기만 하면 서로 으르렁거리며 싸웁니다. 그것은 개와 고양이가 천적이라서가 아니라 서로의 의사를 표현하는 방법의 차이 때문이라고 합니다. 예를 들면 개는 기분이 좋으면 꼬리를 들고 흔듭니다. 반대로 기분이 좋지 않거나 겁이 나면 꼬리를 내리고 두 다리 사이에 사려 넣습니다. 그런데 고양이는 개와 정반대의 표현방법을 사용합니다. 기분이 좋으면 꼬리를 낮추고 기분이 나쁘거나 싸울 때는 꼬리를 치켜올립니다. 이렇게 상반된 동물이 만났으니 쉽사리 싸움이 벌어질 수밖에 없는 것 아니겠습니까? 서로 상대방을 이해하지 못하니까 싸우는 것입니다. 자기의 표현방법만 고집하는 한 개와 고양이는 언제까지나 평화적 공존을 기대 할 수는 없을 것입니다.

우리 사람도 마찬가지입니다. 나는 기분이 좋아 즐거운 표정을 하고 있는데 상대방은 비꼬기나 하듯 기분 나쁜 표정을 하고 있거나 또 기분이 나빠 괴로워하고 있을 때는 상대방은 오히려 즐거운 표정을 짓고 있는다면 누구 골리는 것처럼 화가 날 것은 당연한 일입니다. 상대방이 기쁠 때는 함께 기뻐하고 슬픈 일이 있을 때는 함께 슬퍼하는 것이 사람 사는 정상적인 사회입니다. 그런데 사람이 살다

보면 표현방법이 다를 수도 있는 경우가 있습니다.

 자신도 평소 생활에서 상대방이 하는 행동이 자기와 달라 오해하고 갈등을 빚거나 싸운 경우가 있을 것입니다. 내 표현방법이 올바른 것인지 상대방이 잘못된 것인지 또 그 행동이 고의적인지 그 사람의 버릇인지 그 사람을 먼저 이해하는 편으로 생각하는 마음이 있어야 합니다. 상대방의 태도가 자기 표현방법과 다르다고 시비를 거는 것은 내 표현방법만이 옳고 상대방의 표현은 잘못이라고 단정해서 나타나는 경우가 많습니다.

 그러므로 사람 사는 사회는 자기입장에서만 생각해서는 안되고 역지사지(易地思之)하는 입장과 또 자기표현이나 태도에는 문제가 없는지를 생각하는 것도 중요합니다. 개와 고양이가 서로 화합하기 위해서는 서로가 상대방의 표현방법을 이해하고 받아들여야 하듯이 상대방을 서로 이해하려는 마음의 소통이 없으면 항상 싸움은 계속될 것입니다.

 우리가 천적이라고 생각하는 고양이와 쥐를 가지고 TV프로에서 실험을 한 것이 얼마 전에 방영된 적이 있습니다. 우리는 일반적으로 고양이와 쥐가 함께 있으면 고양이가 쥐를 잡아먹는 것으로 생각하는 것이 상식입니다.

 그런데 그 날 실험한 내용은 전혀 뜻밖이였습니다. 고양이가 오히려 쥐가 가까이 다가오니까 피하는 것이었습니다. 그 고양이는 가정에서 애완용으로 기르는 고양이입니다. 때문에 평소에 쥐를 잡아먹거나 쥐라는 존재를 잘 모르고 자란 것입니다. 쥐 역시 실험용 쥐로 고양이가 자기의 천적인줄 모르고 자란 쥐입니다. 그러니 겁도 없이 고양이에게 가까이 갔고 고양이는 평소 못 보던 물체가 자기에게 다가오니까 겁이 나서 피하는 결과가 된 것입니다.

일반적으로 우리의 평소 상식과는 다른 실험 결과이지만 아무리 천적관계라도 환경이나 생육에 따라 얼마든지 달라질 수 있다는 것을 보여준 것입니다. 즉 처음부터 상대가 적이고 상대의 그런 태도나 행동이 눈에 벗어나고 싫은 게 아니라 성장하는 과정에서 환경과 여건에 따라 변화가 있을 수 있다는 것입니다. 천적인 고양이와 쥐도 이렇게 변화가 있는데 인간이 갈등으로 불편한 관계를 갖고 산다는 것은 안됩니다.

친구와의 관계가 개와 고양이 같이 갈등관계에 있어 괴로워하는 사람은 요즘 유행하는 '눈 높이'를 맞춰보세요. 그것은 나의 입장이 아니라 상대방의 입장에서 상대방을 이해하고자 하는 노력을 의미하는 것입니다. 마음에 안 드는 친구가 있거든 한번쯤 그 사람의 눈으로 자신을 바라보기 바랍니다.

그 사람의 눈으로 자신을 보면 자기에게도 어떤 문제가 있음을 알게 될 것입니다. 이렇게 눈 높이를 같이하여 상대를 보면 서로를 이해하고 마음이 소통되어 불편한 관계가 많이 해소될 것입니다. 그리고 상대를 어떻게 하면 도와줄 수 있을까? 또 내가 어떤 어려운 일에 처했을 때 친구가 어떻게 해주는 것이 좋을까 등을 생각하고 행동하면 따뜻한 삶이 될 것입니다.

감동적인 우정을 하나 소개하겠습니다. 미국 인디아나주의 작은 마을에서 있었던 일입니다. 브라이언이라는 15세의 소년이 뇌종양으로 방사선 치료와 약물치료를 받느라 머리카락이 다 빠졌습니다.

그는 놀림감이 될까봐 학교에 나가기를 꺼리게 되었습니다. 반의 급우들이 이 사실을 알고 자발적으로 그를 돕기 위해 나섰습니다. 그 방법이 어른들은 생각도 못한 것으로 반 학생 모두가 삭발을 하겠다는 것이었습니다. 머리카락이 빠진 친구가 외톨이가 되지 않도록 하는 배려였습니다. 이 이야기가 신문에 보도되어 많은 사람들에게 감동을 주었습니다. 이 얼마나 아름다운 우정입니까?

우리들의 마음가운데는 그런 따뜻한 부분이 있다고 확신합니다. 서로 위해주고 도와주며 친구를 이해하면서 생활을 한다면 삶이 한층 보람 있고 즐거울 것입니다. 서로 눈 높이를 같이하고 따뜻한 마음을 소통하여 친구와 함께 인생이 행복해 지는 지혜를 배웁시다. 물은 가장 깊은 곳에서 찬찬히 흐르는 법입니다.

합리적 사고와 지혜

　다음 내용은 어떤 현명한 분이 한 사나이를 테스트하기 위하여 제시한 문제입니다.
　"어느 날 두 소년이 굴뚝 청소를 했다. 청소가 끝난 후 한 소년은 얼굴이 새까맣게 그슬려 굴뚝에서 내려 왔고 또 다른 소년은 깨끗한 얼굴로 내려 왔다. 이런 경우 어느 소년이 얼굴을 씻으리라고 생각하나?" 하고 물었습니다.
　그 사나이는 "물론 얼굴이 더러운 소년이 세수를 하겠지요"라고 대답했습니다. 그러자 그 현자는 냉정하게 "당신은 생각을 더 해야겠군요"라고 말했습니다. 그러자 사나이는 "잘 모르겠는데 답이 무엇입니까?" 하고 물었습니다.
　그 현자는 다음과 같이 설명했습니다. "두 소년은 굴뚝을 청소했다. 한 소년은 깨끗한 얼굴, 또 한 소년은 더러운 얼굴을 하고 내려 왔다. 얼굴이 더러운 소년은 깨끗한 소년의 얼굴을 보고 내 얼굴은 깨끗하다고 생각을 한 반면, 깨끗한 얼굴을 한 소년은 상대방의 더러운 얼굴을 보고 나도 더러울 것이라고 생각할 것이다". 그러자 그 사나이는 얼른 "아 알았습니다. 한번 더 테스트 해 주십시오"라고 말했습니다.
　그 현자는 똑같은 질문을 했습니다. "두 소년이 굴뚝 청소를 했다.

한 소년은 깨끗한 얼굴, 또 한 소년은 더러운 얼굴로 내려왔다. 어느 소년이 얼굴을 씻으리라고 생각하는가?"

그러자 그 사나이는 이미 해답을 알고 있다는 듯 자신 있게 "그거야 물론 깨끗한 얼굴을 한 소년이 얼굴을 씻을 겁니다"라고 대답했습니다. 그러자 그 현자는 이번에도 냉정한 얼굴로 "당신은 깊은 생각을 하지 않는군요"하고 말했습니다. 그는 매우 낙심하여 "그렇다면 도대체 정답이 무엇입니까?"라고 물었습니다.

그 현자는 말하기를 "두 소년이 굴뚝 청소를 했다면 똑같은 굴뚝을 함께 청소를 했는데 그중 한 소년은 깨끗한 청소를 하고 한 소년은 더러운 얼굴을 하고 내려오는 일은 있을 수 없는 것이오. 두 소년 모두 세수를 해야 할 것이오."

우리는 대개 어떤 일을 대할 때 그 현상만 보고 생각하고 판단하는 경우가 많습니다. 그 상황을 좀더 깊이 있게 생각하고 합리적으로 생각하는 자세가 필요합니다.

합리적이고 지혜로운 생각은 재생산을 이루어 내지만 비합리적이고 단순한 생각은 답보를 면치 못하게 됩니다. 사람이 어떤 문제를 해결하는데는 깊은 사고와 지혜가 큰 몫을 합니다. 경험이 많은 분들의 생각과 지혜를 배워 새로운 사고력을 창출하면 생활에 많은 도움이 될 것입니다. 지혜는 저절로 생겨나는 것이 아니라 합리적으로 깊이 있게 생각하는 노력에서 움트게 됩니다.

질 높은 삶의 창조는

    학교는 교과 공부만 하는 곳이 아니라 학생들의 잠재 능력을 계발 신장시켜 삶을 창조적으로 영위할 수 있게 해 주는 곳입니다. 학교는 수업시간은 물론 CA시간에 학생들 개개인이 갈고 닦은 여러 기량을 발휘할 수 있게 하여 교육활동의 보람을 높이고 있습니다.

    학교는 공부 잘하는 학생만 우대 받고 상을 받는 게 아니라 공부는 못 한다고 해도 각 분야별로 남다른 특기가 있어 그것을 신장시켜 학생의 성장에 도움을 주고 있습니다. 학생들 중에는 특기가 있는 학생이 많고 재능도 다양합니다. 만약 자기의 재능 신장에 노력을 했는데도 뜻대로 잘 안 돼 실망하거나 포기하려는 학생이 있으면 다음 사례를 참고하기 바랍니다.

    절망감에 빠져 있던 사람이 자신의 스승을 찾아갔습니다. 그는 스승의 손을 잡고 자신의 슬픔을 이야기했습니다. "스승님, 저는 언제나 실패만 거듭합니다. 저는 어떻게 해야 합니까?" 그러자 스승은 1970년도 뉴욕타임스 연감 730쪽을 보면 마음의 평화를 얻게 될 것이라고 알려 주었습니다. 스승의 말씀대로 그 책을 펼쳐 보았더니 거기에는 미국 프로 야구 역대 타자들의 평균 타율 표가 실려 있었습니다. 그들 가운데 가장 뛰어난 타자인 타이곱의 평균 타율이

0.367 이였다고 적혀 있었습니다. 이상하게 여긴 그 사람은 스승을 찾아가 물었습니다. "거기엔 타이곱의 평생 타율이 3활 6푼 7리라고 써 있을 뿐인 데요." "맞아, 타이곱은 3활 6푼 7리야. 그는 겨우 세 번에 한번 꼴로 안타를 쳤을 뿐 결코 5활을 친 적이 없네. 그런데 자네는 무엇을 더 바라는가?" 자신이 한 일 중에 겨우 반밖에 성공시키지 못했기 때문에 실패를 두려워 해 절망에 빠졌던 그 사람은 그제야 스승의 깊은 뜻을 알게 되었습니다.

중요한 것은 목표를 정했으면 어떤 어려움이 있어도 끈질기게 자기의 재능을 계발 신장하는 일에 힘을 써야 합니다. 사람들에겐 잠재되어 있는 무한한 재능이 다 있습니다. 자기의 소질과 능력이 어느 분야에 더 적정한지를 생각해야 합니다. 자기의 무한한 재능 중에서 일부만이라도 제대로 잘 발휘한다면 성공할 수 있습니다. 차근차근 기본적인 능력을 쌓아 적극적으로 도전하면 좋은 결과가 있을 것입니다. 특히 노력을 했는데도 몇 번 실패를 하고 뜻대로 안 이뤄진다고 좌절해서는 안됩니다.

우리는 기나긴 인생의 길을 가야합니다. 한 두 번의 실패도 없이 처음부터 언제나 목표에 다다를 수는 없는 것입니다. 한 걸음으로 너무 멀리 가려하지 말고 꾸준히 전진해야합니다. 오늘의 수고로움이 자신의 인생을 만들어 줍니다.

어느 심리학자는 인간은 자기 능력의 25%정도를 사용하면서 살아 간다고 했습니다. 즉 우리에게는 100의 능력이 있지만 그 능력을 다 표현하고 발휘하는 것은 아니라는 말입니다. 대부분의 사람들은 그 중에 4분의 1을 발휘하고 그것이 자신의 능력의 전부라고 생각합니다. 바로 여기에서 승자와 패자의 차이가 생기는 것입니다. 승자는 자기의 내부에 숨겨있는 능력을 발견하기 위해 시간을 투자하고 패자는 자신의 능력이 부족하다고 한탄하면서 시간을 낭비하고 있는 것입니다.

사람은 누구나 잠재 가능성이 무한합니다. 절대 좌절해서는 안 됩니다. 물리학자 아인쉬타인은 4살 때까지 말을 못했고, 작곡가 베토벤은 음악선생님으로부터 작곡가로서는 절망적이라는 말을 들었고, 발명왕 에디슨은 아둔하다고 하여 초등학교도 못 다녔고, 성악가 카루소도 선생님한테 성악가가 될 수 없다는 혹평을 받았지만 자기가 하고픈 일에 최선을 다해 그들 모두는 자기의 일을 뛰어나게 해 냈습니다.

공든 탑은 무너지지 않습니다. 열심히 배우고 능력을 계발 신장하는 일에 정성을 다하면 행복한 날이 옵니다. 내일을 여는 행복을 기다리는 것도 또 하나의 즐거움입니다.

의문은 발명의 어머니

우리는 지금 21세기를 맞아 고도 산업사회의 치열한 경쟁 속에서 살고 있습니다. 하루가 다르게 변해 가는 시대 흐름에 대처해 가기 위해서는 창의적 사고력과 과학적 탐구력을 길러야 합니다.

사고는 추리하는 정신적 과정의 하나입니다. 창의적 사고나 탐구를 위해서는 우선 호기심이 있어야 합니다. 왜 그렇게 됐을까, 어떻게 하면 더 나아질 수 있을까라는 호기심을 갖고 좀더 고차원의 새로운 것을 발견해 내는 내면적인 과정이 곧 창의적인 사고요 탐구인 것입니다.

창의력 신장을 위해서는 나도 창의력을 발휘할 수 있다는 스스로의 능력에 대한 자신감과 신념을 갖는 것이 중요합니다. 상상력을 발휘할 수 있는 기회를 많이 갖고, 떠오르는 생각은 기록해 놓고, 무엇인가 만들어 보고, 질문을 많이 하고, 자기 생활주변에 불편한 것이 있으면 의문을 갖고 대안을 고안해 보는 등 노력을 한다면 창의력이 신장될 것입니다.

창의적 사고 과정을 위해서는 문제의 지각, 가설의 형성, 가설 검증의 적절한 절차, 수집된 정보의 해석과 평가 등이 이뤄져야합니다. 이런 과정을 통해 새로운 경험에 대한 호기심, 경험의 쇄신에 따른 즐거움, 독립적인 새로운 지식획득에 대한 자신감을 갖게 되는 계기가 됩니다.

　창의력이 있을 때 삶을 창조할 수 있는 것입니다. 창조하는 삶을 위해서는 구태의연한 기존의 생각은 바꿔야 합니다. 불합리하거나 잘못된 것을 그냥 답습하거나 따라 가는 것은 발전이 없습니다. 도전하고 창조하는 자세가 있어야 됩니다.

　아름다운 시, 새로운 사상, 화가들의 작품, 과학자들의 새로운 발명, 기업가들의 끝없는 도전 등은 인간이 자신의 창조 충동에 의해 이뤄지는 것입니다. 그러기에 우리가 점점 나아지는 생활을 할 수 있는 것입니다. 때문에 학생들은 각자 잠재되어있는 창의력을 계발 신장하기 위해 많은 노력을 해야 합니다. 무심히 살다보면 습관이나 고정관념 때문에 창조적인 새로운 삶을 영위하지 못하게 됩니다.

　생각을 바꾸어 보는 것은 창의적 사고의 시작입니다. 이제까지와는 다르게 생각해 보는 것, 남과 관점을 달리하여 깊이 생각해 보는 것은 창의적 사고에 재출발의 자세입니다.

　예를 하나 들어보겠습니다. 산토끼의 반대말은 무엇입니까?. 바로 나올 수 있는 답은 대부분 집토끼라고 할 것입니다. 틀린 답이 아닙니다. 그러나 그것은 창의력 관점에서 보면 기발한 답은 아닙니다. 조금 더 생각해보면 산(사다)토끼의 뜻으로 판(팔다)토끼라는 답도 나올 수 있고, 산(살아있다)토끼의 반대인 죽은 토끼라는 말도 나올 수 있어야 합니다. 더 나아가 산(산성)토끼의 반대인 알칼리토끼 또는 산(山)토끼의 반대인 바다(海)토끼라는 말도 나올 수 있어야 창의력 사고를 할 수 있는 것입니다. 다시 말하면 사고란 하나에 국한된 것이 아니라 여러 가지를 생각할 수 있어야 창의력이 계발되는 것입니다. 정형화된 테두리 안에서만 생각해 가지고는 창의성은 개발될 수가 없는 것입니다.

할리우드의 명감독인 '스티븐 스필버그'를 잘 알 것입니다. 그는 유태인으로 어릴 때 외롭게 컸습니다. 그는 그 외로움을 이기기 위해 자신의 마음속에 수많은 상상의 친구를 만들어 냈습니다. 꿈과 사랑, 환상과 동화의 사랑이었습니다. 훗날 스필버그는 영화 'E.T'와 '쥬라기공원'을 만들어 그 상상 속의 동화를 현실로 만들어 냈던 것입니다. 외로움 속에서도 꿈을 잃지 않고 스스로 상상력과 창조력을 키웠던 '스필버그'처럼 꿈을 현실화시킬 수 있다는 신념으로 상상의 날개를 펴야 합니다.

'조셉'이라는 사람은 열살 때 학교를 그만두고 양을 돌보는 일을 하였는데 양들이 울타리를 넘어 이웃 밭에 들어가 콩을 뜯어먹어 콩밭 주인에게 야단을 맞았습니다. 어떻게 하면 양들이 울타리로 빠져나가지 못하게 할 수 있을까 궁리한 끝에 마침내 철사를 잘라서 가시철망을 만들었습니다. '조셉'은 이 가시철망 발명 특허로 큰돈을 벌게 되었습니다.

코카콜라 병은 어떻게 만들어 졌을까요. 미국 조지아주의 어느 농부의 아들로 태어난 '루두'라는 사람은 집안이 가난하여 중학교도 다니지 못하고 도시에 나와 구두닦이, 공장 등에서 일을 하였습니다. 그 당시 코카콜라가 새로 나와 인기를 끌게되자, 회사에서는 '모양이 예쁘고, 물에 젖어도 미끄러지지 않고 겉보기 보다 양이 적게 들어가는 병'을 현상모집하고 있었습니다. '루두'는 이병을 고안하려고 많이 생각해 봤지만 좋은 생각이 떠오르지 안 했는데 어느 날 여자가 입은 주름치마를 보고 거기서 힌트를 얻어 허리가 잘록하고 주름이 잡힌 병을 만들어 내서 600만 달러의 현상금을 받게 되었습니다. 멋진 아이디어 하나로 큰 성공을 한 것입니다.

에디슨은 인류의 행복을 위한 발명을 일생의 신념으로 삼고 발명 사업에 창조의 열정을 다 바치신 분입니다. 이분은 하루에 4시간만 잠을 자면서 연구하고 발명을 하여 전등, 전신, 축음기, 확성기, 활동사진기 등 1300여 종류의 발명품을 발명하여 우리가 지금 문명 사회에서 문화생활을 할 수 있는 기틀을 마련해 주었습니다. 에디슨은 어릴 때부터 무엇을 보거나 듣거나 하면 '왜' '어째서' 그렇게 되는지 묻고 생각하고 시험을 해 보곤 하였습니다. 에디슨의 호기심과 실천해 보려는 정신이 에디슨을 대발명가로 만든 것입니다.

'의문은 발명의 어머니' 라는 말이 있듯이 어떤 사물을 볼 때 항상 왜 그럴까? 하는 의문을 가지고 탐구해 나가면 창의력이 신장되고 큰 발명을 하게 될 것입니다. 의문스러운 일이 있어도 예사로 보는 태도를 가지고는 새로운 발명을 할 수 없습니다. 별 생각 없이 지내는 사람에게는 좋은 아이디어가 떠오르지 않습니다. 관심 있게 관찰하고 호기심을 갖고 궁리에 궁리를 거듭하는 사람만이 영감도 얻을 수 있고 창의력으로 큰 성취의 보람을 맛볼 수 있는 것입니다. 평소 창의적 사고와 과학적인 탐구력으로 꿈을 펼치면 제2 에디슨이 될 수 있습니다. 발명은 의문에서 시작합니다.

시간관리

우리는 누구나 하루 24시간 속에서 생활을 합니다. 그러나 어떤 사람은 이 시간을 잘 활용하여 24시간을 그 이상으로 보람 있게 활용하는가 하면 어떤 사람은 무의미하게 허송 세월 하는 사람이 있습니다. 우리가 소유한 시간은 무한한 게 아니라 한정되어 있습니다. 각자 자기에게 한정된 시간을 어떻게 잘 관리하느냐에 따라 삶의 질이 결정되는 것입니다. 시간의 귀중함을 알아야 합니다.

시간의 귀중함을 잘 나타낸 이야기가 있습니다. 피뢰침을 발명한 미국의 과학자 벤자민 프랭클린이 청년시절 서점에서 일할 때의 이야기입니다. 한 손님이 2달러 짜리 책을 고른 다음 깎아 달라고 했습니다. 그러나 프랭클린은 값을 깎아 주기는커녕 오히려 2달러 50센트를 내야한다고 했습니다. 손님이 값을 깎아 달라고 했는데 왜 더 붙이느냐고 항의하며 값을 흥정하려하자 이제는 3달러를 주셔야 합니다 라고 했습니다. 손님은 화가 나서 "아니 갈수록 올라가는 책값도 있습니까?"하고 항의하자 프랭클린은 "그렇습니다. 손님 때문에 많은 시간을 낭비하였으니 그 시간 값을 내셔야 합니다. 돈보다 시간이 더 귀하기 때문에 시간을 끌수록 책값을 더 받아야 합니다" 라고 말했다고 합니다.

우리에게 가장 값진 자산은 두말할 것도 없이 시간입니다. 시간 속에는 아직 결정하지 않은 가능성의 미래가 담겨있습니다. 그것을 어떻게 활용하느냐에 따라 우리의 모습이 확정됩니다. 성공한 사람들은 시간관리를 잘하고 열심히 노력한 분들입니다. 성공한 사람 중에는 게으르거나 무계획하게 세월을 허송한 사람은 없습니다.

우리가 삶의 질을 향상하기 위해서는 시간을 잘 활용하여 인격과 삶의 수준을 높여야 합니다. 한정된 시간에 놀 것 다 놀고 어느 세월에 인생을 다듬고 미래를 준비할 수 있겠습니까? 먹고 놀고 떠드는 시간이 공부하고 일하는 시간보다 많은 사람은 성공할 수가 없습니다.

시간은 쓰는 사람에 따라 그 안에 채워지는 내용이 달라지게 됩니다. 학창시절의 일년과 노년시절의 일년은 양적으로는 같을지 몰라도 인생을 준비하는 면에서 보면 질적으로는 엄청난 차이가 있습니다.

내일을 준비해야 하는 학생 중에 귀한 시간을 놀이에만 낭비하고 할 일없이 방황하는 경우가 있습니다. 사람은 눈앞에 화려함과 즐거움만으로 살수는 없습니다. 쾌락이나 화려함은 그 순간은 황홀할지 몰라도 그 순간이 지나면 남는 것은 허망과 공허 뿐입니다.

나의 삶을 바르게살기 위해서는 시간을 헛되이 보내서는 안됩니다. 열심히 일하고 쉬는 시간은 에너지를 충족하는 값진 시간이 되지만 노는 사람이 또 쉬는 것은 시간의 낭비일 뿐입니다. 자기에게 주어진 시간을 낭비하는 것은 큰 잘못이며 자기 인생이나 이 사회에 죄를 짓는 일입니다. 아울러 남의 귀한 시간을 뺏는 것도 역시 큰 잘못임을 알아야 합니다.

우리는 옛날부터 게으르거나 하는 일에 열중하지 않으면 어른들에게 꾸중을 들었습니다.「독립운동가이며 교육자인 고당 조만식 선생이 오산학교 교장으로 재직 시 우리가 일본을 이기려면 그 만큼 공부를 더 해야 한다고 강조하시면서 학생들을 방과후에도 한 시간쯤 학교에 남겨서 자율학습을 하도록 하였습니다. 선생께서는 학교를 순회하시면서 학생들이 공부하는 모습을 살피시다가 그 시간에 잡담이라도 하는 학생이 있으면 불러서 꾸중을 하시었습니다. 그런데 어느 날 한 학생이 공부를 하다가 소리를 내어 하품하는 것을 보셨습니다. 선생은 그 학생을 불러내어 "젊은 사람이 하품을 하다니, 부끄러운 일이야"라고 말씀하셨습니다.」이 학생은 그 말씀을 평생 잊지 않고 게으름이 일어날 때마다 그 말씀을 되새기면서 시간을 허송하지 않으려고 노력을 하였다고 합니다. 우리는 지금도 하품은 나태하거나 게으름의 표현으로 생각을 하고 있습니다.

누구나 같은 시간 속에서의 생활이지만 주어진 시간을 어떻게 잘 활용하느냐에 따라 그 사람의 인생이 그만큼 길어 질 수도 있고 짧아질 수도 있는 것입니다. 잠시도 머무르지 않고 흘러가는 이 시간을 값지게 활용할 줄 아는 슬기로운 사람이 되어야 합니다. 슬기로운 사람은 값진 인생의 가치를 더욱 빛나게 살아갑니다. 값진 인생은 자신이 무엇을 하고 어떻게 살 것인가를 진지하게 생각하고 그것을 꾸준하게 실천해 나갈 때 이뤄지는 것입니다.

우리의 젊음은 결코 긴 것이 아닙니다. 청소년기는 결코 헛되이 보낼 수 없는 귀중한 기간입니다. 우리가 소중하게 생각할 것은 물질이 아니라 시간입니다. 시간관리를 잘 해야합니다. 떠나간 시간은 되돌아오지 않기 때문에 천만금보다 귀한 것입니다.

그런데 학생 중에는 그 귀한 시간을 마치 천덕꾸러기 취급하는가 하면 '쇠털같이 많은 날'이라며 시간을 낭비하는 사람이 있습니다. 안타까운 일입니다.

부스러기 시간이 모여 하루가 되고 하루 하루가 모여 자기의 역사가 됩니다. 시간관리를 잘하여 보람 있고 뜻 있게 생활하는 사람이 성공하는 인생이 됩니다. '오늘 일하지 않으면 내일 울고 오늘 열심히 일하면 내일 웃게 된다'는 평범한 진리를 기억합시다.

적성 능력에 맞는 진로 선택

인간은 누구나 각기 다른 개성을 가지고 태어났으므로 각자가 지니고 있는 소질과 적성도 다릅니다. 그런데도 학생들 중엔 자기의 개성이나 적성은 생각하지 않고 남의 것만 부러워하고 진로를 결정하는 경우가 있습니다.

학생들은 자신의 적성, 흥미, 능력 등을 정확히 파악하고 직업세계에 대한 이해와 탐색을 통해 자신에게 가장 적합한 진로계획을 수립함으로써, 국가사회에 기여할 수 있고 자아실현의 계기를 마련해야 합니다. 즉 자기의 잠재적 가능성을 충분히 계발 신장시킬 수 있는 진로선택으로 인생의 보람을 찾아야 합니다.

학생들이 선택할 수 있는 학교는 문과, 이과, 예·체능계열 등이 있습니다. 학생은 자신의 진로를 결정하는데 합리적이고 객관적인 자료와 함께 자기의 적성을 우선하여 진로를 선택해야 합니다. 계열이 다양함에도 남들이 어느 학교에 진학한다고 따라가는 식의 진학을 하는 경우가 있는데 이것은 잘못된 것이며 평생 후회를 하게 됩니다. 이러한 병폐를 없애고 미래의 발전적 인력수급과 능력에 맞는 직업선택을 위해 부모님 및 선생님과 상의하고 바른 진로지도를 받아야 합니다.

앞으로는 전문적인 자격을 가진 사람이 우대 받는 사회가 됩니다.

공부를 잘하고 못하는 것에 의해 학교를 선택하는 것이 아니고 자기의 적성과 능력에 따라 학교 선택의 기준이 돼야 합니다. 학업성적이 좋다고 적성도 맞지 않는 학교에 진학해서는 안됩니다.

예를 들어 컴퓨터를 조립하고 고치는 것에 소질이 있어 그런 일을 할 때 행복한 사람이 학업성적이 좋다고 법대에 가서 법률을 공부한다면 그 사람이 성공하고 행복하다고 할 수 있을까요. 행정고시에 합격하고 공무원이 된 사람이 적성에 안 맞는다고 사표를 내고 개그맨이 된 경우가 있습니다.

또한 대구에서 고등학교를 졸업한 이상협 씨는 대학진학은 하지 않고 평소 관심이 많은 컴퓨터 소프트웨어 개발을 위한 회사를 설립했습니다. 그는 [카테일 '97]이라는 소프트웨어를 개발하였는데 이것은 마이크로 소프트사의 150만 원짜리 [파워 포인트]와 같은 기능으로 값도 10만원정도의 다기능 멀티 프로그램이라고 합니다. 국내시장뿐 아니라 해외 수출 전망이 좋아 앞으로 한국의 빌 게이츠로서 세계적인 각광을 받을 것으로 기대하고 있습니다.

아무리 훌륭한 재능이 있어도 잘 계발하여 신장시키지 못하면 아무 쓸모가 없습니다. 우화 하나를 소개하겠습니다.

어떤 소년이 산에서 독수리 알을 주워 왔습니다. 소년은 암탉의 둥지 속에 그 독수리 알을 넣어 병아리들과 함께 새끼 독수리를 부화 시켰습니다. 새끼 독수리는 자신이 독수리임을 알지 못하고 다른 병아리들과 똑같은 생활을 하면서 자랐습니다. 그리고 새끼 독수리는 자신이 날카로운 부리와 발톱을 가진 것도, 멀리 보는 밝은 눈을 가진 것도 모른 채 살아갔습니다.

하루는 구름 한 점 없이 드높은 하늘을 유유히 날고 있는 새를 부러운 듯이 바라보면서 "아, 세상에는 저런 멋진 새도 있구나" 하고 중얼거렸습니다. 옆에 있던 닭이 이 소리를 듣고 "저건 독수리라는 새란다. 새들 중에서 왕이지. 너는 저 새와 생김새는 비슷하지만, 날지도 못하니 너 나 나나 볼품 없는 닭일 뿐이다"라고 말했습니다.

사람은 누구나 훌륭한 재능을 갖고 있습니다. 그러나 그 재능을 일찍 발견하여 갈고 닦지 않으면 이 새끼 독수리와 같이 그 재능을 썩힌 채 살아가게 됩니다. 어릴 때부터 나는 방법을 배우지 못한 새는 영원히 날 수가 없습니다.

자기 자신이 갖고 있는 재능이 무엇인지를 알고 이를 갈고 닦는데 최선의 노력을 다하여 성취의 보람을 맛보아야 합니다. 자기 보다 앞서가는 학생도 특별한 학생이 아닙니다. 자신과 똑같은 학생인데 그들은 나름대로 빨리 자기의 재능을 일깨워 평소 더 많은 노력을 한 것입니다.

각자는 평소 자기의 재능을 일깨워 연마하고, 그 재능을 잘 살려 나갈 수 있는 학교로 진학을 해야 합니다. 한 순간의 잘못된 진로 선택이 평생 후회되는 일이 없도록 말입니다. 자신의 적성과 소질에 맞아 즐겁게 하는 노력엔 고통을 느끼지 않고 재능을 깊이 있게 연마할 수 있습니다. 제일 깊은 곳에 큰 고기가 있습니다.

일기는 삶의 역사

　사람은 누구나 하루 하루의 자기 생활이 있습니다. 직장에서 일을 하거나, 학교에서 공부를 하거나 어디에서 무슨 일을 하든 사람들은 그 날의 일과 속에서 생활을 하고 있습니다. 그 생활의 연속이 바로 우리의 삶이요 역사요 우리의 일생이 되는 것입니다. 즐거웠던 하루였거나 슬프고 괴로운 하루거나 그것은 모두 자신의 하루의 생활이고 그 생활은 그것대로 자신에게 큰 의미가 있는 것입니다.
　그런 의미가 있는 나날들을 별다른 생각 없이 매일 그냥 하루 하루를 보낸다는 것은 무의미한 삶의 자세가 아닐 수 없습니다. 그 날의 삶을 진실 되게 반성을 하고 잃어버렸던 감정도 되살리면서 내일의 새로운 인생을 설계하여 더욱 알찬 내일을 예약하는 것은 삶의 방법에서 중요한 일입니다. 그런 의미에서 필요한 것이 바로 일기를 쓰는 일입니다. 날마다 일어나는 생활 면 또는 그 날의 느낌을 적는 일을 통해 하루 하루를 의미 있게 보내야 합니다.
　일기는 한 인간의 생활기록이라는 의미에도 중요하지만 그 사람의 생활을 이끌어 가는 생활 선도 기능을 하기 때문에 더욱 중요시 합니다. 일기를 씀으로써 우리 생활을 훨씬 정화하고 보다 건전해지게 할 수 있는 것입니다. 일기를 쓰다 보면 어느 날은 보람 있는 하루의 기록으로 가득한데 어느 날은 쓸데없는 시간 낭비로 하루를 보내는 날이 있음을 확인합니다. 그럴 때는 일기를 쓰면서 많은 반성을 하고 다음엔 이런 전철을 밟지 말아야겠다고 자성하게 됩니다. 최소한 하루에 한번만이라도 자신을 돌아보고 반성하면서 마음을 새롭게 하는 계기를 갖는 것은 필요한 것입니다.

특히 일기는 자기 생활의 진실을 고백하는 글이며 일기는 먼 훗날 자기 자신에 대한 그 날의 증언과 역사적 자료로 제공됩니다. 그 내용은 하루하루 자기의 고백으로 인간의 사실적 기록이라는 점에서 대단히 소중한 것입니다.

일기는 그 날의 일을 숨김없이 사실대로 충실하게 써 가면 되는 것입니다. 일기는 그 날의 날씨와 자연현상, 만났던 사람, 반가운 편지, 약속, 그 날 읽은 책, 사회에서 일어난 일, 그 날 특별히 잊을 수 없는 일, 새롭게 경험했던 일, 보고 들었던 일, 생각하고 행동했던 일 등 기쁨을 오래 오래 간직하고 싶은 것도 있고 그런가 하면 슬프고 상처받은 일 등 하루의 생활에서 나타난 사실적 고백을 솔직히 기록 정리하면 되는 것입니다. 일기는 그날그날 잊어버리기 아까운 의미 있는 생활상을 기록하고 느낌을 적는 일입니다.

일기는 자기 생활의 기록입니다. 일기는 그 생활내용을 기록해 감에 있어 생활내용의 시간적 순서에 따라 서술해 가는 것이 보다 효과적입니다. 왜냐하면 생활내용은 시간적 순서에 따라 일어나기 때문입니다. 어떤 사건의 표현은 자기의견 즉 비판정신이 뒤따라야 합니다. 비판이 없으면 기록에 지나지 않는 것입니다. 지나친 수식은 거짓말이 되기 쉽기 때문에 솔직한 느낌을 그대로 적는 것이 좋습니다.

일기를 의무감으로 쓰면 실증이 납니다. 일기를 쓰는 것은 삶의 향상을 위한 생활의 한 면으로 식사하듯 자연스럽게 접해야 합니다. 일기를 통해서 어제의 나를 돌이켜 보고 새로운 나를 만들어갈 수 있어야 합니다. 일기는 쓰는 동안 자기 자신을 매일 반성할 수 있고 자기가 해야 할 일을 계획 설계하게 됨으로 그만큼 자기 할 일에 가치를 부여하는 것입니다.

만약 동물과 같이 본능적 생존만 하고 생활이 없는 사람은 일기가 필요 없습니다. 그런 사람은 어제나 오늘이나 내일이 향상이 없이 매일 생존 적인 삶만 반복하는데 무슨 일기가 있을 수 있겠습니까? 일기는 끊임없이 향상을 추구하는 사람에게 필요한 글입니다. 충실하고 보람 있게 하루 하루를 보내는 사람에게 그 날의 기록이 풍요롭고 의미가 있는 것입니다. 일기를 쓰는 사람은 그만큼 자기생활을 보다 좋은 곳으로 끌어올리기 위해서 열심히 하루 하루의 생활을 하는 것입니다.

일기를 쓰는 것은 삶의 향상뿐 아니라 일기를 쓰면 관찰력이 향상 됩니다. 올바르게 사물을 보는 관찰력과 그를 통해 올바른 사고력과 판단력이 생깁니다. 일기는 바로 그런 힘을 길러주는 것입니다. 더욱 일기를 쓰면 글 쓰는 수업이 되고 문장실력을 길러 줍니다. 매일 일기를 쓰면 자기의 생각을 표현할 수 있는 능력이 생기게 됩니다. 일기는 쓰는 사람으로 하여금 사상과 감정을 풍부하게 만들어 주기 때문입니다. 일기 쓰기를 통해 자기의 빛난 역사를 엮어 갑시다.

끝마무리의 중요성

사람들에게 주어진 시간은 같지만 노력여하에 따라 얻는 수확은 큰 차이가 납니다. 노력은 거짓말을 안 합니다. 흘린 땀만큼 보람을 느끼게 합니다. 진정한 승리는 꾸준히 노력하는 자의 것입니다. 인생의 알찬 결실을 위해서는 하는 일을 끈기 있게 마무리를 잘 해야 합니다.

시작보다 더 중요한 것이 끝마무리입니다. 하루나 한 달이 끝나는 시간이나 한해가 지나가는 어떤 의미 있는 시점에서 또는 어떤 일의 마무리가 되는 자리에 서서 하나의 매듭을 짓고 자신을 돌아보고 새 출발을 하는 것은 중요한 일입니다. 어떤 일의 끝마무리에서는 미비한 것을 잘 마무리하고 새로운 일의 준비를 해야하는 것입니다.

다음 이야기는 끝마무리의 중요성을 잘 일깨워 주고 있습니다. "옛날에 짚신장수 아버지와 아들이 있었는데 기술이 훌륭한 아버지가 만든 짚신은 잘 팔리고 그 기술을 전수 받은 아들의 짚신은 잘 안 팔렸답니다. 그냥 보기에는 전혀 차이가 안 날 정도로 잘 만들었는데도 말입니다. 평소에 그 이유를 아버지께 여쭤 보면 네 스스로 깨달아 보라고 하셨습니다. 그러다 어느 날 아버지께서 돌아가시려고 할 때 아들이 아버지께 그 이유를 다시 물어 보았습니다. 그러자 아버지는 아들에게 다른 설명 없이 '털 털'이라는 말 만 하시고는 세상을 뜨셨습니다. 그 후 아들은 아버지의 짚신과 자기의 짚신을 비교하면서 아버지가 말씀하신 '털 털'을 생각하면서 곰곰이 살펴보고 분석해 본 결과 그 이유를 알아낼 수 있었습니다. 아버지가 만드신 짚신은 잔털까지 곱게 마무리되어 완벽할 정도의 짚신이었고 자기 것은 마지막 손질이 깔끔하지 않은 것을 알게된 것입니다. 그 이후 아들은 아버지처럼 끝마무리를 잘한 짚신을 만들어 그 장터에서 제일 가는 짚신장수가 될 수 있었다고 합니다."

같은 재료와 기술을 가지고 만든 물건이라도 마무리의 정도에 따라 상품의 가치와 값의 차이가 나듯이 어떤 일을 할 때는 하나 하나 꼼꼼히 짚고 넘어가는 것이 필요합니다. 즉 한 과정을 마무리 할 때는 다시 시작하는 기분으로 그간의 과정을 다시 되짚어 보고 끝마무리를 잘해야 합니다.

'구슬이 서 말이라도 꿰어야 보배'라는 말이 있습니다. 이는 제대로 실천을 해야 됨을 말하는 것입니다. 하나하나 구슬을 꿰매듯 자기 할 일을 책임 있게 성실히 실천하여 끝맺음을 해야 합니다. 끝맺음이 없는 새로운 시작은 아무것도 이루지 못하는 것입니다. 무슨 일이든 끝맺음을 잘하는 사람이 보람 있고 날로 발전합니다. 진실은 많은 말이 필요치 않습니다. 매사 끝맺음을 시작처럼 분명히 하여 알찬 인생의 결실이 있기를 기대합니다.

4부
함께 사는 삶을 위하여

유능제강 / 약속을 지키는 사회 / 삶의 순환원리 / 친절은 청량제

칭찬합시다 / 잘 사는 나라는 / 근검과 절약 / 이기주의 타파

돈의 가치는 / 질서는 편하고 아름다운 것 / 도와주며 살기 / 정직한 사회

꽃과 나무를 가꾸는 마음 / 자랑스런 문화유산 / 환경과 인간은 공동운명체

봉사활동 / 작은 새의 의무 / 예의바른 사람 / 하나되는 마음

감사하는 마음 / 용서하는 마음 / 현명한 사람은 지혜롭다

유능제강

유능제강(柔能制剛)이라는 말이 있습니다. 부드러운 것이 능히 강하고 굳센 것을 누른다는 뜻입니다. 어떤 상황에 대처할 때 강한 힘으로 억누르는 것이 이기는 것 같지만 부드러움으로 대응하는 것에 당할 수는 없습니다. 부드러움은 굳셈을 제어하고 약한 것은 능히 강함을 제어하는 힘이 있습니다. 부드러움은 덕(德)이고 굳셈은 적(賊)입니다. 약함은 사람들의 도움을 받고 강함은 사람들의 공격을 받는 것입니다.

'노자'에 이런 글이 있습니다. "사람은 생명을 유지하고 있을 때에는 부드럽고 약하지만 죽음을 당하게 되면 굳고 강해진다. 풀과 나무도 살아있을 때에는 부드럽고 연하지만 죽게 되면 마르고 굳어진다. 그러므로 굳고 강한 것은 죽음의 무리이고 부드럽고 약한 것은 삶의 무리다. 그렇기 때문에 나무가 강해지면 꺾이게 된다. 강하고 큰 것은 아래에 자리하게 되고 부드럽고 약한 것이 위에 자리를 잡는다."라고 말입니다.

이런 이야기도 있습니다. 강 언덕에 큰 상수리나무가 있었습니다. 뿌리가 든든히 박히고 가지는 하늘을 찌를 듯이 높게 뻗어 있었습니다. 상수리나무는 호기 있게 속으로 중얼거렸습니다. "아, 모든 나무들이 내 눈 아래 보이는군! 감히 나를 굽힐 자가 천하엔 없을 게다". 이렇게 생각하고 다른 나무들을 눈 아래로 깔아 보았습니다. 그러던 어느 날 맹렬한 폭풍이 불어 교만한 상수리나무의 허리가 부러지고 말았습니다.

언덕의 가느다란 갈대가 상수리나무의 굵은 둥치가 떠내려가는 것을 보고 수군거렸습니다. 그러자 상수리나무가 말했습니다. "갈대야! 너희들은 폭풍이 그토록 심했는데도 어찌 멀쩡하게 다친 데 하나 없이 서 있을 수 있느냐? 나는 이렇게 크고 굵으면서도 꺾여서 이런 신세가 되었는데…" 이에 갈대가 대답했습니다. "불쌍한 상수리나무여! 바람이 나를 해치지 못하는 것은 내가 작고 약하기 때문이란다. 나는 약하기 때문에 바람이 불면 부는 대로 굽어져 순응한단다. 그러나 꿋꿋이 서 있는 나무들은 아무리 저항해도 그 바람을 그치게 할 수 없단다. 바람은 어디든지 갈만한 데까지 가는 것인데, 대항하고 덤비지 않는 자에게는 다치게 하지 못한단다. 이걸 모르는 네가 안 다치고 배길 수 있었겠니?" 이에 상수리나무는 말문이 막혀 혼자 중얼거렸습니다. "그래 네 말이 맞구나!" 하고 탄식을 하며 떠내려갔습니다.

'노자'에는 이런 글도 있습니다. "이 세상에서 물보다 더 부드럽고 약한 것은 없다. 그렇지만 굳고 강한 것을 치는 데 물보다 나은 것은 없다. 물의 역할을 대신할 만한 것은 없는 것이다. 약한 것이 강한 것을 이기고 부드러운 것이 굳센 것을 이긴다는 것은 세상 사람 모두가 알건만 그 이치를 실행하는 사람은 없다"라고 말입니다.

치망설존(齒亡舌存)이란 말도 있습니다. 단단하고 강한 이는 깨지더라도 부드러운 혀는 훨씬 더 오래 남는다는 뜻입니다. 설원(說

苑)이라는 책에 전하는 이 말도 강하고 모진 것은 쉽게 망하고 부드럽고 순한 것이 오래 간다는 것을 가르치는 말입니다.

약한 것이 강한 것을 이기고 부드러운 것이 굳센 것을 이긴다는 교훈적인 말은 오늘을 사는 우리가 특히 명심하고 실천해야 할 지혜라고 생각합니다.

강풍보다는 따뜻한 햇살이 사람의 마음을 열게 하듯, 우리가 사는 인간 사회는 강함보다는 부드러우면서도 따뜻한 사람이 많이 사는 온정의 사회가 살맛 나는 사회입니다.

강하면 부러진다는 말이 있습니다. 사실은 부드러운 것이 강한 것입니다. 자기의 힘을 자랑한다고 남을 괴롭히거나 자기 의견만 강하게 고집하고 자기 멋대로 행동하는 사람은 어리석은 것입니다. 당장은 자기가 강해 보이는 것이 여러 사람 앞에서 우쭐한 기분이 들지 모르지만 남을 괴롭히면서 행동하는 것은 스스로를 망가지게 하고 있는 것입니다. 친구를 불안하게 하여 친구간에 기피대상이 되어서는 안됩니다.

강한 힘은 불의에 항거하고 남을 돕는 일에 써야합니다. 강한 자가 약자를 도와가며 공동체 의식을 공유하고 친구와 돈독한 우정을 나눠야 좋은 생활입니다. 약한 자를 돕는데 자기의 힘을 합하면 그 위력은 배가되지만 약한 자를 괴롭히거나 불의에 부합하는 일에 쓰면 그 힘은 욕되고 쓸모 없게 됩니다. 따뜻한 마음으로 서로를 이해하면서 도와주고 강한 사람이 부드러울 때 더욱 그 강함이 돋보이는 것입니다. '유능제강'은 교훈적인 삶의 지혜입니다.

약속을 지키는 사회

사회란 혼자 사는 곳이 아닌 많은 사람이 더불어 사는 곳입니다. 사람들이 원만한 사회생활을 위해서는 법과 약속을 잘 지켜야 합니다. 서로 지켜야 할 약속을 지키는 것은 우리자신을 위해서입니다. 우리가 약속을 지키지 않고 서로 믿을 수 없는 사회라면 의심과 속임의 악 순환으로 불신 사회가 되어 불안하고 살기가 힘들게 됩니다. 약속을 잘 지키는 사회가 돼야 살기 좋고 믿을 수 있는 사회가 되는 것입니다. 다음 이야기는 약속의 중요성과 약속 이행의 결과를 잘 나타낸 일화입니다.

옛날 어느 국왕이 백성들의 준법정신이 문란해 져 가는 것을 매우 걱정하여 엄명을 내렸습니다. 앞으로 누구를 막론하고 법을 어기는 자는 태형으로 엄벌에 처할 것이라고 했습니다. 그런데 어느 날 왕의 어머니께서 법을 어기는 행동을 하였습니다. 효성이 지극한 왕은 난처하였으나 "아무리 나의 어머니라도 법을 어긴 이상 용서할 수 없다. 마땅히 벌을 받는 것이 법을 지키는 도리이다. 어서 나의 어머니를 저 형틀에 묶고 태형을 가하라"라고 명을 내렸습니다. 그러나 그때 나이 많은 신하가 국왕께 간청을 하였습니다. "국법이 엄하다 하여도 단 한 분인 어머님께 그런 가혹한 형벌을 내리시는 것은 안 됩니다. 이번만 용서해 주시옵소서." 그러나 왕은 고개를 저으며 "정한 법은 누구나 지켜야 한다. 나의 어머니라고 해서 특별히 용서하면 누가 이 법을 지키겠느냐?" 국왕의 표정은 엄숙하고 완강하였습니다. 신하들은 더 이상 간할 수가 없었고 집행관은 할 수없이 왕모(王母)를 형틀에 매고 때리려고 하였습니다. 그때 왕은 별안간 손을 들어 중지시켰습니다. 그리고는 왕은 자신이 어머니를 감싸안고는 자기를 때리라고 다시 명을 내렸습니다. 신하들은 모두 놀라 반대를 하였습니다. "폐하, 그건 도저히 있을 수 없는 일입니다. 제발 명령을 거두어 주십시오." 그러나 국왕은 굳은 결심이 선 듯 조금도 흔들리지 않고 "어서 명령대로 시행하라"라고 호령을 하였습니다. 할 수없이 집행관은 매질을 하였습니다. 효심이 극진한 국왕의 몸은 멍들고 피가 흘렀으나 법대로 시행되었습니다. 그 후부터 백성들은 누구를 막론하고 법을 잘 지켜 나라가 안정되고 발전됐다고 합니다.

한가지 사례를 더 들겠습니다. 어떤 사형수가 사형 집행 전에 눈물을 흘리며 왕에게 소원을 말했습니다. "소인의 고향에 늙으신 어머님이 제가 돌아 올 날만 기다리며 사시고 계십니다. 저만을 의지하며 사시는 어머님께 마지막으로 따뜻한 밥 한끼라도 지어드리고 싶습니다. 그리고는 반드시 돌아올 테니 며칠만 말미를 주시옵소서." 그러나 왕은 그의 말을 믿을 수가 없었습니다. 이 소식을 들은 사형수의 친구가 달려와 무릎을 꿇고 간청을 했습니다. "왕이시어! 저는 이 친구를 진심으로 믿습니다. 만약 약속한 날까지 그가 돌아오지 않는다면 제가 대신 사형을 당하겠습니다. 제발 그에게 마지막으로 효도할 수 있도록 허락하여 주시옵소서." 왕은 그 친구의 간곡

한 호소에 감동하여 그를 불모로 잡고 사형수가 노모를 뵙고 오도록 허락하였습니다. 그 후 그러나 약속한 날이 되었는데도 그 사형수는 돌아오지를 않았습니다. 왕은 그 사형수가 도망간 게 틀림없다고 생각했습니다. 그러나 그의 친구는 그 사형수 친구를 조금도 의심하지 않고 피치 못할 사정이 있을 것으로 생각했습니다. 기다려도 그 사형수가 돌아오지 않자 마침내 그 친구를 사형하려고 의식을 시작했습니다. 막 사형을 집행하려는 순간 한사람이 비틀거리며 "안돼요. 그를 죽여서는 안돼요"라고 소리를 지르며 달려오고 있었습니다. 그는 다름 아닌 사형수였습니다. 그런데 그의 몰골이 말이 아니었습니다. 늦은 연유를 묻자 사형수는 "어머님을 뵙고 돌아오는데 심한 홍수를 만나 강을 건널 수 없어 수백 리 길을 돌아서 오느라고 늦었습니다."라고 대답했습니다. 왕은 서로 믿고 약속을 지킨 이 두 친구의 우정이 너무 아름답고 소중하여 두 사람을 모두 풀어주었습니다.

약속을 잘 지키고 서로 믿음이 있어야 신뢰사회가 됩니다. 성실한 사람이 모인 곳은 서로 믿고 약속을 잘 지키고, 속이는 사람들은 서로 속이며 사는 것입니다. 신용을 잃은 사람은 사회에서 죽은 자나 다름없고 약속을 잘 지켜 신용이 있는 사람은 성공의 열쇠를 갖고 있는 것과 같습니다.

삶의 순환 원리

오늘날 인간이 사는 모습을 보면 다른 사람과의 유대가 잘 안 되고 홀로 외롭게 지내는 경우가 많습니다. 이는 사람들과의 관계가 원만하지 않기 때문입니다. 이것은 다름 아닌 자기 중심적인 생활로 다른 사람을 위해주고 이해하며 서로 오고가는 교감(交感)의 감정이 적어지고 있는 것이 한 원인입니다.

이스라엘과 요르단의 접경지역에는 푸른색과 갈색으로 표시된 두 호수가 있습니다. 푸른 색깔은 갈릴리호수이고 갈색 표시는 사해라고 불리는 호수입니다. 이 두 개의 호수는 같은 지역에 위치해 있는데도 전혀 다른 특성을 가지고 있습니다. 갈릴리호수는 일년 내내 맑은 물이 흘러 들어오고 흘러 나가기 때문에 물이 깨끗하고 수많은 고기가 살고 호반에는 식물이 무성하여 관광객의 발길이 끊이질 않기에 축복의 땅으로 불리고 있습니다. 하지만 사해는 염분 농도가 높고 물은 오염되어 환경이 깨끗하지 않아 아무 생물도 살 수 없는 죽음의 바다로 불립니다. 같은 지역에 위치하면서도 왜 이 두개의 호수가 이런 커다란 차이를 보일까요? 갈릴리호수는 주위의 산에서 흘러내리는 맑은 물을 받아들이고 또 신선한 물을 끊임없이 다른 강으로 흘러 보내줍니다. 그러나 사해는 오랜 세월동안 주위의 물들을 받아들이기만 할 뿐 다른 곳으로 흘러보내는 일이 없었기 때문에 물이 고여 썩어 들어간 것입니다.

이 두 호수를 보면 사람의 삶도 이와 같이 않은가 하는 생각이 듭니다. 사람들이 사는 모습도 사랑이나 물질이나 관심을 갖고 남에게 많이 주고 베푸는 사람에게는 그만큼 많은 사람이 그에게 호감을 갖고 다시 그에게 줍니다. 베푼 만큼 다시 돌아온다는 삶의 진실을 깨닫게 하고 있습니다.

그러나 우리주변에는 받기만 좋아하고 남에게 베풀기는 싫어하는 사람이 많습니다. 타인에게 주는 것에 인색한 사람은 결국 받는 것도 없다는 진리를 모르고 있습니다. 인색한 사람에게는 사람들이 멀어지고 혼자 외롭게 살게되므로 삶이 무의미하고 정신적으로는 죽은 것이나 다름없습니다. 때문에 우리는 서로 주고받으며 서로 위해 주는 것을 끊임없이 계속하며 살아야하는 것입니다. 갈릴리호수처럼 풍요롭게 살 것인지 사해처럼 삭막한 죽음으로 살 것인지는 자신에게 달려있는 것입니다. 갈릴리호수처럼 삶이 풍성하고 윤기 있게 사는 것이 인간이 바람직하게 사는 방법임을 잊어서는 안됩니다.

학생 중에는 자기중심적으로 일방적 행동을 하거나 친구와 어떤 일로 간격이 벌어지면 마음의 문을 닫고 거리를 두고 사는 경우가 있습니다. 이런 사람은 자기가 먼저 상대에게 베푸는 것이 손해이고 자존심이 상하는 일이라고 생각하는 것 같습니다. 그런 사람은 결국 친구를 잃고 외롭게 혼자 살 수 밖에 없으며 그렇게 사는 것은 사해 같은 삶이 될 수밖에 없습니다.

그런 사람에게 다음 이야기를 소개합니다.

학급에서 서로 친한 친구가 있었는데 언제부터인가 사이가 소원해진 두 사람이 있었습니다. 그래서 그 두 사람에게 왜 그렇게 되었느냐고 묻자 두 사람은 모두 똑 같은 대답을 하였습니다. "저 애가 먼저 저에게 말을 걸어오지 않기 때문에 저도 말을 하지 않는 것입니다." 두 사람은 서로 상대방이 말을 걸어오지 않는 것을 상대방의 잘못으로 생각하고 그 누구도 먼저 다가서지 않아 점점 시간이 흐를수록 멀어지고 미워하는 사이가 되었습니다. 별 일도 아닌 것으로 오랜 동안 대화를 안한 두 사람은 결국 친구를 잃어버리게 되었습니다.

우리가 살아가면서 이런 경우는 흔히 볼 수 있습니다. 왜 사이가 소원해 졌는지 왜 서로 말이 없어졌는지도 모르는 채 그저 상대방이 잘못이라고만 돌려버리고 대화를 안 하여 어느새 서로에게 잊혀져 가는 얼굴들이 되어 갑니다. 내가 먼저 웃어주고 내가 먼저 말을 거는 아주 작은 관심만 있다면 이런 일은 없을 것입니다. 언제나 상대방 탓으로 돌리고 상대방이 먼저 다가오기만을 바라는 때문입니다. 내가 가지는 조그만 관심과 내가 먼저 다가가는 용기가 서로를 따뜻한 사람으로 남을 수 있게 한다는 것을 알아야 합니다.

사해처럼 상대방에게서 받기만 원하고 자기 것을 주는 것을 모르면 세상살기가 삭막해 집니다. 열린 마음으로 서로 관심을 갖고 내가 먼저 주고 베푸는 아량 있는 사람으로 사는 것이 현명한 삶입니다. 갈릴리호수처럼 주고받는 순환이 잘 돼야 바로 멋있는 인간으로 바람직하게 사는 방법입니다.

친절은 청량제

　우리가 평소 상대방으로부터 친절한 대접을 받았을 때와 불친절하게 냉대를 받았을 때의 기분은 다릅니다. 불친절보다는 친절한 것이 기분 좋다는 것은 다 잘 알고 있습니다. 친절해야 서로 따뜻한 마음이 오가고 사회가 밝고 명랑한 살맛 나는 인정사회가 됩니다. 몇 가지 친절을 베푼 내용의 실례를 소개하니 생활에 도움이 되었으면 합니다.

　청주에 사는 청년이 장터에 나갔다가 돈주머니를 주웠습니다. 거기엔 삼 백 량의 돈이 들어 있었습니다. 복잡한 장터에서 주인을 찾기란 쉽지가 않았습니다. 그래서 그 청년은 주인이 나타날 때까지 그 자리에 서서 기다렸습니다. 얼마 후에 한 남자가 땅을 보며 실망한 얼굴로 지나갔습니다. 청년은 그 남자에게 다가가 무엇을 찾느냐고 물었더니 '삼 백 량이 든 돈주머니를 잃었다' 고 한숨을 쉬며 말했습니다. 돈 주인임을 확인하자 그 청년은 그 남자에게 돈주머니를 건네주었습니다. 돈 주인은 고마워 그 청년에게 사례를 하겠다고 하였으나 그 청년은 내가 돈에 욕심이 있었다면 통째로 가져갔을 겁니다. 염려말고 귀한 곳에 쓰세요 하고 그 청년은 총총히 사라졌습니다. 이 청년이 바로 3.1독립선언 33민족대표이신 손병희 선생님입니다. 양심적이고 친절을 베푸신 이런 분이 계셨으매 세상은 살맛 나는 것입니다. 보답을 바라지 않는 친절이 있을 때 이사회는 믿음이 있고 정답게 살 수 있게 되는 것입니다.

미국에서 있었던 일입니다. 비가 억수같이 쏟아지는 날, 어느 가구 진열장밖에 다리를 저는 할머니 한 분이 서 있었습니다. 그때 점원이 나와 "할머니, 밖에 서 계시지 말고 안으로 들어오셔서 비를 피하세요"하면서 할머니를 안으로 모셔와 자리에 앉아 계시게 했습니다. 며칠 후였습니다. 이 가구상에 편지 한 통이 배달되었습니다. "일전에 비 오는 날, 나의 어머니에게 베푸신 친절에 감사 드립니다. 우리 집과 우리회사의 가구일체를 귀 상점에서 구입하겠습니다." 그 편지는 강철 왕 카네기의 친필 편지였습니다.

누구에게 좋은 일을 하면서 보답을 바라는 것은 아니지만 때로는 뜻하지 않은 보답이 오기도 합니다. 그리고 당장에는 보답이 오지 않더라도 좋은 일을 한데서 오는 기쁜 마음이 우리의 삶을 윤택하게 해주고 행복하게 해줍니다. 따뜻한 마음씨로 남을 도와주고 친절히 대해 주는 것이 복 받는 원리입니다. 친절은 돈 드는 일이 아닙니다. 따뜻한 말 한마디가 상대방을 기분 좋게 해 주는 것입니다. 상대방뿐 아니라 자기 자신에게도 좋은 변화를 줍니다.

러시아의 위대한 작가 톨스토이가 어느 날 길을 지나가고 있을 때 거지가 길을 막으며 구걸을 하였습니다. 주머니를 뒤져보았지만 돈이 없음을 알고 "미안하구려, 형제여, 안타깝게도 지금 내겐 돈이 한푼도 없습니다"하고 톨스토이는 미안한 표정을 지었습니다. 그러자 이 거지는 더 허리를 구부리며 말했습니다. "선생님 누구 신지는 모르나, 제게 돈 이상의 귀한 것을 주셨습니다. 선생님이 저를 형제라고 불러 주셨습니다. 정말 감사합니다." 말 한마디로 상대방에게 용기와 희망을 주며 기분을 좋게 해준 것입니다. 거지와의 대화 후 변한 건 톨스토이 그 자신이었습니다. 톨스토이는 이후 더욱 경건한 마음으로 생활하며 말년에 부활이란 불후의 명작을 남겼습니다.

우리 주위에는 작은 친절을 필요로 하는 일이 얼마든지 있습니다. 그런데도 우리들은 친절과 도움의 손길을 펴는 일에 너무 인색한 경우가 많습니다. 남을 돕는 사람은 언젠가는 또 남의 도움을 받게 됩니다. 따뜻한 마음으로 서로에게 친절을 베풀 때 사회는 살맛 나게 될 것입니다.

선진 외국을 여행해 보면 그들은 친절과 서비스 정신이 몸에 배여 있는 것을 느낍니다. 길을 물으면 자세하게 가르쳐 주면서 안내를 잘 해 줍니다.

어느 분의 기행문을 읽은 이야기입니다. 우리나라 사람이 유럽 여행을 하다가 길을 잘 몰라 지나가는 청년에게 길을 물었답니다. 그 청년이 종이에다 약도를 그려 친절히 설명을 해준 방향대로 가는데 그 청년이 계속 따라 오더라는 것입니다. 혹시 불량한 사람은 아닐가 두려운 생각이 들어 걸음을 빨리 했더니 그 청년도 빨리 걸어 따라 오더랍니다. 불안한 마음으로 계속 가다가 교차로에서 서성이고 있는데 그 청년이 다가와서 이 방향으로 가셔야 됩니다하고 다시 알려 주더라는 것입니다. 그 청년의 말인즉 "그렇지 않아도 외국에서 오신 분인데 이 거리가 복잡하여 잘 찾지 못 할 것 같아 걱정이 돼서 여기까지 와서 알려 드린 것입니다"라고 하면서 뒤돌아 가더랍니다. 친절한 사람을 의심한 것도 미안하고 너무 고마워 "고맙습니다"라는 말을 연발하였다고 합니다.

　친절한 마음은 남에게 깊은 관심을 갖고 이해와 너그러움을 가질 때 생기는 아름다운 마음의 향기입니다. 한사람의 친절이 그 나라 사람 모두가 친절하고 미더운 국민이라는 인상을 갖게 합니다. 한사람의 작은 친절이 그 나라의 신망을 높이는 계기가 되며 돈 안 들이고 외국인을 유치하는 관광 자원이 됩니다. 친절하여 기분이 좋았던 그 나라는 또 찾고 싶고 다른 사람에게도 그 나라를 좋게 홍보하게 됩니다.

　그런데 우리나라는 외국인 관광객이 우리나라에서 소매치기를 당하고 바가지 택시요금을 냈다는 보도가 가끔 있습니다. 우리는 이제 달라져야 합니다. 외국인뿐 아니라 우리 모두에게 따뜻한 마음으로 친절이 생활화 돼야 합니다.

　특히 평소 전화 받을 때, 길을 안내 할 때, 상대방과 말을 할 때, 그 외 사람들을 대할 때 정성스럽고 정다운 말씨와 따뜻한 마음으로 친절해야합니다.

　자기가 베푼 친절만큼 다른 사람으로부터 받게 된다는 것을 명심합시다. 친절은 친절을 낳습니다. 다함께 친절한 생활로 살맛 나는 인정사회를 만들어야 합니다. 친절은 이 사회를 따뜻하고 명랑하게 만드는 청량제입니다.

칭찬합시다

우리가 살아가는 사회에서 칭찬하는 일이 많다면 얼마나 기쁘고 좋을까요. 말하는 사람이나 듣는 사람 모두가 훈훈하고 힘이 날 겁니다. 칭찬은 삶의 활력입니다.

어느 학교에서는 칭찬 받을 일을 한 학생에게 친구들이 칭찬편지를 보내 학교생활을 즐겁게 하고 있다고 합니다. 한 사례로 어느 학생이 다리가 아파 제대로 못 걷는 친구의 가방을 매일 들고 함께 등교를 하는데 학생들이 칭찬을 해주어 자기가 한 일에 비해 더 큰 기쁨으로 생활하고 내성적이고 소극적인 성격이 밝고 적극적인 성격으로 바뀌었다고 합니다.

자기 주변에도 남을 도와주거나 선행 및 봉사활동이 남다른 친구들이 있을 것입니다. 칭찬 받을 일을 하고 있는 친구들을 많이 찾아내어 서로 칭찬해 주는 좋은 풍토를 만들었으면 합니다. 친구를 미워하거나 불평하기보다는 좋은 점과 선행을 찾아 서로 칭찬해 주면 더욱 힘이 생기고 사는 게 즐겁고 명랑할 것입니다.

혹시 잘못을 한 친구도 윽박지르고 '왜' 그렇게 했느냐고 따지기 전에 '어떻게' 된 것인지 긍정적인 대화로 유도하는 것이 좋은 것입니다. 잘못한 것보다는 잘한 것을 먼저 칭찬하여 마음의 문을 열게 하는 것이 중요합니다. 잘한 일은 더 잘하도록 칭찬하고 잘못한 것은 반성하도록 말입니다. 오늘부터 친구간에 사랑의 칭찬을 하나씩 찾아 해보십시오. 한마디 칭찬이 살맛 나는 세상을 만들 것입니다.

그러나 만약 칭찬 받을 일이 아닌데도 칭찬을 한다면 이는 자만에 빠지게 되는 경우가 됩니다. 칭찬 받을 일을 했을 때 칭찬을 받아야 합니다. 우리가 칭찬 받을 좋은 일을 하고 서로 많이 칭찬을 하면 메아리처럼 이 사회에 크게 퍼져 우리 사회가 살기 좋게 됩니다.

산에 가서 '야호' 하고 소리를 지르면 그때마다 '야호' 하는 메아리를 들을 수 있습니다. 더욱 흥미 있는 것은 "나는 네가 미워"라고 소리를 지르면 메아리도 "나는 네가 미워"라고 흉내를 냅니다. 화가 나서 계속 목청을 높이면 메아리도 또한 질세라 더욱 큰 소리로 울려옵니다. 주는 대로 정확히 되돌려 받게 되는 것입니다.

어느 학교에서 선생님이 학생들에게 자기가 싫어하는 학생들의 이름을 모두 적어내라고 했답니다. 그 결과 싫은 사람 이름을 많이 적어낸 학생이 대체로 남의 미움도 많이 받고 있다는 사실을 알게 되었습니다. 메아리의 법칙은 인간관계에도 그대로 적용되는 것입니다.

이처럼 상대방을 싫어하고 미워하는 사람은 결국 자기도 상대로부터 비난을 받게되고 상대를 많이 칭찬하는 사람은 자신도 많은 칭찬을 듣게 된다는 것입니다. 때문에 친구들의 좋은 점을 많이 발견하고 서로 칭찬하는 분위기가 돼야 합니다. 따뜻한 마음으로 서로에게 칭찬을 할 때 우리사회는 아름다운 멋진 세상이 될 것입니다.

MBC TV에 '칭찬합시다' 란 프로그램이 있습니다. 자신도 어려운 처지인데도 더 어려운 이웃을 위해 애쓰시는 분, 장애인시설에서 헌신적으로 봉사하는 분, 외로움과 절망 속에 사는 사람들에게 용기를 주고 크게 도와주고 있는 분 등 여러 분야에서 정말 칭찬 받아 마땅한 분들을 소개해 주고 있어 시청자에게 큰 감동을 주고 있습니다. 이분들은 한결같이 칭찬 받은 일 보다는 자신들이 그런 일을 하면서 더 기쁨과 보람을 느끼고 있다고들 말합니다. 좋은 일을 하는 것은 분명 자신에게 더 큰 보상으로 오는 것입니다. 실상 돕는 기쁨은 도움을 받는 기쁨보다 더 큰 것입니다. 그 기쁨이 삶의 활력을 주는 것입니다. 이 세상이 아름다운 것은 서로 사랑하고 칭찬하는 훈훈한 인간체취가 있기 때문입니다.

　이제 나부터 작은 칭찬이라도 먼저 할 줄 아는 사람이 되었으면 합니다. 남을 많이 칭찬하면 자기도 칭찬을 받는 인생이 됩니다. 우리는 일생을 살아가면서 자신의 마음에 아름다운 멋진 그림을 그리느냐 추한 그림을 그리느냐는 자신에게 달려있습니다. 사람들을 사랑하고 칭찬 받을 일을 많이 하는 사람은 자기인생에 아름다운 그림을 그려가고 있는 것이고 추한 그림은 남을 미워하고 비난만 하는 사람이 그리는 자화상입니다. 한번뿐인 자기 인생의 마음 바탕 위에 아름답고 밝고 따뜻한 그림을 그려야 합니다. 우리 모두 칭찬 받아 마땅한 사람이 됩시다. 남을 칭찬하는 것은 그와 대등(對等)이 되는 길입니다.

잘 사는 나라는

물질적으로 풍요로운 생활을 하면 그에 상응하는 성숙된 정신문화가 형성되어야 합니다. 그런데 최근 우리 사회는 근검 절약하는 미풍은 자꾸 사라지고 과소비, 사치 낭비 풍조가 만연하고 있어 대단히 걱정스럽습니다. 근검 절약하여 돈이 있으면 저축을 해서 생산성 있는 곳에 자금을 이용하여 차츰 나아지는 경제 성장을 이룩해야 합니다. 그리고 우리가 잘 살려면 분수에 맞게 생활하면서 아껴 쓰고 절약을 하는 것이 생활 습관화 되여야 합니다.

소득이 많은 나라일수록 저축률이 높고 국민들의 소비생활이 검소하다는 것을 알아야 합니다. 선진국의 소비문화를 살펴보면 미국의 경우 슈퍼마켓 계산대에 길게 줄 서있는 주부들로부터 알뜰 정신을 실감할 수 있습니다. 할인쿠폰을 열심히 챙겨 갖고 와서 10센트 내지 1달라 정도 할인 받는 주부의 손길에서 미국시민의 소비문화를 발견할 수 있고, 물건은 대부분 소량으로 구매하는 고객이 많다는 것입니다. 호주 사람은 중고품을 구입하여 쓰는 경우가 많고 외식을 할 때도 주문한 음식은 깨끗이 다 먹으며 만약 남으면 1회용 용기에 싸 달라고 해서 가져간다고 합니다. 캐나다도 중고품 수요가 날로 늘어나고 점심은 간이 음식으로 대신하는 경우가 많으며 근검 절약하는 소비생활로 국가의 중심을 잡아가고 있습니다. 이스라엘 사람들은 세계적으로 검소하기로 이름나 있습니다. 공공건물이나 집도 필요이상 크게 짖지 않고 시설도 필요한 것 외는 하지 않는 답니다. 자동차도 10년은 보통이고 20년 이상 된 자동차들도 많다고 합니다. 이들에게 과소비니 사치라는 말은 거리가 멀고 해당이 없습니다. 이들 국민 소득은 우리보다 높은 1만 6천 달라 입니다.

영국 사람은 할인매장에서나 노 브랜드상품을 많이 삽니다. 영국 사람들의 철저한 실용정신을 담아 브랜드 값과 광고 선전비 등의 거품을 줄여 합리적인 가격으로 파는 매장을 많이 이용합니다. 그리고 품질이 좋은 것은 수출하고 흠이 있는 것은 내수용으로 쓴다고 합니다. 시민들은 소형차를 많이 소유하고 있습니다. 프랑스는 패션의 나라라고 하지만 이들이 생산하는 유명 상품은 외국에 수출하고 이들이 사 입는 옷은 값싼 것들이고 우리가 보기엔 쓰레기장으로 갈 물건인데도 버리지 않고 사용하거나 서로 필요한 것끼리 사고 팔아 자기생활에 적극 활용한다고 합니다.

독일 사람은 주말 벼룩시장을 애용하고 어린 학생도 자기가 쓰던 장난감과 스케이트와 바꿔 쓰는 등 어릴 때부터 절약 정신이 배여 있습니다. 그들은 물건 구입 때 여러 가게에 가서 물건값을 비교해 보고 삽니다. 상품에 흠집이 난 것은 값이 싸기 때문에 서로 살려고 경쟁이 심하답니다. 스위스 사람은 국민소득이 3만 달라 인데 근검절약이 몸에 배여 겨울에 난방 비를 줄이기 위해 실내에서 스웨터를 입고 생활하고, 물건으로써 기능을 할 수 있는 것은 버리지 않고 사용하여 가정에 오래된 제품이 많다고 합니다. 이탈리아는 선진국인데도 티코 같은 소형차를 많이 사용하고, 이탈리아 제 호화가구는 자기들이 사용하려고 만드는 것이 아니라 수출용입니다. 일본은 세계에서 제일 저축률이 높은 나라로 근검 절약이 몸에 배여 있고 미래를 대비하는 지혜가 대단합니다. 알뜰 장보기로도 유명합니다(생선 반 마리, 무 반개 등을 산다). 저 소비 습관으로 음식쓰레기도 거의 없습니다. 소금처럼 짠 일본인의 소비 절약 정신을 배워야 합니다.

우리나라는 1년에 버리는 쓰레기가 8조원이나 됩니다. 이 정도면 북한 주민이 1년을 먹고 살수가 있다고 합니다. 특히 음식 쓰레기는 80%이상의 수분이 함량 되어 있어 쉽게 부패하여 악취 및 오수가 발생되고 매립 처리 시 다량의 침출수가 환경오염을 유발하고 음식쓰레기 처리비용에 따른 경제적 부담도 과중합니다.

우리나라는 자원이 절대 부족한데도 언제부터인가 APT주변에 보면 가구, 옷, 전자제품 등 쓸만한 물건도 마구 버린 것을 볼 수 있습니다. 아무리 부자라도 아껴 쓰고 검소하지 않으면 망하게 됩니다.

무분별하게 외제품을 선호하고 사치 낭비하는 사람들도 많습니다. 특히 청소년들 중에도 옷, 신발, 학용품을 유명 외국 상표나 고급 메이커만 사려고 하는 등 우리 처지는 생각지 않고 유행에만 민감하여 사치성 소비성향의 학생이 있으며 물건을 잃어버리고도 찾을 생각도 않는 경우가 있습니다. 자기 물건을 아까워 할 줄 모른다는 것은 바보 같은 짓입니다.

나라의 미래인 청소년의 생각과 생활이 바르고 건전해야만 나라의 장래가 밝습니다. 사고싶은 것 다 사지말고 꼭 필요한 것만 사야 합니다. 청소년이 무절제하고 사치 낭비하면 우리의 삶은 점점 어려워지게 됩니다. 우리가 지금 먹고 입고 자는데 별로 걱정이 없어 생활에 불편을 못 느끼지만 이 정도까지 경제수준을 올리기 위해 부모님이나 어른들은 그 동안 허리띠를 졸라매고 많은 고생을 한때가 엊그제입니다.

  우리나라가 선진국 대열에 서서 잘 살수 있느냐 하는 것은 우리들이 건전하고 올바른 경제의식을 가질 때 바람직한 미래가 기대됩니다. 과소비, 사치낭비는 절대 하지 맙시다. 작은 구멍이 큰배를 침몰하게 합니다.

근검과 절약

　오늘날 우리 경제는 외채도 많고 실업률도 높은데 국민들의 씀씀이는 헤프고 흥청거리는 과소비로 어려운 상황입니다. 우리가 잘 살게 되었다고 해서 분수에 넘치는 생활을 해서는 안 됩니다. 우리의 씀씀이가 소득 수준 보다 큰 것은 문제입니다. 버는 돈 보다 쓰는 돈이 많다면 빚을 질 수밖에 없습니다. 과소비 풍조는 이제 없어져야 하고 모든 사람이 분수에 맞는 생활을 해야 합니다. 각자 자신은 얼마나 근검 절약하는 생활을 하는지 돌아봅시다.

　몇 년 전 독일로 유학을 갔다온 우리나라 대학생이 어느 날 독일 하숙집 아주머니로부터 소포와 편지를 받았습니다. 소포 속에 들어 있는 물건은 그가 독일에 있었을 때 신다가 버린 양말과 입던 내복들이었습니다. 그것을 독일 하숙집 아주머니가 깨끗이 빨아 떨어진 것은 꽤 매서 보낸 것입니다. 그리고 편지에는 "당신 네 나라가 잘 산다고 해도 조금만 손질하면 쓸 수 있는 물건을 그렇게 버리면 안 됩니다. 당신에게 쓸모가 있을 것 같아 보내 드립니다."라고 쓰여 있었습니다. 그 충고의 편지를 읽고 그 학생은 크게 뉘우쳤고 우리보다 월등히 잘사는 독일 사람들의 그 검소한 생활태도에 감동을 받아 기회 있을 때마다 자기 이야기를 하며 근검 절약을 생활화하고 있다고 합니다.

　위의 이야기는 씀씀이가 헤픈 우리에게 많은 것을 생각하게 합니다. 잘 사는 사람들의 생활자세는 다릅니다. 우리가 잘 살기 위해서는 근검 절약을 생활화하고 물건을 알뜰히 아껴 쓰는 생활 자세가 필요합니다. 연필, 종이, 필기구, 하나 하나가 다 돈입니다. 동전 한 잎이라도 소홀히 하지말고 저금통에 모으면 티끌 모아 태산이 되듯 목돈이 될 수 있습니다. 물건을 아끼고 알뜰하게 생활하는 것이 풍요로운 삶을 가져오게 합니다. 어릴 적부터 작은 것 하나라도 아껴 쓰고 절약하는 태도가 몸에 배야 합니다. 학교에서나 집에서 전기한 등, 물 한 방울이라도 아껴 써야합니다.
　그리고 가정에서 안 쓰는 물건이나 학생들의 도서, 학용품, 장난감, 옷, 기타 생활용품들은 서로 바꿔 써야 합니다. 상급생이 입고 있는 교복을 졸업 후 후배에게 물려주는 전통은 좋은 일입니다.
　근검 절약이 미덕으로 통하는 사회가 되도록 힘써야 합니다. 근검 절약하는 습관은 우리 사회를 튼튼히 버티어 주는 기둥입니다. 검약 정신은 시대를 초월하여 국민 모두가 지켜야 할 필수 덕목입니다. 근검 절약의 생활화는 바로 우리가 잘 살수 있는 길입니다. 굳은 땅에서 물이 고입니다.

이기주의 타파

우리는 평소 개인주의니 이기주의니 하는 말을 자주 합니다. 개인주의는 개개인이 자신에 대해 확고하게 책임을 지고, 구성원 하나하나의 주체성을 존중해 줌으로써 성립되는 계약과 신뢰의 인간 관계를 가리킵니다.

그러나 힘든 일, 귀찮은 일, 고통이 수반되는 일, 책임을 져야 할 일은 부모나 가족 같은 소속 집단에 의존하고 눈앞의 안일이나 쾌락, 편의나 욕심만을 차리는 것은 이기주의에 해당합니다.

나와 관계되는 남과는 의존 관계만을 유지하고, 그 외 관계로부터는 이해 추구만을 하는 그런 자기 중심적인 태도로는 이 세상을 원만히 살아갈 수 없는 것입니다. 이기주의자가 되는 것은 내 행동뿐만 아니라 내 성격도 그릇되게 합니다. 즉 만사가 내 욕심대로 되기만을 바랍니다. 공유(共有)가 아니라 소유(所有)가 목표이기 때문입니다. 공공적이거나 남의 것은 소홀히 하면서 나의 것은 아깝고 나만 손해보지 않고 편하면 된다는 탐욕스러움만 있는 것입니다.

지금 우리 사회는 '나 하나쯤이야'라는 이기적인 마음으로 행동하는 사람이 많습니다. 아프리카의 민담에 이런 이야기가 있습니다.

아프리카 대륙의 어느 조그마한 부족 사람들은 자기 욕심만 채우는데 정신이 없었습니다. 부족의 우두머리는 여간 걱정이 아니었습니다. 어느 날 추장은 부족사람들을 초대하여 잔치를 계획하였습니다. 음식은 추장이 준비하고 각 가정에서는 야자술 한 단지씩을 가져와서 큰 항아리에 붓도록 하였습니다.

잔치가 시작되어 추장은 "이 항아리에 있는 술은 각 가정에서 만든 술이 섞였으니 특이한 술맛이 날 것입니다. 모두 술잔을 채우고 축배를 드십시다"라고 제의를 하였습니다. 부족들은 술잔을 높이 들고 기쁜 마음으로 술맛을 보았습니다.

그런데 그 순간 부족들은 놀라면서 얼굴이 변했습니다. 그들이 마신 것은 술맛이라곤 조금도 없는 맹물이었기 때문입니다. 잔치에 온 사람들은 하나같이 자기 집에서 만든 술을 다른 사람에게 주는 것이 아까웠던 것입니다. 그들은 잔치에 많은 사람들이 참가하는데 큰 술독에 나 하나 물 한 단지쯤 붓는다고 무슨 문제가 있겠는가 생각했던 것입니다.

'나 하나쯤이야' 하는 잘못된 생각들이 모이면 사회전체가 망가지는 것을 알아야 합니다.

오늘날 우리 사회는 이러한 이기주의 사회로 빠져들고 있어 걱정입니다. 수단 방법 가리지 않고 일류 학교에만 들어가면 최고라는 단세포적인 분위기, 그리고 힘들고 괴로우며 어려움이 뒤따르는 과정을 생략하고 손쉽게 결과만을 추구하려는 사고방식, 사회적 인간으로의 성숙은 전혀 도외시하고 이기적 행동에 규제를 등한히 하고 있는 현실 사회, 특히 물질만능의 황금사상이 만연하고 도덕적인 민주 시민으로서의 자질 향상에는 등한히 하는 사회현상, 나만 위하고 편하면 그만 이라는 잘 못 된 생각들이 이 사회를 좀먹고 있습니다. 그 결과 올바른 인간성 형성을 해치고 비인간화 사회가 되고 있어 안타깝습니다.

우리는 이기적이고 자기 중심적인 것만을 추구하는 사회 풍조를 과감히 개혁하여 과정을 중시하며 과정에서도 책임을 질 줄 알고 봉사하는 외향적 개인주의로 전환시켜야 합니다.

어떤 병실에서 있었던 일입니다. 한 환자는 창가의 침대에 누어있었고 다른 환자는 벽 쪽의 침대에 있었습니다. 창가의 환자는 늘 창 밖을 내다보면서 밖을 볼 수 없는 벽 쪽의 환자에게 창 밖의 풍경을 자상하게 이야기 해 주었습니다.

지금 창 밖에는 아름다운 꽃이 피어 있고 어린애를 데리고 가는 엄마의 모습이 행복해 보인다느니 등 세상의 아름답고 밝은 이야기를 들려주곤 하였습니다. 벽 쪽의 환자는 창가의 환자가 죽어나가면 자기가 그 자리를 차지하리라 생각했습니다. 얼마 후 창가의 환자는 세상을 떠났고 벽 쪽의 환자는 창 쪽의 침대로 옮겼습니다.

그런데 이게 웬 일입니까? 시야에 들어오는 창 밖의 모습은 아름다운 풍경은 커녕 회색의 시멘트 벽 뿐이었습니다. 그렇게 괴로운 처지에 있는 환자의 몸으로 벽 쪽의 환자는 더 답답할지도 모르겠다고 생각한 나머지 기쁘게 해 주기 위해 창가의 환자는 열심히 아름다운 이야기를 들려 준 것입니다. 그것도 모르고 벽 쪽의 환자는 상대방이 죽으면 자기가 창가로 옮길 수 있다고 생각했으니 얼마나 양심의 가책을 받았겠습니까?

여기에서 우리는 이기적(利己的)인 사람과 이타적(利他的)인 사람을 헤아릴 수가 있을 것입니다. 자기 중심적인 사람은 이기적인 사람이고 타인 중심적인 사람은 이타적인 사람으로 남을 소중히 여기는 사람입니다. 남을 소중히 여기는 사람이 많아야 그 사회는 아름답고 밝은 사회가 됨은 자명한 일입니다.

아인슈타인이 이스라엘의 초대 대통령으로 추대되었을 때, 이스라엘은 신생 국가이니 만큼 그보다 더 젊은 사람을 대통령으로 선출해야 된다고 말하면서 거절하였습니다. 유태인이 성공하는 비결은 그들이 더불어 살고 책임질 줄 아는 개인주의자라는 점에 있습니다.
  청소년이 가야 할 길은 분명합니다. 앞으로 이 사회를 이끌고 나갈 주인공이 앞장서서 '나' 하나만을 위하고 '나' 하나만을 생각하는 이기주의는 타파하고 책임질 줄 알며 너와 내가 함께 잘 살 수 있는 공동체 의식을 함양해야 합니다. 이기주의는 나도 망하고 나라도 망합니다.

돈의 가치는

이 세상에서 돈을 싫어하는 사람은 없을 것입니다. 돈이 없으면 살 수 없기 때문입니다. 우리가 직업을 갖고 열심히 노력하는 것도 돈을 벌어 생계를 유지하고 보다 나은 생활을 하기 위함이 한 이유입니다. 그러나 돈은 정당한 노력의 대가로 버는 것이어야 가치가 있는 것이지 부정하게 돈을 모으거나 돈에 노예가 되어 수전노가 되면 경멸의 대상이 됩니다.

'보주옥자(寶珠玉者)는 앙필급신(殃必及身)이니라.' 즉 '주옥을 보배로 삼는 사람에게는 앙화가 반드시 미치게 될 것이다.'라고 하였습니다. 이는 사람들이 도덕적인 질서를 돌보지 아니하고 물질적 욕망에만 사로잡히면 반드시 재앙을 만나게 됨을 경계한 말입니다. 일상 생활에서 재물에 눈이 어두워 자기의 분수를 지키지 못하여 패가 망신을 당하는 사람이 우리 주변에는 많이 있습니다.

재물의 욕망에만 집착하여 지위나 권좌를 이용하여 치부하는 일, 사기 횡령하는 일, 업주가 노동자의 임금까지 착복하는 일, 심지어는 금융기관에 예금한 돈을 직원이 갖고 도망가는 일, 강도 절도하는 일 등 이 모든 것이 수단방법 가리지 않고 돈에 노예가 된 욕망의 행동입니다. 다른 사람은 어떻게 되든 나만 치부하면 된다고 생각하는 사람은 결국 자기 인생을 더럽히고 사람이기를 포기하는 것입니다. 그런 돈은 가치가 없고 돈을 욕되게 할 뿐입니다. 인간은 양심으로 살아야지 욕망으로 살아서는 안됩니다. 이런 사람들은 결국은 돈 때문에 자기 인생을 망가지게 합니다.

분명 돈이 많았으면 좋겠다고 생각하는 것은 불문가지입니다. 돈이 많으면 우선 하고 싶은 일은 무엇이든 할 수 있을 것입니다. 부모님께 효도도, 자녀들의 장래를 위해서도, 친구나 친지들과 정을 나누는 데에도 돈이 필요합니다. 또 부부간의 행복이나 사랑의 표현도 돈으로 좀 더 효과를 볼 수 있을 것입니다. 즉, 사람을 기쁘게 하고, 편하게 하며, 행복하게 하는 데에는 어느 정도의 돈이 필요한 것은 불가피한 조건이라고 하겠습니다.

자기 자신의 행복이나 성장을 위해서는 돈이 있으면 그만큼 더 빨리 성장할 수 있는 것이 현실입니다.

그러나 돈 때문에 일어나는 비리와 갈등을 우리 주변에서 수없이 보고 느끼면서, 돈이란 참 좋고도 무서운 것이란 생각이 듭니다. 그것은 『돈』이 행복을 가져오는 경우도 있지만, 불행의 원인이 되는 경우도 많기 때문입니다.

많은 돈이 없어도 가족들이 땀흘려 일해 분수대로 살고, 서로 아끼고 사랑하며 열심히 살아가는 사람들을 우리 주변에서 얼마든지 볼 수 있습니다. 그들은 열심히 살며 거기에 감사할 줄 알고, 만족할 줄 아는 사람들입니다.

이런 삶이 남 보기에는 답답한 인생일지 모르나 당사자인 그들은 진정 성실한 태도로 알찬 행복을 가꾸는 주인공들인 것입니다.

돈의 진정한 가치는 그것을 소유하는 데 있는 것이 아니라 그것을 어떻게 벌고 사용하느냐에 있습니다.

자기가 노력하여 번 돈이라야 노동의 대가에 고마움을 알게 되고 돈의 귀함도 알게 되는 것입니다. 우리가 산다는 것은 자신의 능력으로 한발한발 앞으로 나아가는 데 기쁨과 보람이 있습니다. 자기가 직업을 갖고 봉급을 받거나 사업을 통해 근검 절약해서 목돈을 마련하여 집도 사고 가재도구도 장만하고 부모님을 봉양하고 자식들 공부시키는데서 기쁨을 맛보아야 행복한 것입니다. 만약 부모의 유산으로 불편함이 없이 편히 산다면 자기의 기쁨과 행복을 그만큼 뺏어가는 것임을 알아야 합니다. 지금의 편안함만 생각하고 내일의 자기 행복을 잊어버리는 우를 범해서는 안됩니다.

  부모님께서 주시는 용돈을 아무 생각 없이 사용해서는 안됩니다. 그 한푼의 돈을 벌기 위해 부모님은 새벽부터 밤늦게 까지 많은 고생을 하고 계십니다. 돈의 가치와 귀함을 알고 돈을 사용해야 합니다.

  특히 요즘같이 『돈』이라는 것에 영향을 받고, 관심이 쏠려 있는 때일수록 돈에 대한 개념을 올바로 정립할 필요가 있습니다. 자신이 열심히 일을 해서 돈을 벌고 도도한 자립 정신으로 살아야만 비로소 『돈』이 진정한 행복의 조건이 됩니다. 돈에 대한 지나친 애착은 악의 근원입니다. 최대의 부(富)는 조금을 얻어도 만족하는 그것입니다.

질서는 편하고 아름다운 것

 우리는 기러기의 정신을 배워야합니다. 안서(雁序) 와 안행(雁行)이란 말이 있습니다. 기러기와 같이 정연한 순서가 '안서' 요, 기러기와 같은 규율을 가지고 날아가는 것을 '안행' 이라 합니다. 기러기는 구만리 장천을 날아도 대열을 헝클어트리지 않고 날아서 자기들이 정한 목표를 향해 갑니다. 앞의 새를 뒤의 새가 질서 있게 따라가면서 질서와 규율을 가지고 놀라운 행동통일을 합니다. 서로를 굳게 믿는 신의가 있기 때문에 행동통일이 되고 단결력이 강한 것입니다. 기러기의 정신을 음미하고 우리의 질서의식을 자성해 봐야 합니다.
 질서의식은 집단의 가치규범을 준수하여 공동생활의 조화를 깨지 않으려는 정신입니다. 질서의식이 있는 사람은 법이나 규칙을 잘 지키는 생활을 합니다. 질서를 잘 지키는 국민이 문화민족이며 선진국민입니다.

 얼마 전에 외국을 여행한 적이 있습니다. 일본이나 미국 사람들은 질서가 몸에 배어 있었습니다. 서두르지 않고 차례대로 줄을 서서 기다리고 있는 질서 있는 행동이 인상 깊었습니다. 미국에서는 어느 장소이든 차례를 지켜야 할 곳에서는 몇 사람만 있어도 줄서있는 모습을 어디서나 볼 수 있었습니다. 기다리는 사람이 많은 곳에서는 줄을 'ㄹ'자형으로 하여 서있고 줄을 서는 것도 합리적이었습니다.

　미국 사람들은 공중 화장실에서 줄서 있는 형태가 우리와 다릅니다. 우리는 화장실 안으로 들어가 줄을 서는데 미국 사람들은 밖의 입구에서 줄을 서 있다가 화장실을 사용한 사람이 나오면 한사람씩 차례대로 안으로 들어갑니다. 변기를 사용하고 있는 사람 뒤에서 기다리는 것 보다 밖에서 기다리다가 변기가 나는 대로 순서에 따라 들어가는 것이 예절 있고 질서 있는 행동 같으며 더 합리적인 것으로 생각되었습니다.

　일본 역시 질서생활이 습관화되어 있었습니다. 버스 정류장이나 지하철역이나 공공장소에서의 질서 있는 모습을 보면서 이러한 나라들이 세계무대에서 인정받고 신뢰를 얻고 있는 것은 결코 우연이 아님을 알 수 있었습니다.

　선진 외국의 경우 교통질서도 잘 지키고 있습니다. 한밤중에 신호등에 빨간 불이 있으면 차들은 약속이나 한 듯이 서서 파란 불이 들어올 때까지 기다립니다. 그러나 우리는 교통신호를 무시하고 달리는 차들이 많으며 더욱 한밤중이나 인적이 드문 길에서는 신호등을 의식하지 않고 달리는 것 같은 느낌입니다. 우리나라에서 교통질서를 제일 잘 지키는 사람은 초등학교 어린이일 것입니다. 어린이들은 빨간 불 파란 불의 신호대로 질서를 잘 지켜 대견합니다. 이들의 작은 실천 하나 하나가 이 나라의 밝은 내일을 약속하는 밑바탕이 될 것입니다. 교통질서 하나도 제대로 못 지키는 사람들은 누구를 막론하고 부끄러워해야 하며 어린이에게 배워야합니다.

얼마 전 신문에 보도된 내용을 보면 우리나라 여행객 중 비행기 안에서 양말을 벗고 화투를 치면서 큰 소리로 떠들어 창피를 당한 일이나 호텔에서 잠옷바람으로 로비를 돌아다니고 밤 늦도록 떠들고 소란을 피워 투숙객들에게 항의를 받았다는 기사를 본적이 있습니다. 외국인들의 눈에 비친 한국인의 모습이 어떠했는지는 쉽게 짐작할 수 있을 것입니다. 세계로 나가기 이전에 먼저 공공장소에서 기본질서와 예절을 지키는 일부터 배워서 실천해야 합니다. 문화시민이 되려면 먼저 질서가 생활화가 돼야 하는 것입니다.

질서를 지키는 마음은 남을 존중하려는 예절에 바탕을 둔 것입니다. 예절을 지키고 질서 있게 행동하는 것은 그 사람의 품위를 가름하는 척도가 됩니다.

외국 어느 학교에서 점심시간에 줄서있는 학생사이로 어떤 학생이 중간에 새치기를 했는데 아무도 꾸짖거나 밀쳐내지 않더랍니다. 그런데 그 새치기 학생한테 배식 차례가 되었을 때 바로 뒤에 있던 학생이 "이 학생은 새치기했습니다"라고 배식하는 사람에게 말을 하여 맨 뒤로 다시 돌려보내더랍니다. 이런 것이 바로 이 나라를 강대국으로 만든 저력이구나 생각했답니다.

잘못된 것은 바로 잡아주고 순서를 지킬 수 있도록 해주는 국민의식이 있어야 하며 질서를 어긴 사람도 자기의 행동에 부끄러움을 느껴야 질서를 바르게 지켜 가는 사회가 됩니다.

줄 서서 기다리는 곳에서 새치기를 하는 것은 뒤에서 기다리는 사람은 생각하지 않는 이기적 행동입니다. 만약 그런 사람이 오랫동안 뒤에 서서 차례를 기다리고 있는데 어느 사람이 앞에서 새치기를 했다면 어떤 마음이었을까요. 이런 일이 아무런 자책 없이 행해지는 사회, 국민이라면 그 나라는 미개한 후진국에 머물 수밖에 없을 것입니다. 어떤 경우 뜻하지 않게 무질서한 행동을 했다면 잘못을 알고 제자리로 돌아와 바르게 질서를 지키는 것이 우리가 해야할 일입니다.

미국에서 있었던 일화를 하나 더 소개하겠습니다. 미국 사람들은 미식 축구를 좋아합니다. 어느 날 미식 축구가 벌어지고 있는데 경기가 과열되어 선수간에 싸움이 벌어졌고 응원단까지 싸움이 번져 무질서하여 수습하기가 어려웠습니다. 이때 한 연약한 아가씨가 본부석의 확성기를 이용해 미국 국가(國歌)를 방송했습니다. 국가가 연주되자 싸우던 사람들은 모두 부동자세를 취하고 국가를 따라 불렀습니다. 국가가 끝난 후 정신을 차린 사람들은 그 거칠었던 행동에 평온을 찾고 더 이상 싸우지 않고 질서를 바로 잡았습니다.
무질서는 이기적인 생각에서 생겨나는 현상입니다. 국가나 사회 다른 사람을 생각하고 행동한다면 질서 있는 행동을 하게 됩니다. 질서는 우리 자신을 위한 길이고 질서를 지키는 것은 편하고 힘이 되고 아름다운 것입니다.

질서는 행동적인 것만이 아니고 물건들도 모두 제자리에 있도록 하는 것이 질서입니다. 책은 책상이나 책꽂이에 있어야 하고 신발은 신발장에 있어야 하며 휴지는 휴지통에 있어야 합니다. 만약 책이 휴지통에 들어 있고 신발이 책상 위에 있다면 말도 안 되는 일이라고 할 것입니다. 모든 물건들은 있어야 할 제자리에 놓여 있어야 질서가 있는 것입니다. 질서는 모든 것이 제자리를 찾아서 지키도록 하자는 약속입니다.

만약 사람의 얼굴에 있어야 할 눈 코 귀가 다른 곳에 붙어 있다면 사람의 모습이 아니고 흉측하게 보일 것입니다. 이렇게 예를 들어 말하면 이해를 하면서도 자기가 하는 행동은 아무렇지 않게 생각하고 지나는 경우가 많습니다. 사람이나 물건이나 제자리에서 질서 있게 제 역할을 할 때 조화롭고 아름다운 것입니다.

인도(人道)는 사람이 다니고 차도(車道)는 자동차가 다니고, 교실은 공부하고 운동장은 뛰고 달리며 운동하기 위해 마련한 장소입니다. 사람이 차도로 무질서하게 다니고 교실에서 뛰고 공놀이를 하면 안 된다는 것입니다. 그곳에 맞게 행동해야 할 곳에서 다르게 행동할 경우에는 질서가 무너지게 됩니다.

교통질서 공공질서는 물론 줄서기나 질서 있게 있어야 할, 또 해야 할 일들이 제대로 제자리에서 지켜질 때 공동생활이 즐겁고 편해지고 아름다워 집니다. 우리를 편하고 아름다우며 조화를 이루게 하는 질서를 잘 지키는 문화국민이 됩시다. 조화를 이루고 아름다운 것은 영원한 즐거움입니다.

도와주며 살기

오늘날 청소년들은 너무 자기 중심적이라는 우려의 말을 자주 듣습니다. 주변의 어려운 이웃을 외면하거나 자기보다 약한 친구를 도와주기는커녕 괴롭히는 경우도 있습니다. 사람은 언제 자기가 다른 사람의 도움을 받게 될지 모릅니다. 이사회에 사는 한 우리는 서로 도와주며 어울려 살아야 한다는 기본원리는 결코 변할 수 없습니다.

다음의 이야기는 삶에 큰 교훈이 될 것입니다. '썬다 싱'이라는 전도사가 전도 여행을 하던 때의 이야기입니다. 어느 추운 겨울날 길에서 두 사람을 만났는데 한사람은 몸이 얼어서 걷지를 못했습니다. '썬다 싱'은 옆의 사람에게 같이 부축해 데리고 가자고 했습니다만, 옆 사람은 "그 사람 데리고 가다가는 우리 모두 다 얼어죽을 겁니다"하고 혼자 가 버렸습니다. '썬다 싱'은 할 수 없이 그 몸이 언 사람을 업고 길을 떠났습니다. 언덕을 올라가려고 하니 땀이 나서 어느덧 온몸이 더워졌습니다. 등에 업힌 사람도 '썬다 싱'의 따뜻한 몸에 녹아서 다시 기운을 회복하게 되었습니다. 얼마 후에 '썬다 싱'은 눈 속에 쓰러져 죽은 사람을 보게 되었습니다. 자세히 보니 그는 바로 몇 시간 전에 혼자 살겠다고 가 버렸던 사람이었습니다. 얼마 더 가다가 '썬다 싱'은 지쳐서 그만 쓰러졌습니다. 이번에는 업했던 이가 '썬다 싱'을 업고 가서 두 사람은 모두 무사히 살았습니다. 이 이야기는 서로 도와주면 서로 사는 진리를 깨우치게 한 귀한 교훈인 것입니다.

이는 사람뿐 아니라 동물의 세계에서도 서로 돕고 살아가는 경우가 많습니다. 타조는 몸집이 큰 새라서 날지를 못합니다. 그러나 시력은 대단히 좋아서 멀리서 공격해 오는 맹수들을 재빨리 발견할 수 있습니다. 그런가하면 얼룩말은 놀랄 만큼 예민한 후각과 청각을 지니고 있어 맹수가 접근하는 것을 재빨리 알아차릴 수가 있다고 합니다. 때문에 타조와 얼룩말은 서로의 장점을 살려 서로 도와가면서 맹수의 습격을 피해가며 잘 살아가고 있는 것입니다.

악어와 악어새도 서로 도우며 살고 있습니다. 악어새는 악어 이빨에 낀 먹이를 먹고 악어는 이빨을 청소할 수 있어서 좋은 것입니다. 꿀벌도 이 꽃 저 꽃을 다니면서 꽃가루를 날라주어 수정시켜 주고 꿀을 얻고 있습니다. 이렇게 서로 도우며 공생하는 것은 사람이나 동물이나 많이 있습니다. 누구를 도와주거나 무엇을 나눈다는 것은 나의 것을 일방적으로 주는 것이 아니라 줌으로써 더 많은 것을 도움 받고 채워지기도 한다는 것입니다.

서로 도우며 마음을 합하면 무슨 일이든 할 수 있습니다. 'SOUND OF MUSIC'이란 영화가 있습니다. 이 영화는 1965년에 만들어진 미국의 뮤지컬 영화입니다. 줄거리는 1938년, 오스트리아의 알프스 지방에서 지원 수녀인 마리아가 트랩가(家)의 어머니를 여윈 7명의 아이들의 가정교사가 되어 애정과 음악으로 집안을 명랑하게 하여 단란을 되찾고, 드디어 주인 트랩대령과 결혼합니다. 그리하여 트랩 싱어스라는 가족 합창단을 조직, 오스트리아가 나치스 독일에 병합되기 직전에 미국으로 망명한다는 이야기입니다'.

 여기서 강조하는 것은 감미롭고 경쾌한 노래 소리도 인상적이지만 노래를 통해 서로 도우면서 한마음이 되어 여러 가지 어려움도 극복하고 소기의 목적을 달성해 가는 그 과정이 감동적이라는 것입니다. 노래를 통해 흩어진 마음이 하나가 되어 서로 위해주고 사는 큰 힘을 발휘한 위대함을 느끼게 하는 영화입니다.

 자기 혼자의 힘은 약하지만 서로 도와주는 힘은 지렛대처럼 큰 힘이 되기 때문에 큰 힘이 될 수 있는 서로 도와주는 협동의 지혜를 키워나가야 합니다. 마음을 합쳐 서로 도와주면 큰 힘을 발휘할 수 있습니다. 우리가 어떤 일을 못하는 것은 협동심이 부족하기 때문이며 또한 협동이 자신에게 도움을 준다는 것을 모르기 때문입니다. 사람은 혼자 살 수 없습니다. 이웃과 더불어 사는 것입니다. 우리의 도움이 필요한 곳에 작은 힘이라도 앞장서는 용기가 필요합니다. 함께 사는 사회에서는 모두 서로를 위해 도우며 살아야 합니다. 백지장도 맞들면 낫습니다.

정직한 사회

어떤 열매이든 열매가 맺힌다는 진리 앞에서 삶의 의미를 되새기는 것은 또 다른 잉태의 기쁨입니다.

학교 정원의 감나무에 어느 한 사람도 손대지 않고, 청자 빛 하늘 아래 주렁주렁 풍성하게 감이 익어 가는 아름다운 모습을 보면 학생들이 자랑스럽습니다. 교정의 감들은 학생들의 인성교육이 알차게 잘 열매 맺어 가고 있음을 증명하는 것 같습니다.

교육은 바른 사람이 되게 하는 것이 기본입니다. 이를 위해 성실, 정직, 도덕성, 민주시민 정신 등의 인성교육에 힘쓰고 있는 것입니다. 이는 결국 인간의 양심에 의해 바르고 선하게 책임감을 갖고 행동하며 살아야 하는 것을 지향하고 있는 것입니다.

룻소는 그의 저서 '에밀'에서 '양심은 영혼의 소리이고 탐욕은 육신의 소리이다' 라고 하였습니다. 그렇다면 영혼의 소리인 양심은 무엇이고 육체의 소리인 탐욕은 무엇일까요? 예를 들어 풍성하게 익은 과일 나무 옆을 지나가는 경우 '하나쯤 따먹어도 괜찮겠지' 하고 육체의 소리가 입맛을 유혹하면 손이 과일에 닿으려고 합니다. 그때 영혼의 소리가 '안 돼! 남의 물건에 손을 대면 안 돼! 그것은 도둑이야' 라는 소리를 듣고 주춤하게 됩니다. 사람들이 안 보니까 슬 적 남의 물건에 손을 대려는 생각, 그러나 그때마다 양심이 육신의 욕망을 가로막고 나섭니다. 만약 양심이 없다면 이 세상은 불행의 연속으로 살아가기가 힘들 것입니다. 양심을 지키며 사는 것이 살기 좋은 아름다운 세상을 만드는 길입니다. 학교의 물건이나 학생들의 물건은 종이 한 장이라도 주인 허락 없이는 가져가서는 안됩니다. 남의 물건에 손을 대는 사람은 나쁜 사람입니다.

'바늘 도둑이 소도둑 된다' 는 말이 있습니다. 바르고 정직해야 합니다. 정직한 사람들이 많이 사는 살기 좋은 나라를 하나 소개하겠습니다.

어떤 사람이 덴마크의 농촌을 여행하다 탐스럽게 주렁주렁 달린 사과를 보고 몇 개 살려고 주위를 살폈으나 사람이 없었습니다. 그런데 조금후 자동차 한 대가 사과나무 옆에 멈추더니 차에서 내린 사람이 사과나무 밑에 놓인 상자에 돈을 넣고는 사과를 몇 개 따 가는 것이었습니다. 알고 보니 누구라도 사과를 따먹고 그 값을 상자에 넣으면 되는 것이었습니다. 사과가 주렁주렁 열려있는 길가의 사과나무와 그 사과나무 밑에 놓여있는 돈 상자를 보면서 이 여행자는 덴마크 사람들의 정직한 시민정신에 감명을 받았다고 합니다. 이처럼 살기 좋은 나라가 되려면 성숙된 시민정신과 주인정신을 갖춰야 합니다.

정직한 사람이야말로 인간에게 가장 믿음을 주는 아름답고 깨끗한 사람의 모습입니다.

어느 마을에 정직한 젊은이가 있었습니다. 이 가난한 젊은이는 어느 날 빵 가게에서 사온 빵을 먹다가 빵 속에 금화가 들어 있는 것을 발견했습니다. 그는 얼른 빵 가게로 달려가서 "할아버지 이 금화가 빵 속에 있습니다." 가게 주인인 할아버지는 웃음을 띠고 "그 금화는 젊은이가 가지시오"라고 말했습니다. 할아버지는 늙어 더 이상 가게 일을 할 수 없게 되었고 아내와 자식도 없어 그 동안 모은 돈과 가게를 누구에게 넘겨 줄 가 고민을 했습니다. 생각다 못해 빵 속에 금화를 하나씩 넣어 본지 여러 달이 되었건만 아무도 그 금화를 가져 온 사람은 없었습니다. "이렇게 젊은이가 가져왔으니 자네야말로 정말 정직한 사람이군, 젊은이가 오늘부터 이 가게를 맡아주게." 이렇게 말하며 빵 가게 할아버지는 흐뭇한 표정으로 그 젊은이의 어깨를 두드려 주었습니다. 정직이야말로 인간이 살아가는데 위대한 자산임을 잊어서는 안됩니다.

정직에 대한 일화를 하나 더 소개하겠습니다. 조선시대 유학자 퇴계 이황 선생 댁의 이웃집에 커다란 밤나무가 가을이 되면 밤송이들이 퇴계 선생 댁으로 떨어졌습니다. 그때마다 퇴계 선생은 밤을 주어서 이웃집으로 던져 넘기곤 하였습니다. 하인이 여쭙기를 "그까짓 알밤 몇 개를 굳이 던져 넘기실 필요가 있습니까?" 하였더니, 선생은 "밤 한 톨일지언정 주인의 허락 없이 먹는 것은 정직하지 못한 행동"이라며 하인들에게도 그렇게 하라고 하였습니다.

이 일화를 통하여 우리는 정직을 배워야 합니다. 정직은 인생설계에 있어서 가장 든든한 기초라고 할 수 있습니다. 탐욕이나 나쁜 마음이 있을 때는 양심의 소리를 듣고 깊이 생각한 후 참고 정직해 지면 흐뭇한 기쁨을 맛볼 것입니다. 이렇게 자신을 다스려 나가야 합니다.

공자의 제자인 자장이 몸의 행실을 닦음에 가장 좋은 방법이 무엇인지를 물었습니다. 그러자 공자는 참는 것이 모든 바른 행실의 근본이라고 하였습니다. 우리 몸은 마음의 지배를 받습니다. 그래서 마음을 훈련하지 않고는 몸의 행실을 바로 가질 수 없습니다. 그런데 마음의 훈련은 인내에서 출발하는 것입니다. 참음으로 자신을 이겨내는 것입니다.

어느 초등학생이 길을 가다 이웃집 과일을 따려고 하였습니다. 마침 함께 있던 친구가 과일을 따려는 학생에게 "야! 참아, 따지마! 우리 엄마가 그러는데 다섯 번 참다가 여섯 번째 참지 못하고 나쁜 짓을 하면 다섯 번 참았던 것이 다 허사가 된데"라고 말했습니다. 이 얼마나 아름다운 말입니까?

가을의 열매는 화사한 꽃이 떨어진 자리에서 윤기 있고 알찬 열매가 조금 씩 조금 씩 커지는 것입니다. 인생의 열매도 마찬가지입니다. 미숙했던 모습들이 교육을 통해 하나하나 열매를 맺고 성숙되어 가는 것입니다.

누구나 자신의 생활 전반을 되돌아보면서 바르고 정직한 열매를 맺는 삶이 되도록 노력해야 합니다. 정직은 최선의 정책이며 영예는 정직한 행위 속에 있습니다.

꽃과 나무를 가꾸는 마음

　자연의 숨결이며 새 생명의 잉태현상이 일어나는 계절이면 사람마다 꽃씨를 뿌리고 나무를 심느라고 분주합니다. 나무를 심고 가꾸며 아름다운 자연환경을 보전하는 것은 전 국토 자원화의 기반뿐 아니라 국민건강과 국가경제에 직결됩니다.
　산림을 잘 가꾸는 것은 큰 자원 생산입니다. 세계에서 선진국으로 잘 사는 나라 치고 산에 수목이 울창하지 않은 나라는 없습니다. 산림은 내일의 번영을 약속하는 소중한 재산입니다. 나무를 심고 가꾸는 것은 현재보다 미래를 가꾸는 생활 설계입니다. 그 나라의 산림형편은 곧 그 나라의 문화수준과 부강을 알아 볼 수 있는 척도입니다.
　우리나라는 금수강산입니다. 그러나 일제 때 일본인들이 마구 나무를 베어가 헐벗은 산이 되었습니다. 해방 후 꾸준히 식수하여 이제는 푸른 산의 면모를 갖추게 되었지만 경제림으로써의 생산성은 부족합니다. 재목으로 쓸 수 있는 수종으로 바꾸고 푸른 자연 속에서 쾌적한 생활을 해야 합니다.
　우리는 정원이나 집 주변 공터에 나무 한 그루라도 심고 가꾸는 정성이 있어야 합니다. 나무를 심을 마땅한 곳이 없는 사람은 예쁜 꽃이라도 화분에 심어 가꿔 보면 삶이 한결 즐거울 것입니다. 꽃과 나무를 가꾸는 과정에서 자신을 다듬고 아름다운 삶을 찾는 계기가 될 것입니다.

어떤 분이 여행할 때마다 예쁜 꽃씨를 갖고 가서 역주변이나 여행지에 꽃씨를 심고 다녔답니다. 동행하던 친구들이 언제 여기를 또 올지도 모르는데 무엇 하러 그런 수고를 하느냐고 했더니 그분 말씀이 "나는 언제 여기를 올지 모르지만 봄은 틀림없이 다시 온다. 봄이 되면 꽃이 피고 오가는 사람들이 그 꽃을 보면서 즐거워 할 것이다."라고 했답니다. 참으로 고마운 분입니다. 이렇게 꽃 한 송이라도 소중히 생각하는 것이 이 사회를 밝고 명랑하게 하는 밑거름입니다.

우리 주변의 나무와 꽃을 사랑하는 마음은 바로 자연을 사랑하는 것이고 인간을 사랑하는 것입니다. 우리는 산과 정원에 있는 나무와 꽃을 잘 보호하고 가꿔야 합니다. 그 나무와 꽃은 바로 우리의 것입니다. 우리의 정성이 깃들인 만큼 우리에게 울창한 숲과 아름다운 꽃을 선보일 것입니다. 나무 한 그루 꽃 한 송이에도 우리의 사랑을 심어 아름다운 환경 속에서 우리가 넉넉하고 따뜻하게 살아가야 합니다.

그런데 한가지, 우리가 매년 많은 식수(植樹)를 하면서도 우리나라 국화인 무궁화는 별로 심지 않아 아쉽습니다. 해방 이후 나무 심는 일은 곧 애국으로 통할만큼 권장했으면서도 봄이 와서 새싹이 돋고 꽃이 피어도 우리 주변에서 무궁화는 별로 볼 수 없는 것이 안타깝습니다.

국가와 민족을 상징하는 나라꽃은 그 나라의 역사, 풍토, 전설, 민족성 등에 연유해서 정해지는 것입니다. 나라꽃은 그 나라에서 가장 많이 피고 그 국민들이 사랑하며 자랑삼는 꽃이 국화(國花)로 지정되어 있어 나라꽃만 보아도 그 민족성이나 풍속을 짐작할 수 있는 것입니다.

몇 나라의 국화를 살펴보면 영국의 국화는 장미, 일본은 벚꽃, 인도와 스리랑카는 연화, 스위스와 오스트리아는 에델바이스, 화란과 터키는 튤립, 덴마크는 클로버, 그리고 중국은 목단에서 매화로 바꾸었다 합니다. 이들 꽃들은 바로 그 나라 어느 곳에를 가나 쉽게 볼 수 있고 그 국민들 마음속에서 깊이 사랑 받고 있음을 두말 할 나위가 없습니다.

우리나라 무궁화도 구한말부터 국화(國花)로 삼았던 것으로 알려져 있습니다. 무궁화 동산이라는 뜻으로 우리나라를 근역(槿域)이라 부른 것을 보면 우리 겨레가 무궁화를 사랑해 왔음을 짐작케 합니다. 특히 우리의 무궁화는 꽃 매가 수줍고 겸손하며 결백하고 번식력이 강한 성품이 그대로 우리 겨레의 성격과 닮은 것 같아 우리에게 더욱 자랑스런 국화로서 자리잡고 있는 것입니다. 그런데 근래에 와서 우리의 관심외적인 꽃처럼 느낌을 갖게된 것은 누구의 책임도 아닌 바로 우리의 책임인 것입니다. 우리가 이제라도 무궁화를 많이 심고 가꾸어 싱싱한 민족의 생명력을 보여야 하겠습니다. 우리 민족의 슬기와 감격을 무궁화와 함께 영원히 소중하게 간직해야 될 것입니다.

무궁화는 7월에 개화하여 10월까지 3개월 간 계속하여 곱게 피는 꽃이며 품종에 따라 흰빛 보랏빛 붉은빛 겹꽃 홑꽃이 있어 조화

있게 식수해 놓으면 여러 가지 색의 꽃이 아름답기도 합니다. 관상용으로도 좋고 특히 내한성이 강하고 수세가 왕성하여 아무 땅에서나 잘 자랍니다. 더욱 겹 무궁화는 꽃이 아름답기 때문에 잔디밭 주위나 화단용으로 재배해도 좋습니다.

애족하는 마음으로 무궁화를 심고 가꾸는 마음을 가져야 합니다. 무궁화에 대한 국민의 한결같은 사랑의 마음으로 더욱 싱싱하고 선명하게 가꾸어 그 정취와 무궁화가 주는 역사성을 길어지게 해야 합니다. 그러면 무궁화의 모습은 영원히 도도한 모습으로 우리를 지켜 줄 것이며, 오늘 심은 무궁화가 우리들에게 밝고 행복스런 품격의 애국하는 마음으로 조용히 이어져 가게 될 것입니다.

영원한 내 조국을 번영과 함께 나라꽃의 푸른 생명력을 위해서 매년 한 번쯤 이라도 무궁화에 대한 생각, 가꾸는 마음을 가집시다. 방방곡곡 어디를 가나 우리 곁에 많은 나라꽃이 함께 있어 나라꽃 사랑이 나라사랑이 되고 활짝 핀 무궁화 꽃에서 우리의 기쁨과 보람을 가질 수 있게 말입니다. 자연사랑은 인간사랑으로, 나라꽃 사랑은 나라사랑으로 통합니다.

자랑스런 문화유산

　문화란 인간이 사회집단을 만들어 살면서 이룩한 생활양식으로써 문화를 통하여 인간집단의 생활모습과 품격 그리고 그 집단의 됨됨이를 알 수 있는 것입니다. 문화는 인간의 삶의 내용을 풍부하게 하여주는 근원인 동시에 인간의 삶에 대한 사회집단 특히 그 민족생활과 깊은 관련이 있는 것으로 그 특유한 구조적 통일성을 지니며 문화의 존재 성격을 나타내는 것입니다.
　우리의 문화유산은 우리의 전통과 민족의 정체성을 지켜주는 바탕이며 민족의 뿌리 그 자체입니다. 유형·무형의 각종 문화재는 문화 창조과정의 소산으로 우리 조상들의 정신과 혼과 숨결을 지닌 삶과 예술의 표상이며 문화적 유산입니다. 문화재는 우리조상들의 슬기에 의하여 창조된 문화가치가 있는 사물로서 역사적 예술적 가치가 높아 특별히 보존할 필요가 있는 문화유산으로 민족 전체의 재산입니다.
　문화재의 종류는 유형에 따라 유형문화재는 건조물, 회화, 조각, 공예품, 고문서등 유형의 문화적 소산으로서 역사상 예술상 가치가 있는 것을 말하며, 이중 국가 지정문화재인 국보, 보물과 지방유형문화재가 있습니다. 무형문화재는 연극, 음악, 공예기술, 민속놀이 등 전통생활 속에서 전래되어온 무형의 문화적 소산으로서 역사상 예술상 가치가 큰 기능과 예능을 말하며, 국가에서 지정하는 중요 무형문화재와 지방 무형문화재가 있습니다. 그 외 고분, 성지 등의 사적지와 경승지로서 가치가 있는 기념물과 풍속 습관과 이에 사용되는 의복 기구 가옥 등 국민생활의 추이를 이해함에 불가결한 민속자료가 있습니다. 그러나 이런 것만이 문화유산이 아니고 할아버지 할머니들이 남겨주신 모든 것, 즉 민족의 얼을 알 수 있는 것은 모두가 훌륭한 문화유산입니다.

나라마다 지방마다 그 나름의 독특함이 있는 것은 우리 선인들의 나름대로 특색 있는 삶의 모습과 정체성에 의해 이룩한 것으로 만약 이를 상실한다면 그 민족만이 갖는 특성은 없어지고 문화식민지로 전락하게 될 것입니다. 때문에 우리의 자랑스런 문화는 우리가 잘 보존함은 물론 발전해 나가는데 힘을 모아야 하는 것입니다.

우리의 문화유산은 자랑스러운 것이 대단히 많습니다. 우리나라 국보는 302점, 보물은 1274점입니다.(2000. 12현재) 국보는 보물에 해당하는 문화재중 특히 역사적 학술적 예술적 가치가 크고, 제작 연대가 오랜 그 시대의 대표적이고, 의장 제작기술이 우수하고, 형태 품질 제재 용도가 특이한 문화재를 말하는 것입니다.

특히 우리나라는 '95년에 경주 불국사 석굴암, 합천 해인사의 대장경판 및 판고, 서울의 종묘가 유네스코 세계문화유산으로 지정 등록되어 우리 문화재의 우수성과 독창성을 국제사회에서 인정을 받았고 '97년에는 창덕궁과 수원성이 세계문화유산으로 지정되었습니다. 세계기록유산으로는 훈민정음, 조선왕조실록, 승정원일기, 직지심체요절이 있습니다. 이는 문화민족으로서의 위상과 자긍심을 높여준 문화적 쾌거입니다. 세계문화유산은 세계인류의 공동재산으로 등록되어 보존, 특별 관리되고 있는 문화유산입니다. 위대한 인류의 문명은 인종과 지역, 시대를 초월하여 영원한 가치를 지니는 것입니다.

우리나라의 고려 청자, 조선의 백자는 조형과 빛깔을 통하여 미적 심미안의 극치를 보여주고 우리 공예품은 세련되고 독창적인 아름다움으로 찬탄을 받고 있는 문화유산입니다.

한글은 소리 바탕 글자로 인류의 글자 가운데 더 나갈데 없는 최고 수준의 글자로 세계 어느 문화재도 한글과는 견줄 것이 못 된다고 합니다. 이런 자랑스러운 우리 한글의 진가를 알아야 합니다.

우리 문화의 우수성과 독창성을 입증하는 여러 문화유산 가운데 고구려 고분 벽화는 단연 압권입니다. 힘차고 간결한 묘사와 그림 전체에서 우러나오는 신비한 느낌은 오랜 벽화 전통을 갖고 있는 중국과 비교해도 훨씬 뛰어납니다. 이들 벽화가 우리 손길이 미치지 않는 중국이나 북한지역에 자리 잡고 있는 것이 아쉽기는 하지만 인류의 문화유산인 이 고분벽화가 소중하게 보존되도록 해야합니다.

우리의 문화재는 구한말, 일제 시, 해방 후에 10만여 점이 해외로 유출된 것으로 추정하고 있습니다. 또한 문화재를 파괴 훼손하는 등 문화유산의 보존을 위협하는 경우도 있습니다. 그뿐 아니라 그간 외래문화를 마구 받아들여 우리문화의 본질이 흐려지는 경향도 있어 안타깝습니다. 외래문화를 수용할 때는 무조건 받아 들여서는 안 되고 우리에게 도움이 되고 필요한 것을 우리 문화에 맞게 잘 소화해서 수용하여 우리문화가 발전되는데 일조가 돼야 합니다.

앞으로 우리는 문화유산 애호에 대한 국민의식이 제고되어 문화유산을 찾고 가꾸는데 정성을 다 해야 할 것입니다. 문화유산을 우리가 소중하게 보호하고 가꾸고 전승하는 일이야말로 우리의 문화적 긍지를 되살리고 민족문화를 선양하는 지름길입니다. 문화 유산은 국보나 보물로 지정된 것만이 아니고 우리 할아버지 할머니들이 남겨주신 것은 모두가 훌륭한 문화유산이라는 것을 잊어서는 안됩니다.

우리 문화유산에 대한 관심을 갖기 위해 박물관이나 민속관을 견학해 보는 것도 좋습니다. 그곳에서 우리 역사와 문화의 큰 흐름을 확인할 수 있기 때문입니다. 그리고 각종 민속 축제를 참관해 보면 우리민족의 옛 삶의 모습을 느끼는 계기가 될 것입니다. 민족의 얼 문화유산을 아끼고 사랑하여 우리문화의 참된 가치를 더 빛내야 하는 것은 우리가 할 일입니다. 문화재를 보호하고, 문화재 지역 환경 정화, 문화재 훼손이나 이상 발견 시 신고하는 등 문화재를 사랑하고 잘 보존하는데 정성을 다해야 합니다.

외래문화에 빠져 우리문화를 오도하는 우를 범해서는 안됩니다. 조상으로부터 물려받은 자랑스러운 문화유산을 잘 계승 발전시켜 다음 세대에 물려주어 그 후손이 그 문화유산을 더욱 자랑스럽게 생각하고 발전시켜 나아가게 하여야 합니다.

우리의 진정한 민족정신은 문화유산과 함께 이어져 갑니다.

환경과 인간은 공동 운명체

　우리는 깨끗한 환경에서 생활하기를 원 하면서도 그것을 실천 못하는 사람이 많습니다. 우리가 생활하는 보금자리가 더러워지면 피해는 결국 우리가 받는 것입니다. 우리의 생활 주변을 항상 쾌적하고 깨끗하게 하는 일은 잘 해 보겠다는 마음만 있으면 어렵지 않게 실천할 수 있습니다. 휴지를 아무 데나 버리는 사람이나 깨끗하게 치우는 사람은 평소 자신의 몸에 밴 습관에 따라 행동하기 때문입니다.

　아무 데나 쓰레기를 버리는 행위는 민주시민으로서 부끄러운 일입니다. 버리는 사람 따로 있고, 치우는 사람 따로 식의 무질서 의식과 낭비는 이제 없어져야 합니다. 특히 쓰레기는 자원 낭비이고 심각한 환경훼손을 시켜 우리의 삶의 질을 위협하고 있습니다.

　우리국민이 연간 버리는 쓰레기는 서울 여의도 만한 넓이에 약 30m 높이의 쓰레기 산을 만들 수 있는 양이랍니다. 이중 대부분은 음식물 쓰레기로 토양과 하천오염의 주범이 되고 있습니다. 우리나라는 매년 식량수입에 6조여 원의 외화를 쓰고 있으면서 연간 8조 원이라는 음식물 쓰레기를 거리낌없이 버리고 있습니다. 이 음식물 쓰레기에서 나오는 많은 양의 침출수가 하천과 지하수를 오염시켜 토양은 황폐화되고 수질을 오염시켜 환경 파괴가 가속화되고 있으며 쓰레기 부패로 인한 악취가 또한 심각합니다. 여기에 불법적으로 버리는 각종 쓰레기 폐기물과 가축 배설물, 생활 폐수, 유독성 화공물질 등이 수질오염과 토양오염을 가중시키고 있습니다.

한번 발생된 오염물질은 대기중이나 물 속에서 광역적으로 이동하여 오염범위가 공간적 시간적으로 확보되는 특징이 있습니다. 환경오염으로 인한 피해를 회복하는데는 많은 시간과 재원이 필요함은 물론 원상회복이 불가능한 경우가 많습니다.

토양과 수질의 환경오염은 우리인간의 동반 자살행위 입니다. 지구 및 자연은 모든 생명체의 탄생과 생존의 터전이기 때문입니다. 자연 생태계는 상호의존의 생명체계가 유지되게 하므로써 사람의 생명을 함께 지키는 것입니다. 모든 식물의 씨앗은 닭이 알을 품어 병아리가 나오듯이 흙 속에서 탄생되어 그 품속에서 자라납니다. 모든 생명체의 근원은 흙이며 인간의 생명도 흙에 의해 유지되며 건강도 흙과 밀접한 관계가 있습니다. 비옥한 땅에서 영양분 많은 먹을거리를 생산해 낼 수 있고, 비옥한 흙을 바탕으로 형성된 숲에서만 신선한 맑은 공기를 생산해 낼 수 있으며, 깨끗한 땅속에서 오염되지 않은 맛좋은 생수를 얻을 수 있는 것입니다. 흙은 그 자체가 환경보전기능을 갖고 있습니다. 살아서 숨쉬는 흙이라야 생산능력과 환경정화능력을 발휘할 수 있는 것입니다. 흙이 죽으면 인간도 죽게 됩니다.

유엔환경계획(UNEP)에 따르면 세계적으로 하루평균 1백36종의 생물이 사라지고 있다고 합니다. 우리나라에서도 매년 250~300종의 야생 동식물이 멸종되고 있다는 것이 환경부의 추산입니다. 또한 강과 바다도 오염이 되어 물고기가 떼죽음을 당하고 있는 현실입니다. 강과 바다가 죽으면 우리도 살 수 없습니다. 우리가 정신차리지 않으면 우리 산하는 속절없이 죽어갈 것입니다.

앞으로 우리의 가장 큰 위기는 환경오염입니다. 환경파괴의 심각성이 하늘 땅 강 바다 등 곳곳에서 나타나고 있습니다. 수질 오염과 토양 오염뿐 아니라 대기공해가 심각합니다. 몇 년 전만 해도 높은 파란 하늘, 깨끗한 맑은 공기가 우리를 행복하게 하였는데 지금 대도시의 경우 깨끗한 공기며 파란 하늘을 잃어버린 지가 오래되었습니다. 대도시 하늘은 안개 같은 뿌연 대기로 먼 곳을 선명하게 바라볼 수 없고 때때로 오존경보까지 발령되고 있습니다. 공기도 사서 마셔야 할 때가 오지 않을까 걱정됩니다. 사실 몇 년 전까지만 해도 물을 사 먹는다는 것은 생각도 못했습니다. 이제 물을 사먹는 것은 보편화되고 있습니다. 환경오염은 우리의 행복을 위협하는 문제라는 것을 심각하게 받아들여야 합니다. 환경오염 원인 자는 우리 자신이며 동시에 피해자도 우리 자신입니다.

우리가 조상으로부터 물려받은 환경은 우리의 생명이요 삶의 터전으로서 우리가 지키고 가꾸어야 할 소중한 유산입니다. 우리에게 많은 은혜를 베풀어온 이 자연환경은 사람들의 파괴와 훼손이 가속화되고 무관심 속에 오염이 심화되어 이제 그 피해가 사람에게 되돌아오고 있는 것입니다. 환경을 지키고 가꾸는 일이 우리의 생명을 지키는 일이요 참된 삶의 지름길임을 알아야 합니다.

현대 우리사회는 과학기술의 발달과 경제성장으로 물질적 풍요 속에 문명의 혜택을 누리고 있습니다만 그 과정에서 환경파괴와 오염으로 인해 오히려 삶의 질이 악화해 가는 모순적 상황을 빚고 있습니다. 환경위기는 우리 인간의 무절제한 욕망과 과도한 물질주의 추구에서 비롯됐다고 하겠습니다.

　환경이 파괴되면 결국 모든 생명체는 죽게됩니다. 환경선언문에도 "인간은 자연과 떨어져서 존재할 수 없는 온 생명체의 일부"라고 전제하고 있습니다만 자연환경과 인간은 더불어 삶을 영위해야하는 공동 운명체입니다. 우리인간이 살기 위해서 환경에 대한 새로운 인식을 갖고 환경 살리기에 비상한 노력을 해야 합니다. 환경은 우리 생활 수준과 삶의 질을 규정하는 가치이기 때문입니다.

　좋은 환경은 우리들의 높은 환경의식과 이에 따른 생활 속의 실천에서 이루어집니다. 환경보전을 위한 생활습관, 소비형태가 우리의 환경을 살리는 것입니다. 아껴 쓰고, 생활 쓰레기를 버릴 때는 제대로 버리고 항상 우리주변을 깨끗이 하며, 환경오염행위를 하지 말아야 합니다. 우리의 환경은 우리 모두의 노력에 의해서만 지켜질 수 있으며 우리 스스로 환경보전을 위한 파수꾼이 되어야 합니다. 우리 스스로가 자연에게 좋은 환경이 되어야 환경이 건강하게 삽니다.

　21세기는 환경의 세기입니다. 환경사랑 나라사랑으로 환경보전 실천 분위기를 확산시켜 깨끗한 자연 환경 속에서 사는 지혜를 실천합시다. 인간이 환경을 만듭니다. 자연과 환경은 그를 사랑하는 마음을 배반하지 않습니다.

봉사활동

　봉사활동이란 자발적으로 다른 사람이나 사회를 위해 무보수로 기여하는 계획적이고 지속적인 활동을 말합니다. 특히 학생봉사활동은 학생들이 자원봉사라는 체험활동을 통하여 개인적 만족을 느낄 뿐 아니라 사회에 참여하는 기회가 되며 학교에서의 학습한 내용을 직접 실천해 보는 의의 있는 활동입니다.
　봉사활동은 인간존중 정신과 태도를 형성하고 사회성을 기르고 지도력을 개발하는 계기가 되고 공동체 의식함양, 보람 있는 여가생활, 지역사회의 이해, 나아가 적성발견으로 진로선택에 도움이 되고 민주시민으로서의 자질을 함양하게 합니다. 봉사활동은 체험을 통해 건강한 인성을 형성하고 배움을 실천할 수 있는 수련활동입니다.
　봉사활동은 교육적 목적을 가진 봉사 학습으로 봉사활동의 결과 자체보다는 활동의 과정에서 얻는 교육적 의미를 중시하고 있습니다. 학생들이 봉사 활동을 할 수 있는 곳은 대단히 많습니다. 일손돕기, 위문활동, 하급생지도 및 교통 안전지도 등의 지도활동, 캠페인 활동, 자선 구호 활동, 환경시설 보전 활동, 지역사회 개발활동 등 다양합니다. 뿐만 아니라 학교에서 다른 사람보다 더 열심히 청소를 잘 하고 휴지를 줍는 것도 훌륭한 봉사입니다. 자신이 할 수 있는 일부터 봉사활동을 하면 보람을 느낄 것입니다.

학생들이 봉사활동을 하고 쓴 수기를 소개하겠습니다. 다음은 학생들이 노인정에서 봉사활동을 한 내용입니다.

무더운 여름날 찾아간 노인정은 노인 특유의 냄새도 나고 깊게 패인 주름의 노인 얼굴에서 세월의 흔적과 쓸쓸히 지내시는 모습을 보고 처음엔 긴장했으나 노인들이 따뜻하고 기쁘게 맞아주어 곧 활기를 느낄 수 있었다. 우리가 할아버지, 할머니들과 몇 가지 프로그램으로 놀이를 즐기는 동안 어느새 환하게 웃으시는 노인들의 모습이 고운 향기로 머금고 함께 하는 모습이 정겨워 손자 손녀가 된 듯 재롱도 부리고 즐거운 시간을 가졌다. "아, 우리의 작은 행동이 저렇게 큰 기쁨을 줄 수 있는 것이구나. 인간이 할 수 있는 가장 아름다운 행위가 바로 이런 게 아닐까? 정말 봉사란 남을 돕는 단순한 일이 아니라 내가 기쁨을 얻는 일이구나." 남과 함께 나누는 삶이 우리 모두에게 얼마나 풍성한 아름다움을 선물하는 것인지 새롭게 깨닫게 되었다. 우리가 떠나올 때는 손자 손녀가 가는 것이 아쉬워하듯 잡은 손을 놓지 않고 눈물을 흘리시는 노인도 계셨다. 학교에 와서 한 학생이 선생님께 "선생님, 봉사활동이 주는 것인 줄 알았는데 그게 아니네요. 오히려 제 가슴이 뿌듯하게 가득 차 오릅니다." "그래 봉사란 내가 남을 도와주는 게 아니라 내 부족한 부분을 오히려 채우는 것이 봉사란다"라고 하신 선생님 말씀이 오래도록 기억에 남는다.

독일의 괴테는 다음과 같이 말했습니다. "하늘에는 별이 있고 땅에는 꽃이 있다. 사람에게는 사랑이 있어야한다"라고 하였습니다. 사람에게는 사랑이 있기 때문에 훈훈한 인정 속에서 살아가는 것입니다. 사랑의 향기가 있기 때문에 인생은 즐겁고 아름다운 것이 됩니다. 삶의 의미가 있고 보람이 있는 것입니다. 이 사랑이 있는 봉사를 할 때 이웃이 따듯해지고 사회가 따듯해집니다.

어느 초등학생의 봉사활동 수기입니다. 이 학생은 처음엔 봉사 상표를 받고 싶어서 청소를 하였는데 청소를 하면 할수록 더 열심히 하게 되었답니다. 이유는 6학년 복도에서 어느 형이 매일 열심히 청소하는 것을 보고 다른 반 아이들도 대걸레를 들고 청소하여 반별로 경쟁적으로 잘해 지금은 복도가 깨끗하고 번쩍번쩍해서 다니기가 좋답니다. 학교가 깨끗하니 휴지도 덜 버리고 휴지가 있으면 서로 줍게 되었답니다. 한 사람이 열심히 봉사를 하여 다른 사람에게까지 좋은 영향을 주고 학교가 깨끗해 져서 비록 청소가 힘들고 땀도 나지만 기분이 좋답니다. 청소를 하고 나면 보람도 느끼고 상쾌함을 느껴 봉사는 자신을 즐겁게 하는 값진 활동임을 체험하고 있다고 합니다. 전에는 누가 볼 때만 청소를 하는 척하고 놀았던 때가 있었는데 지금 생각하면 부끄럽다고 하며 자원 봉사 활동으로 기쁨을 오래 간직하고 싶다고 합니다.

'탈무드'에 나오는 이야기입니다. 한 남자가 소형 보트 하나를 가지고 있었습니다. 가을이 지나자 다음해 봄에나 쓰게될 보트를 땅으로 끌어올렸습니다. 그런데 우연히 배 밑창에 작은 구멍이 하나 뚫려 있는 것을 발견했습니다. 겨울에는 배를 쓰지 않기 때문에 그 구멍은 내년에 고치리라 생각하고 나무가 썩지 않도록 칠장이만 불러 보트에 칠만 해 두었습니다. 이듬해 봄이 찾아왔는데 두 아들이 그

보트를 타고 호수로 나갔습니다. 2시간이 지난 후에야 그 남자는 뇌리에 보트구멍을 고치지 않은 것을 생각하고 당황해 했습니다. 분명 두 아들이 호수에 빠져 죽었을지도 모른다는 슬픔 속에 호수로 달려갔습니다. 그런데 놀랍게도 두 아들은 보트 타기를 다 마치고 태연히 집으로 돌아오고 있었습니다. 그는 너무 기뻐 두 아들을 껴안고 울었습니다. 그리고 배 밑창을 보니 누군가에 의해 튼튼하게 고쳐져 있었습니다. 그는 칠장이가 고쳤을 것으로 생각하고 너무 고마워 선물꾸러미를 들고 찾아갔습니다. "나는 당신에게 배에 칠을 해 달라고 했습니다. 그런데 당신은 칠을 하면서 배에 난 구멍까지 막아 주시여 저의 두 아들의 목숨을 구해 주셨습니다. 정말 감사합니다."라고 인사를 하였습니다. 꼼꼼하고 봉사정신이 강한 칠장이 덕분에 더 없이 소중한 생명을 구한 것입니다.

봉사활동은 사회를 변화시키는 큰 힘이며 자신을 가치 있게 성장시키는 동력입니다. 학창시절에 무슨 일이든 도움이 되는 일을 찾아 봉사 활동을 하여 삶을 업그레이드해 보세요. 봉사활동의 보수는 즐거움과 보람, 자기 성장입니다.

작은 새의 의무

인간은 누구나 자유와 권리를 보장받기를 원합니다. 그러나 자유와 권리가 보장되려면 거기에 따르는 책임과 의무를 이행해야 한다는 것을 망각하는 경우가 많습니다. 책임이 따르지 않는 자유는 방종과 무질서만을 초래하게 됩니다.

어느 날, 큰산에 불이 났습니다. 숲 속에 살고 있던 크고 작은 짐승들이 모두 불을 끄기 위해 제각기 이리 뛰고 저리 뛰고 야단이었습니다. 때마침 불어오는 바람을 타고 불길은 삽시간에 크게 번져나가 드디어 짐승들은 불 끄기를 단념하고 피신하는 수밖에 없었습니다. 사자와 호랑이와 코끼리와 얼룩말 등은 안전한 장소라고 여겨지는 곳으로 피신하여 사납게 번져 가는 불길을 걱정스러운 눈으로 바라보고 있었습니다.

그러나 작은 새 한 마리만은 여전히 필사적으로 불 끄는 작업을 계속하고 있었습니다. 개울로 날아가서 날개에 물을 적셔 가지고는 불타고 있는 숲으로 다시 날아와서 몇 방울의 물을 떨어뜨리는 일을 계속하였습니다.

이것을 보고 있던 사자와 호랑이와 코끼리들이 말하였습니다.
"이 어리석은 새야, 그만 두어라. 우리들도 못하는 일을 너 같은 작은 새가 어떻게 해 내겠단 말이냐? 그러다간 불을 끄기는커녕 네가 먼저 죽겠다."

 작은 새는 불 끄는 일을 단념하지 않고 계속하면서 말하였습니다.

 "너희들의 말은 고맙다. 그러나 지금까지 우리가 살아온 숲이 불타고 있는데 어떻게 바라보고만 있겠니? 나는 내가 할 수 있는 일을 힘껏 하고 있을 뿐이야."

 위의 우화는 우리가 사는 이 사회나 공동체 생활에서 가져야 할 태도를 잘 말해 주고 있습니다. 숲이 짐승들의 보금자리이듯이 사회는 우리의 삶의 터전입니다. 공동체의 상황이 위태로울 때는 사자와 호랑이같이 피할 게 아니라 새같이 작은 힘이나마 힘껏 공동체를 위하는 정신이 무엇보다도 필요합니다.

 아울러 공동체에 대한 의무를 이행하려고 할 때 그것이 개인의 이익과는 상반되는 경우도 있을 수 있습니다. 그러나 당장은 개인에게 손해가 되는 것처럼 보이지만 멀리 내다보면 결국 모든 개인에게 이익을 가져다 주는 것임을 깨닫게 될 것입니다. 개인의 작은 이익을 포기할 때 진정으로 커다란 이익을 얻게 되는 것입니다. 하고 싶은 것만을 하는 사람은 해야 할 일을 하지 않는 사람입니다. 우리가 해야 할 의무는 피하지 말고 이행하는 노력이 공동체뿐 아니라 자신이 잘되는 길입니다.

예의바른 사람

우리가 사는 사회에서 서로 믿을 수 있기 위해서는 성실하고 겸양의 미덕과 예의바른 사람이어야 합니다. 우리 스스로 예의바르지 않으면 다른 사람과 더불어 살지 못하고 우리자신의 일상도 불편하게 됩니다. 아무리 실력이 있어도 사람은 사람과의 관계 속에서 생활하는 것인데 교양 없고 매너가 없는 사람은 사람들이 좋아하지 않습니다. 그리고 이런 사람은 성공하지 못합니다.

사회에서 자신의 이미지가 좋아지고 즐거운 삶을 살기 위해서는 따뜻한 마음으로 예의바르게 사람을 대하는 세심한 배려가 있어야 합니다. 이것은 하루아침에 되는 것이 아니라 평소 에티켓이 몸에 배도록 노력을 해야 합니다. 성실한 자세로 남을 도와주고 예의바른 사람이어야 공동체 사회는 명랑하고 스스로의 삶은 즐겁고 보람 있는 것입니다.

공자는 사람이 가장 소중하게 여겨야 할 덕목을 '인(仁)'이라고 하였습니다. '인(仁)'은 사람 '인(人)'과 두 '이(二)'로 된 글자인데, 즉 두 사람이 사이좋게 살아간다는 뜻입니다. 두 사람이 사이좋게 살아가기 위해서는 서로 존중하고 예의가 있어야 가능합니다. 어느 날 공자의 제자 안연(顔淵)이 "선생님! '仁'이 무엇입니까?

가르쳐 주십시오." 공자는 다음과 같이 대답했습니다. "사람을 대할 때는 성실하고 온화하게 대하여야 한다. 불행한 사람에게 동정을 베푸는 것은 인간으로서 당연한 일이다. 윗사람을 존경하고 아랫사람을 사랑하는 것은 사람된 도리로서 실천에 옮기지 않으면 안 된다. 욕망을 이겨내고 언행도 예법에 맞아야 한다. 언행이 예법에 맞고 지나침이 없고 부족함이 없게 될 때 그것이 바로 仁인 것이다. 자신의 욕망을 이겨내고 예법을 실천해 나간다면 마음이 감동되어 사람이 따르게 되는 법이다. 仁은 남이 하는 것이 아니라 스스로 실천하는 것이다. 그리고 仁을 실천하는 데는 예법이 아닌 것은 보지도 듣지도 말하지도 움직이지도 말라. 이것들을 지켜서 행동에 옮긴다면 仁을 잘 실천할 수 있는 것이다."

여기에서 예법이란 자신의 몸과 마음을 수양하고 집안을 잘 다스리며 한 나라를 위하는 법도를 뜻하는 것으로 인은 선행을 통해서 덕을 쌓아 가는 것이고 덕의 실체가 곧 仁임을 깨닫게 되는 것입니다.

인간사회는 더불어 살아가는 공동체입니다. 사람이 살아가는 사회에서 상대방을 존중하고 예의를 갖추는 것은 사람으로서의 최소한의 예절입니다. 밝고 명랑한 사회가 되기 위해서는 친절하고 예의 바른 사람이 돼야합니다. 바르지 않은 사람은 이 다음에 어디서든 환영받지 못합니다.

예절을 지키는 것은 우리가 편하고 아름답게 살기 위한 우리들의 약속입니다. 우리는 나 혼자서는 살 수 없고 남과 더불어 살아야 합니다. 더불어 살려면 남을 존중하고 바른 예절로 이웃과 잘 조화를 이뤄야 합니다.

　예절은 인간으로서 자기관리와 사회인으로서의 인간관계를 원만히 유지하기 위해 필요한 것입니다. 예절이 바르면 성실해 보이고 신뢰를 할 수 있으며 호감을 갖게 됩니다. 우리가 사는 사회에서는 이런 사람을 좋아하고 도움을 주기 때문에 성공할 수 있습니다.

　우리가 기본 예절이 없으면 동물과 다를 바가 없습니다. 바른 사람의 바탕은 바른 생각과 바른 행동에서 나타나듯이 평소 그 사람의 예절 바른 인사성에서 사람의 됨됨이를 엿 볼 수 있습니다. 인사하는 마음은 아름다운 것입니다. 정성과 성실이 가득한 정중한 태도로 상대방에게 예의를 지키는 것은 자기 자신을 존중받게 하는 것입니다. 예절은 저절로 몸에 배는 것이 아니고 끊임없는 노력에서 이뤄집니다. 아름답고 좋은 일은 항상 본받고, 사람다워지기 위해 더불어 사는데 필요한 예절을 익히고 실천해야 합니다.

　사람의 일상생활은 예절과 연결되지 않은 것이 없습니다. 각박해져만 가는 세태 속에서 우리가 있음을 알게 하는 것은 서로 위해 주고 도와주면서 따뜻한 인사가 오가는 사회에서 비롯됩니다. 어려울 때일수록 우리는 예의바른 행동으로 사회를 밝고 화기애애가게 해야 할 책임이 있습니다.

　예절은 인사로부터 시작됩니다. 훌륭한 예절이란 타인의 감정을 고려하여 표현하는 기술입니다. 예절은 한푼도 돈이 들지 않는 보화(寶貨) 이상의 가치가 있습니다.

하나되는 마음

유태인의 지혜가 담긴 '탈무드'라는 책에 다음과 같은 문답이 있습니다.

'만일 갓난애가 두 개의 머리를 갖고 태어났다면 이 갓난애는 두 사람으로 셀 것인가? 그렇지 않으면 한사람으로 셀 것인가?' 이 질문은 언뜻 바보스럽게 보이지만 우리에게 많은 사고력과 교훈을 주는 말입니다.

어떤 사람은 인간은 머리가 둘이 있더라도 몸뚱이가 하나이니까 한사람이라고 할 수도 있겠고 또 어떤 사람은 머리가 둘 이니까 두 사람이라고도 말할 수 있을 것입니다. 그러나 '탈무드'의 답은 명확한 답을 제시하고 있습니다. '한쪽머리에 뜨거운 물을 부어 다른 한쪽의 머리가 비명을 지르면 한사람이고 다른 한쪽이 만일 시원한 얼굴을 하고 있으면 둘이라는 것입니다.' 이 말은 다만 질문에 대한 명확한 그럴듯한 답으로만 생각할 것이 아니고 그 말이 주고 있는 교훈을 알아야 합니다.

이 문답은 유태민족이 어떤 민족이냐를 이야기 할 때 잘 응답되는 말입니다. 유태인은 자기 민족이 박해를 받으면 자기도 함께 그 아픔을 느끼고 소리를 지르는 민족입니다. 자기 민족에게 슬픈 일이 있으면 그것은 자기의 슬픔이며 자기 민족에게 기쁨이 있으면 그것은 곧 자기의 기쁨으로 생각하고 있는 민족이 바로 유태민족입니다.

말하자면 미국에 있는 유태인이 박해를 받는다든지 러시아에 있는 유태인이 박해를 받는다는 이야기를 듣고 자기가 그 아픔을 느끼고 소리를 지른다면 그 사람은 유태인입니다. 만일 아무 감정도 없고 소리도 지르지 않았다면 그는 유태인이 아니라는 것입니다.

그러기에 유태인은 어디에 살든 자기 나라와 자기 민족을 위한 마음은 한결 같다는 것입니다. 그들은 언제 어디서나 단결하고 협동하고 민족의 슬기를 발휘하고 단합된 모습을 보여주고 있는 것입니다. 특히 자기나라가 위기에 처해있을 때 외국에 있는 유태인은 자기가 할 수 있는 모든 힘을 다해 위기를 극복해 나가고 있음은 잘 알려져 있는 사실입니다. 이는 조국애, 동족애 즉 그들 민족의 사랑의 실천입니다. 이와 같은 이들 민족의 저력이 바로 오늘과 같은 이스라엘을 건국하게 된 것입니다.

우리는 유태민족의 그 민족성을 높이 존중하고 우리도 그런 민족에게 뒤지지 않도록 힘을 하나로 모아야 합니다. 우리만족도 자랑스러운 민족이라고 말합니다. 우리는 화랑도 정신, 3.1정신이 깃들인 민족으로 유구한 역사 속에서 꿋꿋하게 살아온 민족입니다.

그러나 우리 주변에서 나타나는 여러 현상들을 보면 유태민족처럼 한마음으로 단합하고 위해 주고 사랑하는 면이 부족한 것 같습니다. 우리 속담에 '사촌이 땅을 사면 배가 아프다' 는 말이 있습니다. 사촌이면 내 가족인데 내 가족이 잘 되는데 왜 배가 아파야 하는지 모르겠습니다. 이는 나 이외의 다른 사람이 잘 되는 것은 배가 아프다는 뜻으로 남이 잘되는 것을 시기 질투하는 마음인 것입니다. 그러나 그 남은 다름 아닌 우리 이웃이고 우리 국민입니다.

　더욱 오늘날의 우리 사회는 이기적인 행동, 시기질투, 사기, 폭행, 살인, 강도 등이 자주 일어나고 있어 불안합니다. 특히 일부 학교에서는 학생간에 따돌림이나 폭력 같은 비교육적인 행동을 하는 학생이 있어 비난받고 있습니다. 남을 괴롭혀서 즐거움을 찾는 사람은 정상이 아닙니다. 자기가 괴롭힘을 당할 때를 생각해야 합니다. 상대보다 강하다고 약한 학생을 괴롭히는 것은 비겁한 일입니다. 무슨 일을 할 때는 입장을 바꿔서 생각해 보면 자기 행동에 조심을 하게 될 것입니다.

　학생들은 서로 형제 자매와 같은 사이입니다. 친구에게 좋은 일이 있으면 함께 기뻐하고 슬픈 일이 있으면 위로하는 학우애가 있어야 합니다. 서로 위해주고 도와주는 따뜻한 우정이 있어야 즐거운 생활을 할 수 있는 것입니다. 남이 잘된 일을 보면 축복해 주고 감사한 마음을 갖는 것이 바로 내가 잘 될 때 다른 사람도 나를 축복해 주는 것이고, 내가 슬픈 일이 있을 때 함께 슬퍼해 주고 도와주는 것입니다.

　내가 남에게 베푼 만큼 나에게도 돌아온다는 진리를 알아야 합니다. 베푸는 것이 사랑입니다. 베풀고 나면 기분이 좋습니다. 남에게 베풀 줄 아는 사람, 그 사람은 사랑을 아는 사람입니다. 사랑은 인간을 행복하게 해 줍니다. 우리는 다른 사람으로부터 사랑을 받고 있다는 믿음에서 행복함을 느끼는 것입니다. 베풀고 사랑하며 살아도 모자랄 인생입니다. 남을 괴롭힐 힘이 있으면 그 힘을 남을 도와주는 좋은 일에 써야 합니다. 그러면 삶이 즐겁고 보람 있으며 사람들이 좋아지고 삶을 한층 가치 있게 상향시킬 수 있습니다. 자기가 다른 사람에게 베풀고 도와준 만큼, 또 괴롭히고 나쁜 짓 한 것만큼 뒷날 갚음을 받는 인과응보를 잊어서는 안됩니다.

공자는 "내가 남을 사랑하면 남도 나를 사랑한다"라고 하였습니다. 사랑은 먼저 주는 것입니다. 남에게 베풀고 사랑을 주는 사람은 사랑을 주는 사람이나 받는 사람 모두를 기쁘고 행복하게 합니다.

교육도 사랑에서 시작합니다. 학생들은 친구나 이웃에게 피해를 주거나 괴롭히지 말고 항상 서로 사랑하고 위해주는 실천자가 돼야 합니다. 누구를 탓하지 말고 나 자신부터 먼저 잘 하면 됩니다. '탈무드'에서 나온 이야기처럼 한쪽에 뜨거운 물을 부으면 다른 쪽도 뜨거움을 느끼는 한 마음 한 몸이 될 때 진정 함께 사랑하는 형제가 되는 것입니다. 그런 마음으로 서로 사랑하고 아끼고 위해 주는 마음이 내가 잘되는 길이고 살 맛 나는 사회가 되는 것입니다. 사랑과 호의는 생활을 아름답게 하고 삶을 고귀하게 합니다.

감사하는 마음

　청소년은 자신이 신체적 정신적 모든 면에서 많이 성숙하고 늠름하게 성장하고 있는 모습이 흐뭇할 것입니다. 오늘이 있기까지 자신을 헌신적으로 보살펴 키워주신 부모님의 은혜와 바른 인간이 되도록 교육시켜 주신 스승의 은공에 감사한 마음을 가져야 합니다. 그리고 어려울 때 도와주고 고락을 같이하며 생활했던 친구들에게도 고마운 마음을 가져야 합니다. 그뿐만 아니라 삶의 지혜를 행동으로 보여주신 여러 어른들을 비롯해 자신이 공부하고 생활할 수 있도록 도와주시는 사회 구성원 모든 분들에게도 감사를 해야합니다. 감사하는 마음을 가질 때 진정한 애국심도 효도와 우정도 생기는 것이며 살기 좋은 사회가 됩니다.
　감사하는 마음을 갖는다는 것은 참으로 중요합니다. 평소 생활에서 감사하는 마음으로 착하고 믿음직한 생활을 할 때 건전한 인격자로 성장할 수 있고 국가의 동량이 될 수 있는 것입니다. 감사할 줄 아는 사람은 자기 일에 성실하고 인간성이 풍부한 사람으로 따뜻한 마음이 가득해 평화스럽고 행복합니다. 감사할 줄 아는 사람은 겸손하고 남의 인격을 존중하는 원만한 인격자로 사람들은 그런 사람을 좋아합니다.
　원만한 인격을 갖춘 사람은 어떤 일을 해도 좋은 결과를 가져옵니다. IQ가 높은 좋은 머리보다 따뜻한 마음의 감성지수 즉 EQ가 높은 것이 사회에서의 성공률도 80%의 영향력이 있다고 합니다. 이는 평소의 생활 자세로부터 나타나게 되는 것이므로 사람들을 좋은 감정으로 칭찬하고 좋은 인상을 주는 노력이 있어야 합니다. 끊임없는 인격수양으로 고귀한 인품을 가꾸고 감사하는 마음으로 생활하여 사회를 밝게 이끄는 사람이 돼야 합니다.

사실 우리는 태어날 때부터 죽는 순간까지 많은 사람들로부터 갖가지 은혜를 입고 살아갑니다. 우리 주변에 있는 모든 분들이 다 소중한 것입니다. 우편 배달부나 청소미화원이나 버스 기사들, 새벽을 여는 부지런한 모든 분들, 그리고 군인 경찰 소방관 이런 분들이 계시기 때문에 우리가 불편 없이 생활하는 것입니다.

조그만 일에도 감사하는 마음으로 생활하는 사람은 마음이 풍요로워 기쁨이 넘치고 성공적인 길을 걷습니다. 우리가 받은 작고 평범한 것들을 소중하게 여기고 감사하는 마음으로 가꾸어 나간다면 이 세상은 더욱 아름답게 빛날 것입니다.

감사로 충만한 인생은 진실로 복 받은 자만이 누리는 특권입니다. 감사 없이는 생의 보람도 없고 보람 없이는 행복도 있을 수 없습니다. 진정으로 울어 나오는 감사는 아름다운 음향을 전합니다. 감사함 속에 아름다운 세상을 만들어야 합니다. 감사는 예의의 가장 아름다운 형태이며 훌륭한 교양의 열매입니다.

용서하는 마음

잘못한 사람을 용서하는 일이 쉽지는 않지만 친구간에 어떤 잘못이 있을 때 관용을 베풀어 따뜻함을 느낀 적은 있을 것입니다. 사람을 용서하는 일은 큰 감동을 주고 삶을 새롭게 하는 계기가 됩니다.

어느 날 소파 방정환 선생 집에 강도가 들어와 위협하며 돈을 요구했습니다. 방정환 선생은 순순히 서랍에서 390환을 내어 주었습니다. 그러자 강도는 돈을 쥐고 막 나가려고 했습니다. 이 때 방 선생은 그를 불러 세운 후 "아니 여보시오, 돈을 가져가면서 고맙다고나 하고 가져가야 하지 않겠소!"하고 말했습니다. 강도는 어이가 없던지 "그래, 고맙다."하고 어디론가 사라져 버렸습니다. 그러나 얼마 지나지 않아 경찰이 그 강도를 붙잡아 가지고 방정환 선생의 집으로 데려왔습니다. "이 사람이 방 선생의 돈을 훔쳤지요?" 고개를 숙인 채 아무 말도 못하는 강도의 모습을 보며 방정환 선생은 말했습니다. "아니오, 나는 이 사람에게 돈을 빼앗긴 일이 없소이다." 경찰도 강도도 어리둥절해졌습니다. "아니 이놈이 여기서 390환을 훔쳤다고 얘기했습니다." 경찰은 의아해 하며 다시 물었습니다. 그러자 방 선생은 강도를 향하여 말했습니다. "원 이 사람도! 아니 내가 390환을 주니까 당신은 고맙다고 하지 않았소! 빼앗았다면 고맙다고 했을 리가 있소?" 경찰은 방 선생의 말에 하는 수 없이 강도를 결박했던 포승을 풀어 주었습니다. 그 후 도둑은 방정환 선생의 깊은 마음에 감동을 받아 선생 곁에서 열심히 일하는 사람이 되었습니다.

자기 아들을 죽인 사람을 용서해서 수양아들을 삼은 사람이 있는가 하면, 공중 전화를 오래 쓴다고 사람을 죽인 경우, 그밖에 작은 일인데도 불구하고 남을 용서하지 못해서 일어나는 비극도 우리 주위에서 얼마든지 찾아 볼 수 있습니다. 우리는 자기의 실수나 잘못에는 너그럽고 합리화를 잘하지만 다른 사람의 잘못에는 까다롭고 비판적이고 냉정하기까지 합니다. 즉 다른 사람의 잘못은 눈 속에 있는 티까지 보면서, 자기의 잘못은 눈 속에 있는 들보는 깨닫지 못하는 경우가 많습니다.

방정환 선생님의 관용이 도둑을 감화시켰고 신부님의 관용이 장발 잔을 변화시킨 것처럼 잘못을 저지른 사람을 용서해 주는 너그러움은 미움과 복수와 한의 인간 역사를 바꾸어 놓을 수도 있습니다. 인간의 마음 속에서 항상 싸우고 있는 선과 악의 두 의지의 대결에서 선한 의지가 승리를 가져올 수 있도록 너그러움을 갖아야 합니다.

'달마야 놀자' 라는 영화가 있습니다. 깡패들이 죄를 짓고 쫓기는 몸으로 피신하기 위해 절에 들어와 수행스님들과 많은 마찰을 빚으며 여러 날을 보냅니다.

깡패들이 절에 있는 동안 말썽만 부리고 약속한 기한도 어겨가며 계속 머물면서 수행스님들의 공부에 방해를 줍니다. 수행스님들은 할 수없이 깡패들과 내기를 하여 지면 나가기로 약속을 하고 여러 가지 시합을 합니다만 깡패들은 약속을 어기고 나가지 않습니다.

수행스님들은 큰 스님을 찾아뵙고 깡패들을 절에서 쫓아 내야한 다고 말씀을 드립니다. 그러나 어찌 된 일인지 큰 스님은 수행스님 들의 말은 듣지 않고 오히려 깡패들을 감싸주는 느낌이었습니다.

큰 스님입장에서는 수행스님들의 의견도 중요하지만 저 불량스런 깡패들을 그냥 쫓아낸다면 사회의 악의 존재로 더 나빠질 것을 아시기 때문에 어떻게 해서든 그들을 용서하고 바른 길로 인도해 주고 싶었던 것이었습니다.

결국 깡패들은 큰 스님과 수행스님들의 도움으로 개과천선하여 사회에 나가게 됩니다.

남을 용서하고 자신을 다스려 나가는 것이 곧 참된 정의의 실천입니다. 내가 용서하지 않으면 나도 용서받을 수 없다는 마음을 가지고 생활한다면 관용이라는 덕목은 그렇게 실천하기 어려운 것만은 아닐 것입니다. 사람을 감화시키고 새로운 변화를 주는 용서하는 마음을 삶의 밭에서 잘 가꿉시다. 과실(過失)을 범하는 것은 인간적이며 용서하는 것은 신적(神的)이라고 합니다. 남은 용서하되 자신은 결코 용서하지 마세요.

현명한 사람은 지혜롭다

　현명한 사람은 지혜롭습니다. 지혜란 사물의 도리나 선악 따위를 잘 분별하는 마음의 작용입니다. 성현들에 얽힌 일화나 옛날의 이야기 속에서 우리는 지혜의 소중함과 뜻 깊은 교훈을 배워야 합니다. 지식을 얻는 것이 배움의 양을 말한다면 지혜를 배운다는 것은 지식이나 인격의 질, 나아가 삶의 질을 가꾸는 길입니다. 일찍이 원효대사는 지혜자가 하는 일은 쌀로 밥을 짓는 것이지만 어리석은 자가 하는 일은 모래로 밥을 짓는 것과 같으며 행동과 지혜가 갖추어 지면 자기에게나 남에게 큰 도움이 된다고 하였습니다. 지혜로운 사람이 된다는 것은 어떤 공부 못지 않게 중요하므로 지혜탐구를 등한히 해서는 안될 것입니다.

　지혜롭게 일을 처리한 몇 가지 사례를 소개하겠습니다.
　'솔로몬 왕의 멋진 재판'은 많이 알려진 유명한 이야기입니다. 기원전 이스라엘의 솔로몬 왕은 매우 지혜로운 분이었습니다. 어느 날, 두 여인이 한 갓난아이를 안고 왕궁으로 찾아와 서로 그 아이가 자기 아기라고 주장을 하며 왕에게 재판을 부탁하였습니다. 솔로몬 왕은 여러모로 조사도하고 알아보았지만 진실을 밝히기가 어려웠습니다. 왕은 고심 끝에 좋은 생각이 떠올랐습니다. 유대인의 전통에 의하면 어떤 물건의 임자가 분명하지 않을 때는 둘로 나누어 가지는 방법이 있어 그것을 써먹기로 하였습니다. 솔로몬 왕은 마침내 선언을 하였습니다. "그렇다면 그 아이를 둘로 나눠 반씩 가지도록 해라." 그러자 한 여인이 미친 듯이 울부짖으며 말했습니다. "그렇게 할 바에야 차라리 아이를 저 여자에게 주겠습니다." 여인의 말이 끝나자 왕은 침착하게 선언했습니다. "저 여인이 바로 이 아이의 진짜 어머니이다. 어찌 제 자식을 죽일 어머니가 있겠느냐, 자, 아이를 데려가거라." 솔로몬 왕은 아이를 여인에게 주고 다른 여인은 거짓말을 한 죄로 감옥에 넣었습니다.

옛날, 어느 고을의 부자 집에서 가보처럼 아끼던 금비녀가 없어졌습니다. 아무리 찾아봐도 결국 못 찾고 관가에 알렸습니다. 현관은 부자 집 안방에 있던 금비녀가 없어졌다면 내부의 소행일 가능성이 높을 것이라 생각하고 그 집을 방문하여 여러 가지를 알아보았습니다. 하녀들을 심문해 본 결과 장씨 처녀와 진씨 처녀가 안방을 청소했다는 사실을 알고 그들을 관가로 잡아 들였습니다. 탐문해 본 결과 진씨 처녀는 성실하고 착하지만 장씨 처녀는 욕심 많고 성질도 나쁘다는 것을 알았습니다. 현관은 두 처녀에게 누가 가져갔는지 솔직히 말하면 용서해 주겠다고 하였으나 끝까지 아니라고 하여 궁리 끝에 한가지 계책을 생각해 냈습니다. 미리 길이가 똑 같은 갈대를 준비해 놓고 두 하녀에게 말했습니다. "너희들이 훔치지 않았다고 하니 어쩔 수 없이 신물(神物)을 쓸 수밖에 없구나. 이 갈대는 신기한 마법을 지녀서 죄인을 가려내는데 쓰는 귀한 물건이다. 만약 죄가 있다면 밤사이에 두 치가 자랄 것이다. 이 갈대를 가지고 갔다가 내일 아침에 관가로 다시 나오도록 해라." 다음날 두 하녀는 갈대를 가지고 관가에 나왔습니다. 갈대를 본 현관은 장씨 처녀를 감옥에 가두라고 명했습니다. "네 갈대는 오히려 두 치가 짧아 졌는데 이는 죄가 있어 밤사이에 두 치가 더 자랄 줄 알고 몰래 두 치를 잘라 버리고 온 게 분명하지 않느냐?" 그제야 장씨 처녀는 청소하다가 금비녀가 이부자리에 끼어 있는 것을 보고 훔쳤다고 자백하였답니다.

또 하나, 어느 현관이 시장 통을 지나다 싸전에서 싸우는 사람을 보았습니다. 무슨 일인지 알아보니 쌀을 사러온 남자가 실수로 쌀집의 병아리 한 마리를 죽였는데 싸전 주인이 병아리 값으로 구백 문을 내라고 큰소리치고, 남자는 쌀을 사려고 들고 온 삼백 문을 내밀며 사정하는 중이었습니다. 현관은 주인에게 병아리 값으로 구백 문은 너무 비싸다고 하니, 그 주인은 이 병아리를 몇 달만 기르면 큰 닭이 되고 알도 많이 낳아 그 보다 더 값이 나갈 것이라고 강변을 했습니다. 할 수없이 현관은 남자의 돈 삼백 문과 자기 돈 육백 문을 그 주인에게 주고 말을 했습니다. "병아리가 닭이 될 때까지 먹어야 할 쌀이 아마 아홉 말은 될 것 같은데…저 사람이 병아리 값을 물었으니 병아리가 죽는 바람에 남은 쌀 아홉 말은 돌려줘야 계산이 공평한 것이오." 싸전 주인은 얼굴이 일그러지고 바가지를 씌우려다 오히려 몇 배나 되는 쌀을 그 남자에게 주게 되었습니다.

중국 초 나라의 병사들이 이웃나라와 전쟁 후 자기나라로 돌아가고 있었는데, 겨울철이라 눈이 많이 쌓여 산 속에서 길을 잃었습니다. 그 때 나이 많은 병사 한 사람이 늙은 말을 앞세우고 행군하자고 하였습니다. 늙은 말은 경험이 많아 본능적인 감각으로 왔던 길을 제대로 찾을 수 있다고 하였습니다. 곧 가장 늙은 말을 앞장세우니 말은 길을 잘 찾아 앞으로 나아가 병사들은 아무 일 없이 자기 나라로 돌아 갈 수 있었습니다.

지혜에는 예지와 지식이 있다고 합니다. 사물을 잘 판단하는 지혜는 저절로 생겨나는 것이 아닙니다. 그것은 삶에 대한 성실한 자세와 노력에서 움트는 것입니다. 어려운 일에 처했을 때는 차분히 해결책을 찾는 것이 좋습니다. 그리고 자기보다 지혜로운 사람이나 어른들의 경험을 통해 지혜를 배워야 합니다. 경험이 많은 어른들의 말씀을 들어보면 지혜로운 것이 많습니다. 그분들의 지혜를 빌려 새로운 지혜를 창출한다면 더욱 의미 있는 삶을 설계할 수 있을 것입니다.

특히 지혜는 정의롭고 올바르게 사용해야 합니다. 칼이 수술용으로 쓰면 사람을 살리지만 지각없는 사람이 아무렇게나 휘두르면 사람을 죽이는 흉기가 되는 것과 같습니다. 사물을 잘 판단하고 삶을 보다 현명하게 풀어 가는 지혜로운 사람이 됩시다. 지혜는 정의를 위한 준비이며 고난에 대한 대책입니다.

내일을 여는 새 오름 이야기
자신을 업그레이드하라

2002년 3월 25일 초판1쇄 발행
2014년 1월 20일 35쇄 발행

지은이 김 상 규
펴낸이 김 양 희
펴낸곳 교육타임스

등록번호 제10-2090호
등록일자 2001년 1월 6일
주 소 서울 용산구 원효로1가 39번지 2호
전 화 (02)717-9012
팩시밀리 (02)717-9015

ⓒ 김상규, 2002
ISBN 89-951927-6-3 03840

※ 저자와의 협약에 의해 인지를 생략합니다.
※ 잘못된 책은 사신 곳에서 교환해 드립니다.

값 12,500원